PIECES
OFFICIELLES
DE
L'ARMÉE D'ÉGYPTE.

SECONDE PARTIE.

On trouve chez P. Didot l'aîné :

La premiere partie des pieces officielles relatives à l'armée d'Egypte, 1 volume in-8°.

Ce recueil, qui paroît depuis un an sous le titre de *Pieces relatives aux opérations militaires et politiques du général Bonaparte*, est divisé en quatre livres, précédés de sa proclamation aux soldats de terre et de mer de l'armée de la Méditerranée, lors de son départ de Toulon, en floréal an 6; de sa correspondance avec le directoire exécutif jusqu'à son départ de Malte; et des pieces relatives à cette expédition.

Le livre I contient sa correspondance avec le directoire exécutif relativement à l'expédition d'Egypte;

Le livre II, ses différentes proclamations aux soldats et aux habitants de l'Egypte;

Le livre III, la correspondance du dyvân, du chérif de la Mekke, du sulthân de Darfour, et autres, avec lui;

Le livre IV, sa correspondance dans l'intérieur de l'Egypte.

Relation des campagnes du général Bonaparte en Egypte et en Syrie, par le général Berthier, chef de l'état-major de l'armée d'Orient, avec cette épigraphe, *Et facere et pati romanum est*; vol. in-8°.

Mémoires sur l'Egypte, publiés pendant les campagnes du général Bonaparte, dans les années V et VI; 1 volume in-8°, orné de deux cartes géographiques.

C'est le recueil des différents mémoires des savants composant l'institut d'Egypte.

SOUS PRESSE.

Suite des Mémoires sur l'Egypte.

PIECES
OFFICIELLES

DE

L'ARMÉE D'ÉGYPTE.

SECONDE PARTIE.

A PARIS,

DE L'IMPRIMERIE DE P. DIDOT L'AINÉ;
IMPRIMEUR DU SENAT-CONSERVATEUR,
AU PALAIS NATIONAL DES SCIENCES ET ARTS.
AN IX.

AVIS.

Nous avons publié, il y a un an, sous le simple titre de Pieces officielles relatives aux opérations militaires et politiques du général Bonaparte, un volume renfermant tout ce qui concerne l'expédition d'Egypte depuis le départ de la flotte française de Toulon jusqu'au retour de ce général en Europe. Celui que nous donnons aujourd'hui au public en est la suite, et contient ce qui s'est passé en Egypte depuis que le général Bonaparte a quitté ce pays jusqu'au 14 frimaire dernier inclusivement. Nous continuerons à donner successivement, toujours dans le même format et avec le même caractere, ce que les nouvelles d'Egypte offriront d'intéressant, afin de réunir dans un même ouvrage tout ce qui peut être relatif à cette expédition.

PIECES OFFICIELLES
DE
L'ARMÉE D'ÉGYPTE.

Kleber, général en chef, à l'armée.

Au quartier-général du Kaire, le 14 fructidor an 7.

Soldats,

Des motifs impérieux ont déterminé le général en chef, Bonaparte, à passer en France.

Les dangers que présente une navigation entreprise dans une saison peu favorable, sur une mer étroite et couverte d'ennemis, n'ont pu l'arrêter ; il s'agissoit de votre bien-être.

Soldats, un puissant secours va vous arriver ; ou bien une paix glorieuse, une paix digne de vous et de vos travaux va vous ramener dans votre patrie.

En recevant le fardeau dont Bonaparte étoit chargé, j'en ai senti l'importance et tout ce qu'il avoit de pénible; mais appréciant d'un autre côté votre valeur tant de fois couronnée par les plus brillants succès, appréciant votre constante patience à braver tous les maux, à supporter toutes les privations, appréciant enfin tout ce qu'avec de tels soldats l'on peut faire ou entreprendre, je n'ai plus consulté que l'avantage d'être à votre tête, que l'honneur de vous commander, et mes forces se sont accrues.

Soldats, n'en doutez pas, vos pressants besoins seront sans cesse l'objet de ma plus vive sollicitude.

Signé Kleber.

Extrait du courrier de l'Egypte, n° du sixième jour complémentaire, an 7.

Le 16 fructidor, le général en chef Kleber a donné sa première audience aux différents corps d'officiers de l'armée ainsi qu'au dyvân, u'lemas et grands du pays. Le concours des spectateurs étoit prodigieux, et rien n'a été oublié pour donner à cette cérémonie toute la pompe dont elle étoit susceptible.

L'un des membres du dyvân, le cheykh él-

Mohady, porta la parole au nom de son corps; il réclama protection pour la religion musulmane, et finit par témoigner des regrets sur le départ du général Bonaparte, en se livrant en même temps aux consolations que lui offroient la justice et la bonté de son successeur.

Voici la réponse du général Kleber:

« U'lemas, et vous tous qui m'écoutez,

C'est par mes actions que je me propose de répondre et à vos demandes et à vos sollicitations; mais les actions sont lentes, et le peuple semble être impatient de connoître le sort qui l'attend sous le nouveau chef qui vient de lui être donné. Eh bien! dites-lui que le gouvernement de la république française, en me conférant le gouvernement particulier de l'Egypte, m'a spécialement chargé de veiller au bonheur du peuple égyptien, et c'est de tous les attributs de mon commandement le plus cher à mon cœur.

Le peuple de l'Egypte fonde particulièrement son bonheur sur sa religion: la faire respecter est donc l'un de mes principaux devoirs; je ferai plus, je l'honorerai, et contribuerai autant qu'il est en mon pouvoir à sa splendeur et à sa gloire.

Cet engagement pris, je crains peu les méchants; les gens de bien les surveilleront et me les feront connoître. Là où l'homme juste et bon est protégé, le pervers doit trembler ; le glaive est suspendu sur sa tête.

Bonaparte, mon prédécesseur, a acquis des droits à l'affection des u'lemas, des cheykhs et des grands par une conduite integre et droite : je la tiendrai aussi cette conduite, je marcherai sur ses traces, et j'obtiendrai ce que vous lui avez accordé. Retournez donc parmi les vôtres, réunissez-les autour de vous, et dites-leur encore : Rassurez-vous ; le gouvernement de l'Egypte a passé en d'autres mains, mais tout ce qui peut être relatif à votre félicité, à votre prospérité, sera constant et immuable. »

Le 17, le général en chef a traversé le Kaire avec un cortege des plus pompeux, pour se rendre à la citadelle. Il a visité à son retour les différents forts : l'affluence du peuple sur son passage étoit immense.

Les jours suivants, le général en chef a visité les fortifications et les établissements militaires de Gizeh.

Il a vu avec beaucoup d'attention les hôpitaux, et a déja ordonné des mesures propres à en améliorer la situation. Il est entré dans les prisons, qui seront dorénavant disposées de maniere à assurer la salubrité des détenus et de ceux qui ont des rapports avec eux.

Le général en chef a aussi visité les établissemens des poudres et salpêtre, celui des éleves de la patrie, et l'intéressant attelier de mécanique, dirigé par le chef de brigade des aérostiers, le citoyen Conté, membre de l'institut, et sur lequel nous nous étendrons plus au long dans le prochain numéro de ce journal.

Le général en chef a passé, le troisieme jour complémentaire, la revue des sept régimens de cavalerie qui sont à Boulac et au Kaire : il les a trouvés bien montés, bien équipés et au complet. L'artillerie attachée à ces régimens est bien montée et bien servie, et en état de faire une nouvelle campagne si nous étions attaqués.

Le général en chef, Kleber, au directoire exécutif.

Au quartier-général du Kaire, le 6e. jour complémentaire, an 7.

CITOYENS DIRECTEURS,

Le 21 thermidor, le général Desaix apprit que Mourâd-bey, après avoir débouché du désert au-dessus de Sioùt, étoit remonté jusqu'à êl-Ganaym ; il fit aussitôt marcher à sa poursuite le chef de brigade Morand, qui bientôt le joignit, l'attaqua, et le mit en fuite : plusieurs mamloùks furent tués ; un kyachef et vingt chameaux furent pris.

Mourâd-bey se retira avec la plus grande précipitation ; mais le chef de brigade Morand, et son infatigable colonne, traversant en quatre jours cinquante lieues de déserts, le rejoignirent de nouveau, dans la nuit du 24, près de Samanhout, surprirent son camp, passerent au fil de l'épée grand nombre de mamloùks, et prirent deux cents chameaux chargés de butin, cent chevaux harnachés, ainsi qu'une quantité prodigieuse d'armes de toute espece; Mourâd-bey lui-même, poursuivi par un détachement du vingtieme régiment de dragons, n'échappa qu'à la faveur de l'obscurité.

Attaque de Qosséyr.

Le 27 thermidor à midi, deux frégates anglaises s'embosserent près le fort de Qosséyr, et le canonnerent aussitôt. A quatre heures de l'après-midi, douze chaloupes furent jetées à la mer portant des troupes de débarquement; mais elles revirerent bientôt de bord en appercevant nos soldats dans le village : les frégates continuerent leur feu toute la nuit.

Ces deux bâtiments changerent de position dans la matinée du 28, pour battre le fort en breche, en même temps qu'un débarquement de trois cents hommes s'exécuta au village, où, la veille, l'ennemi n'avoit osé aborder. Les chasseurs de la vingt-unieme, qui y étoient embusqués, les laisserent s'y engager, puis les y accueillirent d'un feu tellement vif, que les Anglais, dans leur fuite, abandonnerent leurs morts et leurs blessés.

Cependant les frégates continuerent à battre en breche; et l'après-midi, à quatre heures, une nouvelle descente s'effectua sur une plage assez étendue, au sud du port. Le général Donzelot, qui commande à Qosséyr, et qui dirigea cette défense, avoit embusqué quelques troupes dans les tombeaux voisins de la mer et dans les ravins qui bordent le désert, de sorte que les ennemis, ayant à essuyer un feu de front et de flanc, furent obligés de se rembarquer avec la même précipitation que le matin.

La canonnade ne diminua point; et le 29, à sept heures du matin, quatre cents hommes vinrent mettre à terre une piece de six et tout ce qui peut être relatif à son service. On attaque les débarqués, on court sur la piece; tout fuit devant nos baïonnettes pour regagner dans le plus grand désordre les embarcations : la piece et ses agrès restent en notre pouvoir.

Enfin, après un feu non interrompu de soixante-quatre heures, les frégates mirent à la voile, prirent le large, et disparurent : parmi les troupes de débarquement on remarqua beaucoup de cipayes.

On a ramassé plus de six mille boulets dans le

port seulement, depuis le calibre de 24 jusqu'à celui de 8. On peut juger d'après cela, dit le général Donzelot, de la vivacité du feu de ces deux bâtiments.

Ce général fait le plus grand éloge de la conduite du troisieme bataillon de la vingt-unieme légere.

Il loue également la conduite distinguée des citoyens, Valette, chef de bataillon, Lagarde, adjudant-major, et du capitaine Gressin, commandant la place. Je vous demande pour ce dernier le grade de chef de bataillon.

Le capitaine du génie Bachelu a mis beaucoup d'activité à réparer les breches, et à exécuter sous le feu de l'ennemi tous les travaux nécessaires à la sûreté de ce port.

Le général Desaix fait le plus grand éloge de l'activité et de l'intelligence que montre par-tout le chef de brigade Morand; et cet officier n'étant que surnuméraire à son corps, je vous demande pour lui le grade d'adjudant-général.

Le citoyen Ravier, chef de bataillon de la quatre-vingt-huitieme demi-brigade, et le citoyen Lebreton, officier au vingtieme régiment de dragons, se sont particulièrement distingués.

Je vous demande aussi, citoyens directeurs, le grade de général de division pour le général de brigade Friant, dont le zele, l'activité et les talents doivent vous être connus, et qui depuis une année ne cesse de combattre avec succès dans les déserts de la haute Egypte.

Signé Kleber.

Extrait du courrier de l'Égypte, n° du 10 vendémiaire an 8.

Détails de la fête du premier vendémiaire an 8, célébrée au Kaire pour l'anniversaire de la fondation de la république.

Au lever du soleil, une salve de trois coups par piece de toute l'artillerie de la citadelle et des forts qui environnent le Kaire annonça la fête : en même temps la générale battit à Boulac, au vieux et au grand Kaire ; et les troupes de toutes les armes qui se trouvent dans ces différentes garnisons se mirent en marche pour se réunir sur le vaste terrain situé entre l'hôpital d'Ibrâhym-bey et le fort de l'Institut.

A sept heures du matin, tous les officiers généraux, l'agha des janissaires, le dyvân, les chefs de la loi, et le pâchâ Hussein-Mustapha, fait prisonnier à la bataille d'Aboùqyr, se réunirent chez le général en chef Kleber.

Ils y furent reçus dans des appartements éclairés d'une lumiere douce, et nouvellement décorés avec autant de goût que de sévérité. Des draperies élégantes et des trophées d'armes en formoient le principal ornement.

Avant de partir pour se rendre au lieu de la fête, le général en chef revêtit successivement de riches pelisses l'agha des janissaires, le président du dyvân, et le qady. Il dit au premier : « Recevez cette pelisse comme un témoignage de ma confiance, et comme un signe de l'autorité que je veux qui réside en vous : lorsque vous veillez, je dois dormir tranquille ». Il dit au président du dyvân : « Rappelez sans cesse au corps que vous présidez qu'il est établi pour aider l'autorité de sa sagesse et de ses conseils, qu'il doit prévenir les passions désordonnées qui portent aux crimes, mais qu'il n'appartient qu'aux dépositaires des lois de les punir ». Enfin il dit au qady : « Ministre de la justice, rendez-la impartialement à tous les hommes, qui sont égaux devant les lois, et faites bénir, par l'équité de vos jugements, le gouvernement français auquel vous vous êtes lié par des serments solemnels. »

Le général en chef fit ensuite divers présents aux principaux cheykhs ; et tout le cortege, précédé et suivi d'un détachement de cavalerie, et mêlé de grouppes de musiciens, se mit en marche pour se rendre dans la plaine sur la rive orientale du Nil, près de la ferme d'Ibrâhym-bey, et du fort de l'Institut.

L'infanterie formoit les deux côtés d'un grand carré, dont l'extrémité opposée à celle sur laquelle on y entroit étoit fermée par l'artillerie, le régiment des dromadaires, et les régiments des hussards, chasseurs, et dragons; ce qui offroit un coup-d'œil imposant.

Les hauteurs qui séparent la plaine de la ville étoient couronnées de troupes d'infanterie qui formoient le fond de ce grand tableau.

Le général en chef passa la revue de toutes les troupes, qu'il trouva dans une bonne tenue, puis vint se placer avec toute l'escorte sur un tertre élevé au milieu du carré, où il prononça à la troupe le discours suivant :

Soldats,

Vous venez de finir la septieme année depuis l'époque mémorable à laquelle le peuple français, brisant les dernieres entraves de sa servitude, abolit la royauté et se donna un gouvernement républicain.

Vous avez soutenu la république; vous l'avez défendue par votre valeur. Au nord, au midi, au levant, au couchant, vous avez reculé nos frontieres; et les ennemis qui, dans le délire de l'orgueil s'étoient déja partagé nos provinces, n'ont bientôt plus calculé qu'avec effroi les bornes où vous pourriez vous arrêter.

Mais vos drapeaux, braves compagnons d'armes, se courbent sous le poids des lauriers, et tant de travaux demandent un terme, tant de gloire exige un prix. Encore un moment de persévérance, et vous êtes près d'atteindre et d'obtenir l'un et l'autre; encore un moment, et vous donnerez une paix durable au monde, après l'avoir combattu.

Quand le général en chef eut cessé de parler, on entendit éclater de toutes parts les cris de Vive la république! et ces acclamations furent répétées par des salves d'artillerie, et des décharges de mousqueterie de toute la troupe.

Après différentes manœuvres exécutées avec précision, l'infanterie commença à défiler dans le meilleur ordre; elle fut suivie du régiment des dromadaires qui précédoit l'artillerie, et après laquelle vint la cavalerie: elle défila au trot avec ses pieces de campagne; et, par une manœuvre aussi belle que vivement exécutée, elle se mit en bataille, l'artillerie au centre et vis-à-vis le monticule sur lequel étoient le général en chef, tous les cheykhs turks, et le pâchâ, qui parut particulièrement surpris des manœuvres et de la tenue qu'il avoit remarquées parmi les troupes. Aussitôt cette derniere ligne formée, l'artillerie de la cavalerie fit une décharge précipitée de toutes ses pieces, qui annonça la fin des évolutions militaires.

On retourna dans le même ordre que l'on étoit venu, en traversant une grande partie de la ville pour se rendre chez le général en chef. Après s'être séparé jusqu'à quatre heures de l'après midi, on s'y réunit de nouveau pour le repas.

On avoit choisi pour lieu du festin la belle terrasse couronnée d'un berceau, qui décore le jardin du général en chef, et donne sur la place de l'Ezbékyeh : on avoit façonné en colonnes et en faisceaux d'armes, et recouvert par d'élégantes draperies les piliers et les treillages. Une table de deux cents couverts régnoit tout le long; et aux deux extrémités étoient placés deux orchestres qui se relevoient tour-à-tour, et exécuterent pendant tout le dîner des symphonies et d'autres morceaux de musique. A la fin du repas, qui fut somptueux, décent, et sans confusion, le général en chef se leva, et porta la santé suivante : « A la prospérité de la république, et à la gloire de ses armes. »

La nuit approchoit; et les Turks, qui se retirent chez eux de très bonne heure, n'étoient retenus que par l'attente du feu d'artifice, exécuté sur les dessins et sous les ordres du chef de brigade et d'artillerie Grosbert.

La décoration de ce feu d'artifice, qui a très bien réussi, étoit établie sur une levée de terre que l'on avoit conservée au milieu de l'inondation de la place de l'Ezbékyéh.

On avoit représenté un pont triomphal dont la baisse des eaux avoit découvert les piles. Les revêtements de la chaussée étoient taillés en gradins pour servir à une fête. Des obélisques, chargés de couronnes de chêne et d'olivier, s'élevoient entre les arches. Sur celle du milieu étoit une statue représentant l'Europe; au-dessus on avoit écrit, Prise de Malte. L'Asie et l'Afrique étoient au milieu des deux arches latérales: l'inscription placée sous la premiere annonçoit la bataille du Mont-Tabor; on lisoit sous la statue de l'Afrique, « Bataille d'Aboùqyr.

C'est dans ces trois parties du monde que l'armée d'Orient s'est signalée.

Dans les quatre piles du pont on lisoit ces inscriptions:

Anniversaire de la république française.

La Patrie veille sur nous.
Le courage a conquis la liberté.
Soldats, défendez votre ouvrage.

Différents artifices étoient placés sur des barques et dans les islots que l'inondation a laissés à découvert. L'artillerie a joué dans les intervalles:

un bouquet de 3000 fusées, tirées sur deux points, a terminé le feu.

La ville étoit complètement et très bien illuminée : jamais les habitants du Kaire n'avoient pris une part aussi active à nos fêtes.

Les Musulmâns, qui avoient passé le jour chez le général en chef ou à sa suite, se retirerent après le feu d'artifice. La gravité de leur maintien avoit un peu comprimé la gaieté nationale : on s'en dédommagea en terminant la fête par un bal, en quelque sorte improvisé, dont les Françaises venues en Egypte avec l'armée, celles qui y résidoient auparavant, et les dames des différentes nations européanes, confondues sous le nom de Francs, firent l'ornement et le principal agrément.

Extrait de l'ordre du jour du 6 vendémiaire an 8.

LE général en chef, sur les divers rapports de la commission formée par arrêté du 24 fructidor dernier, ordonne :

Il sera formé au Kaire une commission permanente, sous le nom de commission extraordinaire de salubrité publique, qui aura la surveillance générale du service des lazarets, et dont les ordres seront provisoirement exécutés sans délai, sauf recours au général en chef.

Cette commission sera composée du commissaire ordonnateur en chef, du général commandant le génie, du médecin, du chirurgien, et du pharmacien en chef de l'armée.

Il y aura trois autres commissions subordonnées à la premiere, à Alexandrie, à Rosette, et à Lisbéh : elles porteront simplement le nom de commission de salubrité publique ; chacune d'elles sera composée du commandant de la place, d'un commissaire des guerres, d'un médecin, d'un chirurgien, et d'un pharmacien de premiere classe.

Le bureau de santé, créé pour la ville du Kaire par l'ordre du jour du 9 vendemiaire an 7, est supprimé, de même que tous ceux qui auroient pu être établis en d'autres lieux ; les fonctions qui leur avoient été attribuées sont confiées, par des lois et des réglements, aux officiers de santé en chef de l'armée et des hôpitaux.

Les réglements sanitaires adoptés l'an 6 et 7, et qui ne sont point modifiés par le présent ordre, continueront d'être en vigueur.

Le général commandant le génie donnera promptement des ordres pour les constructions et réparations indispensables aux quatre lazarets pour le service de l'an 8, et il sera mis à sa disposition une somme de 30,000 liv., que porte le devis joint à son rapport du 29 fructidor an 7.

Les officiers de santé en chef de l'armée sont

chargés d'assurer et de surveiller le service de santé des lazarets.

Le commissaire ordonnateur en chef délivrera des brevets, sur leur rapport, à ceux des officiers de santé que les officiers de santé en chef jugeront convenable de conserver, employer ou réquérir.

Il y aura en outre dans chaque lazaret deux ou quatre chirurgiens turcks, au besoin, qui rempliront les fonctions d'aides, et seront à la solde de 75 liv. par mois.

Signé Kleber.

Extrait de l'ordre du jour du 24 vendémiaire an 8.

Le général en chef, sur le rapport de la commission extraordinaire de salubrité publique, ordonne :

Article premier.

Les effets des hôpitaux ou des lazarets qui ont servi l'an passé à des malades attaqués de fievres contagieuses, seront, dans le plus court délai, lavés soigneusement ou brûlés, selon qu'il sera jugé convenable.

II. L'exécution de cet ordre est confiée à la commission extraordinaire et aux commissions de salubrité publique d'Alexandrie, Rosette et Lisbéh ; ces dernieres rendront compte de cette opération à la commission extraordinaire, ainsi que de toutes celles que les localités pourront leur dicter.

III. Tous les agents de l'administration sanitaire sont aux ordres immédiats desdites commissions.

Les commandants d'Alexandrie, Rosette, Damiette et Lisbéh feront maintenir la plus grande propreté dans ces places.

Les commissions de salubrité publique surveilleront cet objet important.

Signé Kleber.

Kleber, général en chef, au directoire exécutif.

Au quartier-général du Kaire, le 25 brumaire, an 8.

CITOYENS DIRECTEURS,

J'ai à vous rendre compte des évènements qui ont eu lieu en Egypte depuis la derniere relation que j'ai eu l'honneur de vous adresser, en date du sixieme jour complémentaire, an 7.

Haute Egypte.

Mourad-Bey, après la défaite que lui fit éprouver l'adjudant-général Morand, erroit daus les déserts de la haute Egypte, et ne rentroit dans le pays cultivé que pour y faire des vivres ou prendre quelque repos. Le général Desaix, qui cherchoit, à quelque prix que ce fût, à se débarrasser de cet infatigable ennemi, organisa deux colonnes mobiles, composées d'infanterie montée à dromadaires, de cavalerie et d'artillerie; ces colonnes partirent de Syout dans les premiers jours de vendémiaire, commandées, l'une par le général Desaix lui-même, et l'autre par l'adjudant-général Boyer.

Le 17 du même mois, l'adjudant-général Boyer, après trois journées de marche forcée, joignit Mourad-bey dans le désert de Sédiman. A peine notre infanterie eut-elle le temps de mettre pied à terre, et de réunir ses dromadaires, qu'elle reçut la charge des mamlouks et des Arabes réunis: elle la repoussa avec vigueur et par la baïonnette et par un feu de mousqueterie à bout portant. Cependant les dromadaires devinrent l'objet de la convoitise des ennemis, et trois fois ils tenterent de s'en rendre maîtres; mais nos troupes ne s'ébranlerent point et riposterent avec la même valeur à ces attaques réitérées. Enfin, les mamlouks et les Arabes prirent la fuite, et notre infanterie, remontée sur ses chameaux, se mit à les poursuivre aussitôt. Nous eûmes dans cette affaire un homme de tué et dix-sept blessés. L'ennemi abandonna dans les sables plus de quarante cadavres.

J'ai donné alors l'ordre au général Desaix de

se rendre au Kaire pour prendre le commandement d'une division dans le corps d'armée destiné à agir contre le grand-vizir, qui s'achemine de la Syrie. L'adjudant-général Boyer poursuit aux talons Mourad-bey, qui toujours lui échappe au moment où il croit l'atteindre. Ce bey, fatigué de ces courses continuelles, passe le Nil le 30 vendémiaire à la hauteur d'Attfyéhhly; il évite les troupes du général Rampon qui se trouvoit alors dans cette province, s'enfonce dans la vallée de l'Egarement, prend la route de Souès, s'arrête, revient sur ses pas, et retourne dans la haute Egypte. Il est par-tout poursuivi et harcelé, sans que pourtant jusqu'ici il ait pu être atteint. Dans sa course il répand avec profusion et des proclamations du grand-vizir et des firmans de la Porte, pour exciter les habitants à la révolte; mais ces adresses multipliées n'ont encore produit aucun effet.

Je dois les plus grands éloges à l'intelligence et à l'infatigable activité de l'adjudant-général Boyer: son détachement étoit formé de la vingt-unieme d'infanterie légere et de la quatre-vingt-huitieme de bataille.

Frontieres de Syrie.

Pendant que ceci se passoit dans la haute Egypte, le grand-vizir avec son armée s'acheminoit de Damas vers Gaza, où il a établi son quartier-général. Son avant-garde est déja à Kahn-Iounéss.

Dès que ce mouvement du vizir parvint à ma connoissance, je fis partir du Kaire la division Régnier, pour aller camper à Belbeys, et renforcer les postes d'el-A'rych, Qattyéh et Ssalehhyéh.

Connoissant aussi la pénurie des subsistances qu'éprouvoit l'armée ennemie, et sachant que les Arabes, par de nombreuses caravanes partant d'Egypte, contribuoient à l'alimenter, j'ai défendu sous peine de mort toute espece d'exportation, et j'ai abandonné aux troupes la valeur des prises qui pourroient être faites par elles.

Cette mesure m'a procuré en très peu de temps environ 800 chameaux ou dromadaires, qui ont été distribués aux corps et aux différents services de l'armée.

On peut dire en ce moment que les déserts de l'isthme de Souès, ceux de la haute Egypte, et de la Bahyréh sont presque aussi connus des soldats français que des Arabes qui y demeurent ou les parcourent habituellement.

Il me reste à vous entretenir de ce qui s'est passé particulièrement à Damiette.

Basse Egypte.

Les mouvements de l'armée de Syrie, ceux de

Mourad-bey m'auroient annoncé quelque entreprise sur les côtes, si je n'en avois pas été prévenu par le grand-vizir lui-même.

Déja, le 2 vendémiaire, dix-huit bâtiments turks mouillerent devant le boghâz de Damiette, et ils furent successivement augmentés, de maniere qu'on en compta cinquante-trois le 8 brumaire.

Le commodore Sidney Smith, monté à bord du Tigre, commandoit cette flotte. La côte fut sondée depuis Tynéh jusqu'au boghâz; la passe du boghâz même fut marquée par des bouées, et des chaloupes canonnieres furent établies sur cette ligne. Le 7 brumaire, l'ennemi, à la faveur de ces chaloupes, s'empara d'une tour située à un quart de lieue en mer, à l'embouchure du Nil; il y établit un poste et une piece d'artillerie.

Aussitôt que je fus prévenu de ces dispositions d'attaque, je fis partir le 12 pour Damiette le général Desaix, avec deux bataillons et environ 150 dragons; avec ce renfort je pouvois être tranquille sur ce point : l'évènement a fait connoître que j'aurois pu l'être avant.

En effet, le 10, à la pointe du jour, l'ennemi exécuta son débarquement, et jeta à terre, du premier transport, environ 4000 hommes, qui s'occuperent aussitôt à se retrancher; le point qu'ils choisirent est celui situé entre la rive droite du Nil, la mer et le lac Menzaléh.

Le général de brigade Verdier, qui étoit campé entre Lisbéh et la côte, instruit de cette descente, marche sans délibérer, attaque et passe au fil de l'épée près de 3000 Turks, n'accordant la vie qu'à environ 800 d'entre eux qui implorerent sa clémence.

Les troupes que commandoit le général Verdier dans cette audacieuse défense montoient à peine à 1000 hommes, de la deuxieme légere, de la trente-deuxieme de bataille, et du dix-huitieme régiment de dragons.

Il a été enlevé à l'ennemi 32 drapeaux, une pice de 24, et quatre pieces de campagne avec leurs approvisionnements.

Parmi les prisonniers, on a trouvé Ismaël-bey, qâymmaqâm ou lieutenant de Seyd-A'ly-bey, qui commandoit en chef la division turke, ainsi qu'un commandant de caravelle et plusieurs autres officiers de marque.

Le qâymmaqâm assure que les troupes de débarquement destinées à cette expédition étoient au nombre de 8,000 hommes, tous janissaires d'élite sortis de Constantinople il y a à-peu-près trois mois, et dont environ la moitié avoit été mise à terre; il ajoute que, nonobstant cette défaite, les autres ne manqueront pas de venir sous très peu de temps. Nos soldats sourient à cette espérance; car indépendamment du plaisir que doivent donner de si belles victoires, ils ont fait un butin considérable.

Nous avons eu, dans cette journée, 97 blessés et 22 hommes de tués : du nombre de ces derniers se trouve le chef de brigade Desnoyer, commandant la deuxieme légere, officier d'un grand mérite, dont les talents égaloient la froide intrépidité.

Vous trouverez, citoyens directeurs, sur la feuille de l'ordre du jour, jointe au présent rapport, le nom des officiers, sous-officiers et soldats qui se sont particulièrement distingués dans cette journée.

Le général Verdier s'y est couvert de gloire, autant par son audace que par ses sages dispositions.

Je lui ai remis un sabre, au nom du gouvernement, ainsi qu'au brave adjudant-général Devaux; au chef de brigade Darmagnac, commandant la trente-deuxieme de bataille; au chef de bataillon d'artillerie Rutty, et au chef d'escadron Guyon, commandant le détachement du dix-huitieme régiment de dragons : ce dernier a eu deux chevaux éventrés sous lui.

Je vous prie, citoyens directeurs, de vouloir bien confirmer et donner votre approbation aux avancements que je vous propose, et à ces récompenses militaires si bien méritées.

Le 18, un coup de vent très violent força les ennemis d'appareiller et de gagner le large; ils ne reparurent plus depuis : les croisieres d'Alexandrie seules ne désemparent point ; elles sont au nombre de huit bâtiments, parmi lesquels se trouve le vaisseau anglais le Thésée.

Je joins à cette dépêche une copie de ma correspondance, tant avec le grand-vizir qu'avec le commodore anglais M. Sidney Smith.

Signé Kleber.

Grosbert, chef de brigade d'artillerie, aux consuls de la république française.

A la rade de Ville-Franche, le 12 nivose, l'an 8 de la république française.

Citoyens consuls,

Le général Kleber, commandant en chef l'armée d'Egypte, me charge de me rendre auprès du gouvernement, pour lui remettre une dépêche dont je dois être porteur, et lui fournir verbalement les renseignements qui seroient utiles aux opérations ultérieures qu'il commande. Il m'a muni d'une lettre de créance à ce relative.

Ce général a reçu, par la voie du commodore

Smith, les nouvelles des évènements survenus en Europe jusqu'au 23 août, vieux style, de l'année derniere. Les maux annoncés par la gazette de Francfort et de Milan étoient exagérés; mais il a cru entrevoir, dans la masse des faits, dans les discours et les rapports des membres du corps législatif, qu'une révolution quelconque s'étoit opérée, et que, dans les tourmentes dont la France sembloit agitée, l'ennemi avoit une puissante influence. Ces considérations, et la difficulté extrême de faire parvenir au gouvernement des nouvelles, ont dû lui suggérer des précautions pour en assurer l'arrivée.

Les évènements heureux dont j'ai été instruit à mon arrivée à Ville-Franche, peuvent dissiper une portion des craintes dont doivent être affectés ceux qui sont séparés de la métropole. Je présume que, si la durée de la quarantaine qui me seroit prescrite à Toulon étoit trop longue, je pourrois trouver dans cette rade un moyen sûr pour faire l'envoi de ma dépêche; je fournirai personnellement après les éclaircissements que la situation politique du Levant exige.

Conformément à mes instructions, je dois provisoirement vous faire parvenir les notions suivantes.

Vous trouverez ci-joint le rapport du général Kleber sur l'affaire qui a eu lieu à Damiette lors du débarquement des janissaires. J'ai fait part de cette victoire aux généraux et commandants des ports où notre bâtiment a relâché, afin de rassurer de plus en plus les esprits sur le sort de notre armée. Un tel avantage, qui a suivi le brillant succès d'Abou-qyr, a effectivement inspiré une vive confiance à cette armée pour repousser les forces que le grand-vizir pourroit amener contre l'Egypte. Le commandant en second des janissaires, qui est prisonnier, a déposé, 1°. que la Porte fondoit son unique espoir dans ce corps d'élite ; 2°. que l'on ne comptoit aucunement à Constantinople sur l'armée de Syrie ; 3°. que la totalité des janissaires n'avoit pas débarqué ; on devoit effectuer un second débarquement de 2000 hommes environ ; 4°. que, dans le plan primitivement conçu, cette opération devoit marcher de front avec le débarquement commandé par le pâchâ près Abou-qyr. Il a été étonné que ce pâchâ ait débarqué sans les attendre. Patrona-bey (1) a eu la tête tranchée.

Le quartier-général étoit sur le point de quitter le Kaire lorsque j'en suis parti, le premier frimaire, pour se porter en avant. L'avant-garde du grand-vizir, forte de 5000 hommes environ, étoit à Gaza. Plusieurs voiles turkes avoient paru, le 20 brumaire, devant Damiette ; mais elles

---

(1) Patrona-bey étoit le vice-amiral de la flotte turque, lors de l'expédition de thermidor dernier à Abou-qyr.

avoient disparu de suite. La mer est très orageuse dans cette saison sur l'étendue de la côte qui est comprise entre Damiette et êl-A'rych. Trois barques canonnieres turkes, avec quelques pieces d'artillerie, et environ 56 hommes, ont échoué à proximité de Tinch et Omfarege.

Je n'ai rencontré aucune voile turke ni anglaise depuis la sortie du port d'Alexandrie.

Le général Kleber et le grand-vizir sont en pourparler.

L'idée qu'il y a des Russes dans l'armée turke indigne et effraie les habitants de l'Egypte et les hommes de loi.

Le commissaire russe prodigue l'argent et les présents; il menace de déclarer la guerre à la Porte si elle ne continue pas ses hostilités contre les Français.

L'attachement et les opinions religieuses des habitants nombreux de la Grece, de la Morée, et de l'Archipel, semblent promettre de grands succès à la Russie dans ces mers. Cette idée doit occuper vivement le commodore anglais. On ne peut plus concevoir la marche de la politique anglaise et autrichienne.

La totalité de l'armée étoit habillée en drap lors de mon départ : cette précaution influera puissamment sur la conservation de la santé du soldat. On a fait face à cette dépense par l'échange de quelques bleds de la haute Egypte que l'on a livrés aux négociants.

Il est indubitable que l'armée du grand-vizir a été recrutée par force; qu'elle a soulevé contre elle tous les habitants de la Syrie par les excès révoltants qu'elle a commis; qu'elle est presque en totalité mal armée; que les maladies l'affoiblissent journellement dans une saison où les pluies sont abondantes dans cette contrée, et que sa marche dans le désert doit en détruire une partie. Il est également certain que le petit nombre de soldats que Djezzar a fourni n'agira pas avec énergie (1). Ibrâhim-bey et le peu de mamlouks qu'il amene seront guidés par des intérêts semblables à ceux du pâchâ d'Acre. Il est notoire que ce pacha a fait étrangler un capidgi, que le grand-vizir lui a envoyé pour lui ordonner de sortir d'Acre, et qu'il a facilité l'évasion d'un certain nombre de chrétiens qui se sont réfugiés en Egypte. Ces différents motifs, et la supériorité inappréciable de nos troupes en valeur et instruction promettent au général Kleber une victoire complete sur le grand-vizir. Elle sera la derniere : elle pourra avoir une grande influence sur le sort de l'empire turc.

---

(1) Des nouvelles ultérieures ont annoncés que les troupes de Djezzar s'étoient retirées.

Le citoyen Le Pere, dans une reconnoissance faite avec le général Régnier à Sab-byar a ultérieurement vérifié l'existence et nivelé la pente d'un ancien canal, primitivement découvert par le général en chef Bonaparte, qui s'étend de Suez à Belbeys, et de Belbeys au Nil. Une douane étoit située sur ce canal, à proximité de l'ancienne ville d'Hiéropolis. Le point intermédiaire étoit de 54 pieds au-dessous du niveau de la mer Rouge; la branche nord-est, qui se joignoit à la précédente, étoit alimentée par les eaux du Nil. Les commissions des sciences et arts sont de retour de la haute Egypte; elles ont apporté une collection intéressante de dessins. Le citoyen Delêtre y est resté pour perfectionner ses travaux. L'opération indiquée par le général en chef Bonaparte pour rassembler les mamlouks épars dans l'Egypte a très bien réussi. Le général Kleber les a distribués à plusieurs officiers-généraux et supérieurs. Ces jeunes gens se sont attachés à leurs nouveaux maîtres; ils ont apprécié la différence des traitements qu'ils reçoivent des Français, qu'ils envisagent comme leurs sauveurs dans une circonstance aussi difficile pour eux. Plusieurs, parmi ceux qui étoient en Syrie, ou qui suivoient le sort de Mourad-bey, étant instruits par leurs camarades, ont déserté. On présume que ce motif a contribué à la rentrée de Mourad-bey dans le Saëd.

Une grande portion des troupes de la haute Egypte est montée sur des dromadaires. Ce corps a été presque doublé.

L'esprit de l'armée est excellent ; elle est animée de la plus vive confiance dans l'affection de son ancien général ; elle espéroit que son arrivée en Europe rappelleroit la victoire dans nos armées.

Cette dépêche a été remise, le 13 nivose, au commandant de la place de Ville-Franche, avec invitation de la faire parvenir au général commandant le département des Alpes maritimes. J'ai écrit à celui-ci pour le prier de l'envoyer à Paris par un courrier extraordinaire.

Salut et respect.

Signé Grosbert.

Rapport du citoyen Feray, capitaine des grenadiers de la treizieme demi-brigade, sur ce qui s'est passé à él-A'rych.

Le 2 nivose, l'armée turque parut devant le fort d'él-A'rych, et l'investit. Dans la nuit du 2 au 3 la tranchée fut ouverte devant le front de la porte, et une batterie de mortiers fut établie, ainsi que quelques petites pieces, qui commencerent à jouer, mais ne firent que très peu de mal. Ils continuerent la nuit suivante à pousser leur tranchée.

Dans la journée du 4 une grande partie des soldats de la garnison parla de rendre la place, et il fut remis au chef de bataillon Cazot une pétition signée de 80 soldats, qui lui disoient que la garnison ne vouloit plus se battre, et qu'ils lui ordonnoient de se rendre.

Le commandant rassembla le lendemain matin la garnison et les officiers : il dit, ainsi que les officiers, aux lâches qui ne vouloient pas se battre, qu'ils pouvoient sortir du fort et se rendre à l'ennemi ; qu'eux étoient résolus de ne pas se rendre. Toute la garnison répondit qu'elle se battroit, et aucun soldat ne voulut sortir. Depuis lors, jusqu'au 9, la garnison fut tranquille, et le soldat ne parla plus de rendre la place. L'ennemi continua ses travaux, et approcha des tranchées. Il ne tomboit dans le fort qu'une petite quantité de bombes, lesquelles faisoient peu d'effet. Le 8, une batterie que l'ennemi avoit établie sur une dune de sable pour battre en breche la tour à gauche de la porte et prendre de revers sur la lunette devant la porte, fut prête et commença à jouer ; elle étoit armée de pieces de petit calibre qui firent peu d'effet. Le feu des batteries du fort démonta une partie des pieces et en éteignit le feu. Les autres batteries avoient écrêté une partie du parapet des courtines.

Le 9, les tranchées de l'ennemi furent poussées jusqu'à l'angle saillant du bastion commencé en avant de la tour où la breche fut faite lorsque nous prîmes êl-A'rych, et sur le glacis fait devant le front. Le feu de l'artillerie et de la mousqueterie fut plus vif cette matinée qu'il ne l'avoit été jusqu'alors. Le commandant ordonna au capitaine de grenadiers Feray de faire une sortie avec les grenadiers pour chasser les Turks de leur premier boyau ; mais les grenadiers refuserent de marcher, et le capitaine, qui ne fut suivi au boyau que par trois grenadiers, fut contraint de rentrer. Dans le moment qu'il rentroit dans sa lunette, une partie de la garnison a abattu le drapeau qui étoit au-dessus de la porte. Les canonniers ont cessé de tirer, et des drapeaux blancs ont été arborés. Un sergent de grenadiers ramassa le drapeau qui étoit tombé dans la lunette, et fut le replanter sur la porte ; le capitaine Guillermain s'établit à côté de ce drapeau avec deux soldats de la treizieme pour empêcher de l'abattre de nouveau. Le commandant et les officiers firent de vains efforts pour contraindre les soldats et canonniers à continuer le feu et abattre les drapeaux blancs ; tout fut inutile ; les lâches révoltés appelerent du rempart les Turks, qui sortirent en foule de leurs boyaux pour s'approcher du fort. Toute l'armée turke, infanterie et cavalerie, vint en peu de temps ; des soldats jeterent du rempart des cordes aux Turks pour les aider à monter dans le fort. Une poterne se trouva ouverte, on ignore comment, et dans un moment le fort se trouva rempli de Turks, qui désarmerent la garnison, et couperent la tête de ceux même qui leur avoient jeté des cordes pour monter. Dans ce moment, le commandant Cazot essaya de faire une capitulation avec Selim Mustapha pâchâ et un officier anglais, qui étoient entrés dans le fort. Elle fut réglée. La garnison devoit poser les armes et être prisonniere; mais il ne fut pas possible de remettre l'ordre chez les Turks. Les Français qui tomberent entre les mains des officiers turks ou anglais furent conduits au camp du grand-vizir ; les autres, excités à ne pas se rendre par l'exemple de ceux à qui l'on coupoit la tête, se défendirent une demi-heure après leur entrée dans le fort. Le capitaine Feray étoit déja arrivé au camp du grand - vizir lorsqu'on entendit l'explosion du magasin à poudre. Les Français qui se trouverent encore le plus près du fort, lorsque cette explosion eut lieu, furent victimes des Turks qui les conduisoient ; ils leur couperent la tête : de ce nombre étoit le chef de bataillon Grandpere.

Le matin du 9, la plus grande partie de la garnison avoit bu beaucoup d'eau-de-vie, et beaucoup étoient ivres sans qu'il y eût eu aucune distribution faite par ordre du commandant.

Du 2 au 8, il y avoit eu sept ou huit hommes de la garnison de tués ou blessés : dans la mainée du 9, il y eut une trentaine de blessés.

Deux cents seize hommes, compris quatorze officiers, ont été faits prisonniers et conduits à Goya ; de ce nombre 116 de la treizieme demi-brigade de bataille.

Au camp sous Saléhié, le 26 nivose an 8.

Signé, Feray, capitaine.

Pour copie conforme.

Signé Kleber.

Traduction du procès-verbal de la rupture de la digue du Khalydj, et de l'acte public qui constate que le myry est dû par le peuple de l'Egypte.

Ahhmed êl-Harichy, qády de la ville du Kaire la bien gardée.

Voici ce qui a eu lieu dans la séance de la noble justice, et dans l'assemblée des cheykhs de la religion conservée par Dieu, préservée de changements et d'innovations, convoquée dans le kasr situé à l'embouchure du canal él-Hakemy, entre le vieux Kaire et Boulac, *él-Kaerah*, par le pouvoir de notre seigneur maître, l'illustre savant des Musulmâns, accompli dans la science, plein de conception, soutien de la religion de

3.

Mohhammed, bonheur de l'univers, prévoyant dans l'application de la loi, juge des juges actuellement au Kaire la bien gardée, dont le nom est ci-dessus : sa gloire soit conservée et toujours accrue !

En présence du très grand maître, le plus instruit, honoré, respecté, honneur des nobles descendants de Sadik, étoile brillante de leur gloire dans la vérité, branche de l'arbre chéri, purifié, brodure honorée du turban de Mohhammed, protecteur des gens de bien, attaché aux gens de la vérité, croyant en la bonté de son Dieu créateur, notre seigneur et maître Seyd et chéryf Khalil effendy êl-Rekry êl-Sadyky êl-Allary, de la race de Hassan, cheykh de la charge de ses ancêtres, nos seigneurs parmi les Sadiks et protecteurs des nobles chéryfs, présentement au Kaire ;

De notre seigneur et maître, cheykh, premier savant des savants, empressé de communiquer la science à ceux qui la desirent, appui des étudiants, colonne des vrais croyants, bénédiction des Musulmâns, héritier de la science du maître des apôtres, ornement de la loi, de la nation et de la religion, notre maître le cheykh A'bd-Allah êl-Cherqaoui, cheykh des cheykhs qui se rendent utiles et de ceux qui donnent des décisions et des leçons dans la mosquée de êl-Azhar ;

De notre seigneur et maître, honneur des savants et de la science, colonne de vérité, plein d'intelligence, appui des grands instructeurs, esprit de son temps, unique de son siecle, écho pour communiquer les sciences, habile dans sa langue, savant réputé des savants, notre maître, cheykh, soleil de la religion, Mohhammed êl-Afnahouy, connu sous le respectable nom de êl-Meuhdy (le retrouvé);

De notre seigneur et maître, le savant des savants, océan de lumieres, langue des orateurs, jardin des gens d'esprit, appui des instructeurs, colonne de vérité, héritier de la science du maître des apôtres, ornement de la loi, de la nation et de la religion, notre maître cheykh Mustapha êl-Sahouy, œil des plus clairvoyants parmi ceux qui se rendent utiles, qui donnent des décisions et des leçons dans la mosquée de êl-Azhar;

Dieu nous les conserve pour la continuation des biens qu'ils nous procurent! Amyn;

Et du plus honoré riche, illustre parmi les grands, œil clair-voyant parmi les plus respectables, les plus grands dans les rangs élevés, le prince Mustapha agha A'bd êl-Rahhman, agha du corps des janissaires du Kaire;

De la branche de l'arbre chéri, brodure honorée du turban du prophete, l'honorable négociant, le seyd, le chéryf Hagyh Ahhmed, connu sous le nom de Marouky, le plus grand du corps des négociants au Kaire;

De l'honôré parmi les riches et renommés, le plus distingué parmi les respectables, l'illustre, l'excellent, le prince Hassan agha Bekraty Métesseb au Kaire;

De l'honoré parmi les égaux et renommés, distingué, respectable, l'illustre, l'excellent, le prince Aly agha Charahouy, protecteur du Kaire la bien gardée;

De l'honoré de ses égaux, le respectable émir Yousef Bayh-Chaous Tuffekgiau;

De l'illustre, respecté, émir Yousef Bach-Ahyatem;

De l'honoré parmi les plus grands, Mustapha, agha Hattal Bacharkthyar, Nut-Pharakah;

Du vénérable vieillard émir Mustapha, effendy, premier écrivain du corps de Nut-Pharallah;

De l'illustre et respecté émir Ibrâhim, hyahia Azaban;

Du fameux parmi les gens de plume les plus distingués, le plus respecté parmi les grands, l'illustre, l'honoré émir Ismahin, effendy, khateb Ahoualch;

Enfin, d'une très grande assemblée, composée de plusieurs autres personnes, qu'il seroit trop long de nommer, quoique toutes très respectables. Amyn.

Le jour béni, (vendredi) 19 du mois de méchyr cophte, qui est le dernier de l'an 1213 du myry (el-Crahragieh), et qui revient au 21 du mois de rabbiach-êl-aouel de l'an 1214 de l'hégyre, ce jour étant celui de la date mise au bas du présent acte; il a été fait en présence de la puissance honorable, du fameux gouverneur le général Dugua, commandant la ville du Kaire la bien gardée. Dieu fasse couler le bonheur par ses mains! Amyn.

Le béni Nil s'est accompli par la faveur du Dieu très grand, adorable, plein de bonté pour ses créatures, et miséricordieux pour les hommes; de tout ce nous nous sommes réjouis dans les plus grandes joies, et consolés dans les plus grandes consolations, suppliant et priant Dieu de nous combler de ses bienfaits et faveurs, lui rendant graces de toutes ses bontés envers ses créatures, et qui font l'objet de tous nos vœux.

L'eau bienfaisante du fleuve a monté cette année à seize derals et sept doigts, comme il est appert suivant l'indice des mesures de la colonne accomplie, et d'après les annonces du cheykh Mustapha, le mesureur et directeur de la salle du meqyâs de Raoudah.

Ledit jour, après le lever du soleil, la digue du Khalydj a été rompue, et l'eau a coulé dans le canal êl-Hakemy, comme de coutume de haute antiquité : nous avons loué Dieu de ce que le Nil a atteint la hauteur de 16 derals et 7 doigts, de ce que la digue a été rompue, et que l'eau a coulé dans le canal, ainsi qu'il vient d'être dit.

En conséquence, les propriétaires de toute l'Egypte sont tenus au droit du myry, des denrées destinées à la Mekke et lieux saints, du Kessouéh et de tous les autres droits, suivant les anciens usages, pour l'an 1214 de Kraragiéh, envers celui qui commande les provinces, et qui en fera la demande. Cela est nécessaire.

Les propriétaires de toute l'Egypte sont obligés de payer tous les droits du myry, les denrées suivant les anciens usages pour ladite année. C'est une dette contractée envers celui qui commande, et qui en fera la demande; on doit l'acquitter comme ci-devant, sans délai ni retard : c'est la volonté de la loi.

En date du jour béni, le 21 du mois de rahbyah-êl-aouel de l'an 1214 de Kraragiéh (de l'hégyre). Graces soient rendues au Dieu créateur et tout-puissant qui voit et tient compte de toutes nos actions.

Suivent les signatures.

Convention sur l'évacuation de l'Egypte, passée entre les citoyens Desaix, général de division, et Poussielgue, administrateur général des finances, plénipotentiaires du général en chef Kleber, et leurs excellences Mustapha Ruschid effendy Tefterdar, et Mustapha Rassiche, effendy Riesseul Knittab, ministres plénipotentiaires de son altesse le suprême vizir.

L'ARMÉE française en Egypte voulant donner une preuve de ses desirs d'arrêter l'effusion du sang, et de voir cesser les malheureuses querelles survenues entre la république française et la sublime Porte, consent à évacuer l'Egypte d'après les dispositions de la présente convention, espérant que cette concession pourra être un acheminement à la pacification générale de l'Europe.

ARTICLE PREMIER.

L'armée française se retirera avec armes, bagages et effets, sur Alexandrie, Rosette et Aboùqyr, pour y être embarquée et transportée en France, tant sur ses bâtiments que sur ceux qu'il sera nécessaire que la sublime Porte lui fournisse; et, pour que lesdits bâtiments puissent être plus promptement préparés, il est convenu qu'un mois après la ratification de la présente il sera envoyé au château d'Alexandrie un commissaire avec 50 personnes de la part de la sublime Porte.

II. Il y aura un armistice de trois mois en Egypte, à compter du jour de la signature de la présente convention; et cependant, dans le cas où la treve expireroit avant que lesdits bâtiments à fournir par la sublime Porte fussent prêts, ladite treve sera prolongée jusqu'à ce que l'embarquement puisse être complètement effectué; bien entendu que de part et d'autre on emploiera tous les moyens possibles pour que la tranquillité des armées et des habitants, dont la treve est l'objet, ne soit point troublée.

III. Le transport de l'armée française aura lieu d'après le réglement des commissaires nommés à cet effet par la sublime Porte et par le général en chef Kleber; et si, lors de l'embarquement, il survenoit quelque discussion entre lesdits commissaires sur cet objet, il en sera nommé un par M. le commodore Sidney-Smith, qui décidera les différents d'après les réglements maritimes de l'Angleterre.

IV. Les places de Cathiéh et de Salèhié seront évacuées par les troupes françaises le huitieme jour, ou au plus tard le dixieme jour après la ratification de la présente convention; la ville de Manzoura sera évacuée le quinzieme jour; Damiette et Belbeys seront évacuées le vingtieme jour; Suez sera évacué six jours avant le Kaire ; les autres places situées sur la rive orientale du Nil seront évacuées le dixieme jour; le Delta sera évacué quinze jours après l'évacuation du Kaire. La rive occidentale du Nil et ses dépendances resteront entre les mains des Français jusqu'à l'évacuation du Kaire ; et cependant, comme elles doivent être occupées par l'armée française jusqu'à ce que toutes les troupes soient descendues de la haute Egypte, ladite rive occidentale et ses dépendances pourront n'être évacuées qu'à l'expiration de la treve, s'il est impossible de les évacuer plutôt. Les places évacuées par l'armée seront remises à la sublime Porte dans l'état où elles se trouvent actuellement.

V. La ville du Kaire sera évacuée dans le délai de quarante jours, si cela est possible, et au plus tard dans quarante-cinq jours, à compter du jour de la ratification de la présente.

VI. Il est expressément convenu que la sublime Porte apportera tous ses soins pour que les troupes françaises des diverses places de la rive occidentale du Nil, qui se replieront avec armes et bagages vers leur quartier-général, ne soient pendant leur route inquiétées ni molestées dans leurs personnes, biens et honneur, soit de la part des habitants de l'Egypte, soit par les troupes de l'armée impériale ottomane.

VII. En conséquence de l'article ci-dessus, et pour prévenir toutes discussions et hostilités, il sera pris des mesures pour que les troupes turkes soient toujours suffisamment éloignées des troupes françaises.

VIII. Aussitôt après la ratification de la présente convention, tous les Turks et autres nations, sans distinction, sujets de la sublime Porte, détenus ou retenus en France, ou au pouvoir des Français en Egypte, seront mis en liberté; et réciproquement tous les Français détenus dans toutes les villes et échelles de l'empire ottoman, ainsi que toutes les personnes, de quelque nation qu'elles soient, attachées aux légations et consulats français, seront également mis en liberté.

IX. La restitution des biens et des propriétés des habitants et des sujets de part et d'autre, ou le remboursement de leur valeur aux propriétaires, commencera immédiatement après l'évacuation de l'Egypte, et sera réglé à Constantinople par des commissaires nommés respectivement pour cet objet.

X. Aucun habitant de l'Egypte, de quelque religion qu'il soit, ne sera inquiété ni dans sa personne ni dans ses biens pour les liaisons qu'il pourra avoir eues avec les Français pendant leur occupation de l'Egypte.

XI. Il sera délivré à l'armée française, tant de

la part de la sublime Porte que des cours ses alliées, c'est-à-dire celles de Russie et de la Grande-Bretagne, les passe-ports, sauf-conduits et convois nécessaires pour assurer son retour en France.

XII. Lorsque l'armée française d'Egypte sera embarquée, la sublime Porte, ainsi que ses alliés, promettent que, jusqu'à son retour sur le continent de la France, elle ne sera nullement inquiétée; comme, de son côté, le général en chef Kleber, et l'armée française en Egypte, promettent de ne commettre pendant ledit temps aucune hostilité, ni contre les flottes, ni contre les pays de la sublime Porte et de ses alliés, et que les bâtiments qui transporteront ladite armée ne s'arrêteront à aucune autre côte qu'à celle de France, à moins de nécessité absolue.

XIII. En conséquence de la treve de trois mois stipulée ci-dessus avec l'armée française pour l'évacuation de l'Egypte, les parties contractantes conviennent que si, dans l'intervalle de ladite treve, quelques bâtiments de France, à l'insu des commandants des flottes alliées, entroient dans le port d'Alexandrie, ils en partiront après avoir pris l'eau et les vivres nécessaires, et retourneront en France munis des passe-ports des cours alliées; et, dans le cas où quelques uns desdits bâtiments auroient besoin de réparations, ceux-là seuls pourront rester jusqu'à ce que lesdites réparations soient achevées, et partiront aussitôt après pour France, comme les précédents, par le premier vent favorable.

XIV. Le général en chef Kleber pourra envoyer sur-le-champ en France un aviso, auquel il sera donné les sauf-conduits nécessaires pour que ledit aviso puisse prévenir le gouvernement français de l'évacuation de l'Egypte.

XV. Etant reconnu que l'armée française a besoin de subsistances journalieres pendant les trois mois dans lesquels elle doit évacuer l'Egypte, et pour trois autres mois, à compter du jour où elle sera embarquée, il est convenu qu'il lui sera fourni les quantités nécessaires de blé, viande, riz, orge et paille, suivant l'état qui en est présentement remis par les plénipotentiaires français, tant pour le séjour que pour le voyage. Celles desdites quantités que l'armée aura retirées de ses magasins après la ratification de la présente seront déduites de celles à fournir par la sublime Porte.

XVI. A compter du jour de la ratification de la présente convention l'armée française ne prélevera aucune contribution quelconque en Egypte; mais, au contraire, elle abandonnera à la sublime Porte les contributions ordinaires exigibles qui lui resteroient à lever jusqu'à son départ, ainsi que les chameaux, dromadaires, munitions, canons, et autres objets lui appartenant qu'elle ne jugera pas à propos d'emporter, de même que les magasins de grains provenant des contributions déja levées, et enfin les magasins de vivres. Ces objets seront examinés et évalués par des commissaires envoyés en Egypte à cet effet par la sublime Porte, et par le commandant des forces britanniques, conjointement avec les préposés du général en chef Kleber, et remis par les premiers au taux de l'évaluation ainsi faite, jusqu'à la concurrence de la somme de 3,000 bourses, qui sera nécessaire à l'armée française pour accélérer ses mouvements et son embarquement; et si les objets ci-dessus désignés ne produisoient pas cette somme, le déficit sera avancé par la sublime Porte à titre de prêt, qui sera remboursé par le gouvernement français sur les billets des commissaires préposés par le général en chef Kleber pour recevoir ladite somme.

XVII. L'armée française ayant des frais à faire pour évacuer l'Egypte, elle recevra, après la ratification de la présente convention, la somme stipulée dans l'ordre suivant; savoir:

Le quinzieme jour, 500 bourses; le trentieme jour, 500 autres bourses; le quarantieme jour, 300 autres bourses; le cinquantieme jour, 300 autres bourses; le soixantieme jour, 300 autres bourses; le soixante-dixieme jour, 300 autres bourses; le quatre-vingtieme jour, 300 autres bourses; et enfin le quatre-vingt-dixieme jour, 500 autres bourses. Toutes lesdites bourses de 500 piastres turkes chacune, lesquelles seront reçues en prêt des personnes commises à cet effet par la sublime Porte; et, pour faciliter l'exécution desdites dispositions, la sublime Porte enverra, immédiatement après l'échange des ratifications, des commissaires dans la ville du Kaire, et dans les autres villes occupées par l'armée.

XVIII. Les contributions que les Français pourroient avoir perçues après la date de la ratification et avant la notification de la présente convention dans les divers points de l'Egypte, seront déduites sur le montant des 3,000 bourses ci-dessus stipulées.

XIX. Pour faciliter et accélérer l'évacuation des places, la navigation des bâtiments français de transport qui se trouveront dans les ports de l'Egypte sera libre pendant les trois mois de treve, depuis Damiette et Rosette jusqu'à Alexandrie, et d'Alexandrie à Rosette et Damiette.

XX. La sûreté de l'Europe exigeant les plus grandes précautions pour empêcher que la contagion de la peste n'y soit transportée, aucune personne malade, ou soupçonnée d'être atteinte de cette maladie, ne sera embarquée; mais les malades pour cause de peste, ou pour toute autre maladie qui ne permettroit pas leur transport dans le délai convenu pour l'évacuation, demeureront dans les hôpitaux où ils se trouveront, sous la sauve-garde de son altesse le suprême vizir, et seront soignés par des officiers de santé français, qui resteront auprès d'eux jusqu'à ce que leur guérison leur permette de partir, ce qui aura lieu le plutôt possible; les articles XI et XII de cette convention leur seront appliqués comme au reste de l'armée, et le commandant en chef de l'armée française s'engage à donner les ordres les plus stricts aux différents officiers commandant les troupes embarquées de ne pas permettre que les bâtiments les débarquent dans d'autres ports que ceux qui seront indiqués par les officiers de santé, comme offrant les plus grandes facilités pour faire la quarantaine utile, usitée, et nécessaire.

XXI. Toutes les difficultés qui pourroient s'élever, et qui ne seroient pas prévues par la présente convention, seront terminées à l'amiable entre les commissaires délégués à cet effet par son altesse le suprême vizir, et par le général en chef Kleber, de maniere à faciliter l'évacuation.

XXII. Le présent ne sera valable qu'après les ratifications respectives, lesquelles devront être échangées dans le délai de huit jours, ensuite de laquelle ratification la présente convention sera religieusement observée de part et d'autre.

Fait, signé, et scellé de nos sceaux respectifs, au camp des Conférences, près d'él-A'rych, le 4 pluviose an huit de la république française, 24 janvier 1800 (v. st.), et le 28 de la lune de Chabban, l'an de l'hégire 1214.

Signés le général de division Desaix; le citoyen Poussielgue, plénipotentiaire du général Kleber;

Et leurs excellences Mustapha Ruschid, effendy Tefterdar, et Mustapha Rassiche, effendy Riesseul Knittab, plénipotentiaires de son altesse le suprême vizir.

Pour copie conforme à l'expédition française remise aux ministres turks en échange de leur expédition en turk,

Signés Poussielgue, Desaix.

Pour copie conforme, Kleber.

Kleber, général en chef de l'armée d'Egypte, au directoire exécutif de la république française.

Du camp de Salêhié, 10 pluviose, an 8.

Je viens de signer, citoyens directeurs, le traité relatif à l'évacuation de l'Egypte, et je vous en envoie la copie. Celle qui porte la signature du grand-vizir ne pourra m'être remise que d'ici à quelques jours, l'échange devant avoir lieu à êl-A'rych.

Je vous ai rendu compte, par mes dépêches précédentes, de la situation où se trouvoit cette armée. Je vous ai informé aussi des négociations que le général Bonaparte a commencées avec le grand-vizir, et que j'ai dû continuer.

Quoiqu'à cette époque je comptasse peu sur le succès de ces négociations, j'espérois cependant qu'elles ralentiroient assez la marche et les préparatifs de guerre du vizir, pour vous donner le temps de m'envoyer des secours en hommes et en armes, ou au moins des ordres sur la conduite que j'avois à tenir dans les circonstances pénibles où je me trouvois. Je fondois cet espoir de secours sur ce que je savois que les flottes française et espagnole se trouvoient réunies à Toulon, et n'attendoient, pour en sortir, qu'un vent favorable. Elles en sont sorties en effet, mais pour repasser le détroit et rentrer à Brest. Cette nouvelle affligea profondément l'armée, qui apprit en même temps nos revers en Italie, en Allemagne, en Hollande, et jusque dans la Vendée, sans qu'il parût qu'on prît aucune mesure propre à arrêter le cours des malheurs qui menaçoient jusqu'à l'existence de la république.

Cependant le vizir s'avançoit de Damas : d'un autre côté, au commencement de brumaire, une flotte parut devant Damiette; elle débarqua d'abord 4000 janissaires qui devoient être suivis d'un pareil nombre; mais on ne leur en donna pas le temps : les premiers furent attaqués et complètement battus en moins d'une demi-heure : le carnage fut affreux; on leur fit cependant plus de 800 prisonniers.

Cet évènement ne rendit point les négociations plus faciles : le vizir manifesta les mêmes intentions, et ne suspendit sa marche que pendant le temps qui lui étoit indispensable pour former ses établissements, et se procurer des moyens de transport. Son armée étoit alors estimée à 60,000 hommes; mais d'autres pâchâs le suivoient, et recrutoient de nouvelles troupes de toutes les parties de l'Asie jusqu'au mont Caucase. La tête de cette armée arriva bientôt jusqu'à Jaffa.

Le commodore sir Sidney-Smith m'écrivit vers cette époque, c'est-à-dire quelques jours avant le débarquement de Damiette; et, comme je connoissois toute l'influence qu'il avoit sur le vizir, j'ai cru devoir, non seulement lui répondre, mais même lui proposer pour le lieu des conférences le vaisseau qu'il montoit; je répugnois également à recevoir en Egypte des plénipotentiaires anglais ou turks, ou à envoyer les miens au camp de ces derniers : ma proposition fut acceptée, et dès-lors les négociations prirent une marche plus déterminée. Tout cela cependant n'arrêta point l'armée ottomane, que le grand-vizir conduisit sur Ghazah.

Pendant tout ce temps, la guerre continuoit dans la haute Egypte, et les beys, dispersés jusqu'alors, pensèrent à se réunir à Mourâd, qui, toujours poursuivi et jamais abattu, entraînant dans son parti les Arabes et les habitants de la province de Benisouef, ne laissoit pas que d'occuper des forces et de donner des inquiétudes.

La peste nous menaçoit aussi de ses ravages, et nous enlevoit déja plusieurs hommes par décade à Alexandrie, et dans d'autres places.

Enfin le premier nivose le général Desaix et le citoyen Poussielgue, que j'avois nommés plénipotentiaires, ouvrirent, à bord du Tygre, les conférences avec sir Sidney-Smith, à qui le grand-vizir avoit donné des pouvoirs pour traiter. Ils devoient tenir les parages de Damiette à Alexandrie; mais un coup de vent très violent les ayant obligés de gagner le large, ils tinrent la mer pendant dix-huit jours: au bout de ce temps, ils descendirent au camp du vizir. Ce dernier s'étoit porté sur êl-A'rych, et s'étoit emparé le 9 nivose de ce fort. Il ne dut ce succès qu'à la lâcheté insigne de la garnison, qui se rendit sans combattre le septieme jour de l'attaque.

Cet évènement étoit d'autant plus malheureux, que le général Régnier étoit en marche pour faire lever le blocus avant que le gros de l'armée turke fût arrivé.

Dès cet instant on ne pouvoit plus espérer de traîner les négociations en longueur; il s'agissoit d'examiner mûrement le danger qu'il y avoit de les rompre, d'écarter les motifs d'une vanité personnelle, et de ne point exposer tous les Français dont la vie m'étoit confiée à des suites terribles, que plus de délais rendoit inévitables.

Les rapports les plus récents portoient l'armée ottomane à 80,000 hommes, et elle devoit s'augmenter encore; on y comptoit douze pâchâs, dont six du premier rang. Quarante-cinq mille hommes se trouvoient devant él-A'rych, ayant 50 pieces de canon et des caissons en proportion; cette artillerie étoit traînée par des mulets : vingt autres pieces étoient à Ghazah avec le corps de réserve; le reste des troupes se trouvoit à Jaffa et dans les environs de Ramley. Un cabotage actif approvisionnoit le camp du vizir; toutes les tribus d'Arabes secondoient à l'envi cette armée, et lui fournissoient plus de 15,000 chameaux. On m'a assuré que les distributions s'y faisoient régulièrement. Toutes ces forces étoient dirigées par des officiers européans, et 5 à 6000 Russes étoient attendus d'un moment à l'autre.

A cette armée j'avois à opposer 8,500 hommes, divisés sur les trois points de Cathiéh, Salêhié et Belbeys. Cette répartition étoit nécessaire pour faciliter nos communications avec le Kaire, et pour pouvoir porter promptement des secours à celui de ces postes qui auroit été le premier attaqué. En effet il est certain qu'on peut les tourner ou les éviter tous; c'est ce qu'a fait récemment Elfi-bey, qui, pendant les négociations, est entré avec ses Mamloùcks dans la Charkié pour se réunir aux Arabes Billis, et de là rejoindre Mourâd dans la haute Egypte. Le reste de l'armée étoit distribué ainsi qu'il suit : 1,000 hommes aux ordres du général Verdier, pour former la garnison de Lisbé, lever des contributions en argent et en denrées, et tenir en obéissance le pays entre le canal d'Achmoun et celui de Moës, agité sourdement par le cheykh Leskam; 1800 hommes étoient aux ordres du général Lanusse, pour fournir les garnisons de Rosette, Aboùqyr et Alexandrie, contenir le Delta et la Bahiré; 1200 hommes étoient demeurés au Kaire et à Gizeh, et ils étoient obligés de fournir des escortes aux convois de l'armée ; enfin 2500 hommes se trouvoient disséminés dans la haute Egypte sur une lisiere de plus de cent cinquante lieues ; ils avoient journellement à combattre les beys et leurs partisans : le tout forme 15,000 hommes ; voilà en effet ce qu'en évaluant au plus haut, on peut compter de combattants disponibles dans l'armée.

Malgré cette disproportion de forces, j'espérois la victoire, et j'aurois hasardé une bataille, si j'avois eu la certitude de l'arrivée d'un secours avant la saison d'un débarquement. Mais cette saison étant une fois arrivée sans que j'eusse obtenu de renforts, j'étois obligé de renvoyer au moins cinq mille hommes sur les côtes: il me restoit trois mille hommes pour défendre un pays ouvert de toutes parts, contre l'invasion de trente mille cavaliers, secondés par les Arabes et les habitants, sans place forte, sans vivres, sans argent, sans vaisseaux. Je devois prévoir ce moment, et me demander ce que je pouvois faire alors pour la conservation de l'armée. Il ne restoit aucun moyen de salut: l'on ne peut traiter que les armes à la main avec des hordes indisciplinées de barbares fanatiques qui méconnoissent tous les droits de la guerre : l'évidence de ces motifs a frappé tous les esprits ; elle a déterminé mon opinion. J'ai donné des ordres à mes plénipotentiaires de ne rompre les négociations que dans le cas où l'on proposeroit des articles qui pussent compromettre notre gloire ou notre sûreté.

Je termine ce rapport, citoyens directeurs, en vous observant que les circonstances de ma situation n'ont point été prévues dans l'instruction que m'a laissée le général Bonaparte. Lorsqu'il me promet de prompts secours, il fonde, ainsi que je l'avois fait, ses espérances sur la réunion des flottes française et espagnole dans la Méditerranée : on étoit alors loin de penser que ces flottes retourneroient dans l'Océan, et que l'expédition d'Egypte, entièrement abandonnée, deviendroit un chef d'accusation contre ceux qui l'ont ordonnée.

Je joins à cette lettre copie de ma correspondance, tant avec le grand-vizir qu'avec le commodore sir Sidney-Smith et mes plénipotentiaires, ainsi que toutes les notes officielles remises de part et d'autre; je joins aussi copie des rapports qui m'ont été faits sur la prise d'êl-A'rych.

Au reste l'armée française, pendant son séjour en Egypte, a gravé dans l'esprit des habitants le souvenir de ses victoires, celui de l'équité et de la modération avec lesquelles nous avons gouverné, le sentiment de ses forces et de la puissance de la nation dont elle fait partie. Le nom français sera long-temps respecté, non seulement dans cette province de l'empire ottoman, mais encore dans tout l'Orient.

Je compte être rendu en France avec l'armée au plus tard à la fin de prairial.

Salut et respect.

Signé Kleber.

Kleber, général en chef, au dyván du Kaire et à ceux des différentes provinces de l'Egypte.

Au quartier-général de Salêhié, le 12 pluviose, an 8 de la république française.

Vous connoissez depuis long-temps l'intention constante où est la nation française de conserver ses anciennes relations avec l'empire ottoman. Mon illustre prédécesseur, le général Bonaparte, vous l'a plusieurs fois déclaré depuis que les circonstances de la guerre nous ont conduits dans ce pays. Il ne négligea rien pour dissiper les préventions que l'on avoit inspirées à la Porte, et qui l'avoient entraînée dans une alliance également contraire à ses intérêts et aux nôtres. Les explications qu'il envoya à la cour de Constantinople ne purent rétablir cette union si desirable ; et la marche du grand-vizir sur Damas lui ayant offert un moyen de communication plus direct, il ouvrit avec lui des négociations, et me confia le soin de les terminer, lorsque des intérêts majeurs l'obligerent de se rendre en Europe. Je les conclus aujourd'hui, et remets ce pays entre les mains de notre ancien allié. Le rétablissement du commerce de l'Egypte sera le premier effet de ce rapprochement. Les Français y trouveront l'avantage de rompre une alliance qui désormais seroit sans motifs ; et ce traité sera la premiere clause d'une paix devenue nécessaire aux nations de l'Occident.

Les principes d'après lesquels nous avons gouverné l'Egypte vous sont assez connus. Nous avons maintenu et respecté votre religion, vos lois, vos usages, et la jouissance de tous vos biens. Nous ne laissons parmi vous le souvenir d'aucunes violences. C'est à vous que les intérêts des habitants de l'Egypte ont été particulièrement confiés. Vous avez été placés entre les Français et eux pour veiller à ce qu'on ne portât aucune atteinte aux anciennes coutumes de ce pays. Ces institutions sont dues à la sagesse de mon prédécesseur, et j'ai senti la nécessité de les maintenir. Le zele avec lequel vous avez rempli ces honorables fonctions vous donne des droits à l'approbation de tous les hommes justes, et à la protection spéciale du gouvernement qui va nous remplacer. Les peuples de l'Egypte, dirigés par vos conseils, se sont soumis à l'autorité établie. La concorde qui a toujours subsisté entre eux et nous, est l'effet et la récompense de vos soins. J'espere que cette union ne sera point altérée jusqu'à l'entiere exécution du traité. Si des désordres imprévus venoient à la troubler, je serois forcé de les réprimer par la voie des armes.

Signé Kleber.

Lettre du général Desaix, au général en chef Bonaparte.

A Alexandrie, le 2 ventose, an 8.

L'ÉVACUATION de l'Egypte est signée, mon général : vous en serez sûrement surpris, surtout de ce qu'elle l'est par moi qui m'étois toujours prononcé pour la conservation de cette importante conquête ; vous le serez moins quand vous connoîtrez les circonstances où je me suis trouvé. Je vous assure que je n'ai rien épargné pour vous donner le temps d'y envoyer des secours, et je n'ai obéi qu'à l'ordre très précis du général en chef.

Vous m'aviez donné ordre de vous rejoindre dans le courant de l'hiver : je compte vous revoir sous peu ; je partirai quatre à cinq jours après le citoyen Damas. Je vous demanderai de me faire connoître vos intentions ; je suis toujours prêt à faire tout ce qui pourra vous convenir davantage. Bien servir mon pays, et rester le moins possible sans rien faire, est tout ce que je desire. Personne ne vous est plus dévoué que moi, et personne n'a plus d'envie d'être utile à votre gloire.

Signé Desaix.

Lettre du général Menou, au général en chef Bonaparte.

Au quartier-général à Rosette, le 5 ventose, an 8.

MON général, je ne puis vous exprimer le chagrin que me cause la mesure qui vient d'être prise d'évacuer purement et simplement l'Egypte. Vous savez depuis long-temps quelle étoit mon opinion à cet égard. J'avois toujours considéré l'Egypte comme une possession extrêmement avantageuse à la république française ; j'étois convaincu qu'elle devoit y retrouver les Antilles, que je regarde comme perdues pour toujours ; j'y voyois la certitude de conserver le commerce du Levant. En effet vous savez mieux que moi que tout ici est préparé pour établir les cultures précieuses qui faisoient de S.-Domingue, de la Martinique, etc. les plus riches colonies du monde : le sucre, l'indigo, le coton, le nopal, le séné, les gommes, le natron, toutes ces riches productions sont ici dans la plus grande abondance.

Nous avions fait les frais de notre établissement ; les principales positions commençoient à être fortifiées ; des atteliers importants s'élevoient sur plusieurs points ; le système des irrigations ne demandoit qu'à être rectifié. La population est nombreuse ; une dépense énorme avoit été faite pour cette expédition.

On pouvoit, je le pense, faire entendre raison aux Anglais en s'engageant à ne pas pousser les relations commerciales au-delà de la mer Rouge, en leur laissant la faculté d'introduire dans cette mer le même nombre de cargaisons qu'ils y importent annuellement des Indes orientales ; on pouvoit s'engager à ne pas naviguer au-delà de

Bab-êl-Mandel. Les Anglais savent bien d'ailleurs qu'il est physiquement impossible de créer une marine dans la mer Rouge.

On devoit leur faire sentir qu'il est pour eux d'une importance majeure de ne pas laisser agrandir les Russes, qui depuis cinquante ans travaillent sans relâche à porter leur centre d'activité à Constantinople, d'où ils chasseront indubitablement les Turks.

Il falloit rappeler aux Anglais que les Russes, maîtres de la mer Caspienne et des riches provinces qui entourent ce grand lac, ont déja commencé à détourner à leur profit une partie du commerce des Indes; il falloit leur répéter qu'actuellement la mer Noire et la mer Caspienne sont réunies par un canal qui communique du Don au Volga; que de Pétersbourg on arrive par eau jusqu'aux extrémités sud de la mer Caspienne; et qu'enfin cette puissance, qui a fait aussi de grands progrès en Europe, devient presque gigantesque.

On pouvoit s'arranger avec les Turks en leur conservant une espece de souveraineté en Egypte, en leur donnant même un subside, ce que nous avons fait presque annuellement depuis notre alliance avec la Porte; et nous eussions été plus exacts à cet égard que les Mamloùcks.

Telle étoit mon opinion: elle n'a pas été celle de celui qui commande. Je n'ai voulu me mêler en rien ni pour rien de tout ce qui a eu rapport à cette négociation. J'ai donné mon avis par écrit dans un mémoire que j'ai fait remettre au général en chef : il a vu différemment.

J'avois même pensé que si le gouvernement français, à la paix générale, ne vouloit ou ne pouvoit pas conserver définitivement l'Egypte, au moins devoit-elle entrer comme objet très important dans la liste des compensations.

Je ne puis vous exprimer ma douleur : je ne connois que le bonheur de mon pays ; je lui ai consacré toutes mes facultés physiques et morales : je puis me tromper, mais mes intentions sont pures. Si en arrivant en France ; je suis jugé propre à servir la république, je vous prie de vous rappeler de moi, et de croire sur-tout à un zele sans bornes, et à un dévouement que rien ne peut altérer.

Je n'entre dans aucun détail sur la capitulation ; les généraux qui partent vous en rendront compte.

Salut et respect.
Signé Menou.

P. S. J'oubliois de dire qu'il est presque évident que les Russes ou les Anglais deviendront maîtres de l'Egypte, dès que nous en serons sortis.

Rappelez-vous de moi, mon général.
Signé Menou.

Lettre du général de division Menou au premier Consul de la république française.

A Rosette, le 9 ventose, an 8.

Citoyen consul,

L'arrivée du chef de brigade Latour-Maubourg à Aboùqyr nous a fait connoître positivement ce que nous n'avions appris par les Anglais que d'une maniere très imparfaite.

Accomplissez vos hautes destinées, citoyen Consul; rendez heureuses celles de la France, l'univers entier les partagera.

Qui mieux que vous a su combattre et vaincre? Prouvez aussi que personne mieux que vous ne saura gouverner les Français libres et républicains.

Si au milieu des travaux qui vous occupent pour donner la paix à la France, et peut-être au monde, il vous reste quelques instants de loisir, rappelez vous d'un de ces hommes que la calomnie a si souvent poursuivi, et qui n'ambitionne que le bonheur de son pays, et l'estime de Bonaparte.

Salut et respect.
Signé Menou.

Le *P. S.* a été brûlé en partie. Voici ce qui en reste.

« De notre position. La capitulation faite avec
« M. Smith et le grand-vizir, plonge.........
« ceux qu'anime l'amour de l'honneur et de la
« patrie. » *Signé* Menou.

---

*J. Menou, général de division, au citoyen Lebrun,
consul de la république française.*

A Rosette, le 9 ventose, an 8 de la république française.

Citoyen consul,

Un soldat, qui ne desire et n'ambitionne que la prospérité de son pays, vient d'apprendre en Egypte que les destinées vous avoient appelé au gouvernement de la république française; rendez-la heureuse, citoyen consul; vous n'avez que du baume à verser dans ses plaies. Quelle magnifique mission que celle d'être chargé de rendre la paix à trente millions d'hommes, et peut-être à l'univers ! Permettez-moi de vous rappeler qu'ensemble nous avons combattu pour la liberté, qu'ensemble nous avons été ses fondateurs, et qu'alors nous n'étions animés que du desir de faire le bien.

L'Égypte, dont les Français, sous les ordres de Bonaparte, avoient fait si glorieusement la conquête, pouvoit et devoit être un magnifique établissement pour la république française : des dépêches officielles vous apprendront quel en est le triste résultat. Je ne puis vous exprimer quelle est ma douleur.

Salut et profond respect,
citoyen Consul.

Signé Ab. J. Menou.

J. Menou, général de division, au cit. Cambacérès, consul de la république française.

A Rosette, le 9 ventose, an 8 de la république française.

Citoyen consul,

Un petit bâtiment français, arrivé hier à Aboùqyr en Egypte, nous a apporté la nouvelle officielle que vous veniez d'être appelé au gouvernement de la France : vous la rendrez heureuse. La moralité et les talents vont donc exercer leur influence ; nous aurons donc enfin une république et de véritables républicains. Vous rétablirez la paix intérieure ; peut-être la donnerez-vous au monde entier : c'est tout ce que desire un soldat qui n'a d'autre ambition que de voir prospérer son pays. Accomplissez vos belles destinées, citoyen consul, et votre nom déja révéré ne sera prononcé par la postérité qu'avec les accents de la reconnoissance et de l'admiration.

Salut et profond respect.

Signé Ab. J. Menou.

Extrait de l'ordre du jour du 17 ventose, an 8.

Le général en chef ayant exigé justice de l'assassinat de deux grenadiers de la soixante-quinzieme demi-brigade, tués par des soldats échappés de l'armée du grand-vizir, dans la journée du 12 ventose, en faisant patrouille dans le Kaire, cinq des osmanlis coupables de ce crime, qui ont été arrêtés, viennent d'être étranglés aujourd'hui par ordre du pâchâ, et leurs corps exposés sur la place Ezbékyéh; cinq autres ont eu la tête tranchée.

Le général de division, chef de l'état-major-général,

Signé Damas.

Le général en chef Kleber à l'armée.

Au quartier-général du Kaire, le 27 ventose, an 8 de
la république française.

Soldats,

Voici la lettre qui vient de m'être adressée par le commandant en chef de la flotte anglaise dans la Méditerranée.

A bord du vaisseau de S. M. B. la reine Charlotte,
le 8 janvier 1800 (18 nivose).

Monsieur,

« Je vous préviens que j'ai reçu des ordres positifs de S. M. de ne consentir à aucune capitulation avec l'armée française que vous commandez en Egypte et en Syrie, à moins qu'elle ne mette bas les armes, qu'elle ne se rende prisonniere de guerre, et n'abandonne tous les vaisseaux et toutes les munitions des ports et ville d'Alexandrie aux puissances alliées; qu'en cas de capitulation, je ne dois permettre à aucune troupe de retourner en France avant qu'elle n'ait été échangée. Je crois également nécessaire de vous informer que tous les vaisseaux ayant des troupes françaises à bord, et faisant voile de ce pays munis de passe-ports signés par d'autres que ceux qui ont le droit d'en accorder, seront forcés par les officiers des vaisseaux que je commande de rentrer à Alexandrie ; enfin que les bâtiments qui seront rencontrés retournant en Europe avec des passe-ports accordés en conséquence d'une capitulation particuliere avec une des puissances alliées, seront retenus comme prises, et tous les individus à bord considérés comme prisonniers de guerre. »

Signé Keith.

Soldats, nous saurons répondre à une telle insolence par des victoires ! préparez-vous à combattre.

Signé Kleber.

J. Menou, général de division, au cit. Bonaparte, premier consul de la république.

Rosette, 28 ventose, an 8.

Citoyen consul,

Les Anglais ne tiennent pas la capitulation : voici quel est, aujourd'hui 28 ventose, l'état des choses.

Lord Keith est venu prendre le commandement de la station anglaise dans la Méditerranée: il a signifié à M. Smith qu'il ne vouloit tenir aucun des articles de la capitulation, et que s'il pouvoit en exister une, c'étoit de faire les Français prisonniers de guerre, laissant leurs canons, leurs fusils, et généralement tout ce qu'ils ont apporté. M. Smith a fait part de cette nouvelle au général en chef, lui mandant qu'il étoit au désespoir, mais qu'on lui avoit retiré ses pouvoirs. Quant à moi, je crois que M. Smith étoit de moitié, et que les Anglais ne connoissent que la *fides punica*.

Les évènements concourent donc pour que nous n'abandonnions pas cette belle possession. Citoyen consul, j'ose vous assurer qu'elle est infiniment plus précieuse qu'on ne le croyoit. Des renseignements pris avec soin prouvent que les beys dépensoient ici plus de soixante millions. Mourâd et Ibrâhim-bey seuls en dépensoient annuellement vingt. Il y avoit vingt-deux autres beys, deux cents cinquante kyachefs, et huit mille cinq cents mamloùks, sans compter quelques troupes à pied.

Chaque mamloùk, de premier achat et d'équipement, coûtoit 1000 piastres d'Espagne; son entretien annuel montoit de 1500 à 2000 fr.

Quand on les marioit, on leur donnoit maison, esclaves, et tout leur ameublement. Jugez de ce que devoient recevoir les kyachefs qui avoient plusieurs villages en propriété, et de ce que pouvoient dépenser les vingt-deux autres beys.

Il est prouvé que les cophtes nous ont trompés de la maniere la plus affreuse. Ils ont toujours fait trois portions des revenus de l'Egypte ; un tiers aux Français, un tiers pour eux, et le troisieme tiers ils le faisoient passer aux beys, aux kyachefs, et aux mamloùks fugitifs, etc. etc...... J'ai puisé ces renseignements aux meilleures sources. Il est vrai que les douanes, qui rapportoient 15 millions avant la guerre, ne doivent plus être comptées pour rien : mais il régnoit un revenu de 45 millions, et nous n'en avons jamais reçu 20, sur lesquels ont eu lieu toutes les déprédations de nos administrateurs ; car, il faut le dire, citoyen consul, et vous aimez la vérité, notre administration ici a été détestable. La soif de l'or a dominé, ainsi que l'oubli de tous principes d'honneur et de moralité. Il faut du temps pour y porter remede ; mais les circonstances vous ont encore mieux placé pour notre bonheur. Il résulte donc que la colonie d'Egypte étoit la plus belle acquisition pour la France, que tous les frais d'administration et de garde n'eussent rien coûté à la république, puisque ce pays a un revenu territorial plus que suffisant pour couvrir toutes les dépenses, et que tous les produits du commerce eussent été un bénéfice net pour la France ; que, si nous l'abandonnons, les Anglais s'en rendront maîtres, ce qui détruira entièrement notre commerce du Levant.

Le général en chef, d'après la conduite des Anglais, a repris une attitude de guerre : cette armée du grand-vizir est pitoyable ; six mille Français la mettroient grandement en déroute, et nous avons plus que le triple à lui opposer. Je crains bien que les Anglais ne reviennent sur leur sottise, et ne sentent l'avantage immense que leur procuroit l'évacuation. Que fera le général en chef ?

Le général Galbaud est arrivé à Damiette, qui étoit déja au pouvoir des Turks. Il y a été pris et conduit à Belbeys au grand-vizir, qui l'a bien reçu. Dans l'audience, le général français a témoigné au vizir son étonnement de la coalition de la Porte avec la Russie. Le vizir a répondu qu'environ deux mois après l'invasion de l'Egypte les Anglais et les Russes avoient proposé au grand-seigneur d'entrer dans la coalition. Il répondit qu'il n'avoit aucun motif pour déclarer la guerre à la France ; qu'il étoit vrai que l'Egypte étoit envahie, mais qu'il demandoit deux mois pour envoyer en France, afin de s'éclairer sur les motifs qui avoient porté à s'emparer de l'Egypte. Les ministres de Russie et de Londres répondirent alors qu'on ne lui donnoit que vingt-quatre heures pour se décider. Guerre contre la France, ou guerre contre les Russes et les Anglais : alors, dit le grand-vizir, la Porte a été obligée de se rendre. Les Russes avoient des forces considérables dans la mer Noire, et rien à leur opposer à Constantinople. Il a fallu déclarer la guerre à la France. Je tiens cette anecdote importante du général Galbaud lui-même, qui a été renvoyé par le grand-vizir à Damiette, d'où par terre à Rosette, et est parti avant-hier pour le Kaire.

Signé Ab. J. Menou.

Kleber, général en chef, aux invalides absolus de l'armée.

Au quartier-général du Kaire, 22 germinal, an 8.

Braves soldats,

J'ai voulu alléger vos souffrances en vous rendant à votre patrie; la mauvaise foi de nos ennemis s'oppose à mes projets... Que votre courage vous mette au-dessus de leur perfidie, et bientôt, je vous le promets, vous ne devrez cette faveur qu'à vos compagnons victorieux.

Soldats, vous êtes toujours l'objet de ma sollicitude; et c'est afin de pourvoir plus facilement à vos besoins que j'ordonne ce qui suit:

Article premier.

Les invalides absolus seront formés en une demi-brigade de deux bataillons, et chaque bataillon sera composé de quatre compagnies.

II. Le plus ancien chef de brigade prendra le commandement de ce corps; les autres seront à la suite : il en sera de même des chefs de bataillon.

Les officiers et sous-officiers seront répartis en nombre et grades égaux dans les compagnies.

III. Il y aura un adjudant major, un adjudant sous-officier, et un quartier-maître par bataillon.

Il y aura un conseil d'administration à l'instar des autres corps.

IV. Le premier bataillon sera en garnison à la citadelle du Kaire, ainsi que l'état-major. Les deux premieres compagnies du second bataillon seront à Alexandrie, les deux autres à Rosette.

V. Ce corps sera assujetti à toutes les regles de discipline militaire; mais son service ne sera que relatif à sa police intérieure, sauf les cas extraordinaires.

VI. Aussitôt que ce corps aura été formé, et que la revue en aura été passée et arrêtée, les individus le composant cesseront d'être portés sur les contrôles des corps auxquels ils auroient appartenu.

VII. Les officiers, sous-officiers, et soldats, recevront tous la solde accordée à l'infanterie, qui sera chaque mois tenue au courant, sans qu'il puisse y avoir d'arriéré.

VIII. Le chef de l'état-major général donnera les ordres des détails nécessaires pour la prompte exécution des dispositions ci-dessus.

Signé Kleber.

Ordre du jour du 23 germinal an 8.

LE général en chef a été fort content de la conduite du détachement des dromadaires qui a été employé, dans la nuit du 21 au 22, à s'emparer de la maison ci-devant occupée par la direction du génie, près celle du général Régnier, ainsi que du détachement de la quatre-vingt-huitieme, et des grenadiers de la vingt-cinquieme, qui ont travaillé ensemble avec la plus grande activité et le plus grand courage à faire, pendant la nuit et dans la matinée du 22, tous les travaux nécessaires pour la sûreté de ce poste: l'on s'y est établi si solidement et si rapidement que l'ennemi a eu vingt hommes tués, et au moins autant mis hors de combat, tandis que nous n'avons eu que deux soldats légèrement blessés. Les officiers du génie et le détachement de sapeurs employés à cette attaque ont aussi mis le plus grand zele à fortifier ce poste : le général en chef leur en témoigne à tous sa satisfaction.

Le général de division, chef de l'état-major général.   *Signé* Damas.

Kleber, général en chef, à l'armée.

Au quartier-général du Kaire, le 2 floréal, an 8.

Soldats,

Pour épargner votre sang j'ai fait marcher de front les négociations avec les opérations militaires. Le plus grand obstacle que j'ai rencontré est celui de parvenir à rassurer les habitants contre le pillage et la dévastation : l'exemple de Boulac, où je vous ai permis d'assouvir un instant votre juste vengeance, étoit terrible à leurs yeux. Je suis parvenu à dissiper leurs craintes ; je leur ai promis sûreté, protection tant pour leurs personnes que pour leurs propriétés, et aussitôt ils ont cessé d'apporter des empêchements à la sortie des troupes ottomanes.

Soldats, quand votre chef prend des engagemens au nom de l'armée, c'est à vous à les remplir. Je compte à cet égard également sur votre obéissance et sur le sentiment de votre propre intérêt; un seul excès pourroit rendre illusoire la capitulation qui vient d'être conclue. Ne vous bornez donc point à vous abstenir du moindre désordre, mais empêchez encore qu'il n'en soit commis par cette foule d'hommes qui, cachés pendant que les dangers vous entourent, ne sortent de leurs refuges, lorsque le péril est passé, que pour mettre le comble à leur déshonneur. Je defends toute espece de pillage, et m'en réfere à ce sujet à mon ordre du vingt-sept germinal dernier.

Signé Kleber.

Ordre du jour du 8 floréal, an 8.

KLEBER, général en chef, ordonne:

ARTICLE PREMIER.

Il n'y aura plus d'administration des finances en Egypte.

II. Le payeur-général (le citoyen Esteve) demeure spécialement chargé de la direction des revenus publics. Il réglera et vérifiera les comptes des recettes de la contribution générale dont il sera parlé à l'article IV ci-après, et de celles des douanes, du myry des propriétaires, du droit de l'enregistrement, des domaines nationaux, de la monnoie du Kaire, et des différents droits connus sous le nom d'adjudications.

III. Les agents français sont supprimés : le payeur général pourra néanmoins les employer, soit comme payeurs, soit comme douaniers, selon qu'il le jugera convenable. Ils lui rendront tous, dans le plus court délai possible, le compte général et détaillé de leurs opérations, depuis leur entrée en fonctions.

IV. Les contributions et droits quelconques en argent, tels que le myry, le fays, le barany, le nabarry, le kouchoufié, etc. des provinces de l'Egypte non concédées, ne seront plus connus, à partir de l'an 1214 de l'hégire, que sous la dénomination générique de contributions générales en argent.

V. Le général en chef déterminera chaque année, en raison de la crue du Nil, de son inondation, et du produit des terres, la somme à laquelle la contribution générale en argent devra être portée.

VI. Immédiatement après la fixation de la contribution générale en argent, l'intendant général cophte présentera à l'approbation du général en chef la répartition qu'il conviendra d'adopter dans les provinces, afin qu'elle soit perçue sans aucune espece de déduction, et en raison de la fertilité de chacune d'elles, et des différents droits qu'elles payoient antérieurement.

VII. Le général en chef arrêtera chaque mois la somme que l'intendant général devra faire percevoir et verser dans la caisse de l'armée à compte de la contribution générale.

VIII. Les intendants cophtes demeureront seuls chargés de la perception de la contribution générale. Les commandants des provinces, sur l'ordre du chef de l'état-major général, leur fourniront la force armée nécessaire, et veilleront, ainsi que les préposés du payeur-général, à ce que tous les fonds perçus soient fidèlement versés dans la caisse de l'armée.

IX. Les intendants cophtes ne pourront recevoir aucuns à-compte de villages sans en donner des reçus provisoires aux cheykhs.

Ces reçus seront toujours échangés par ces intendants à la fin du paiement de la cote-part de chaque village contre un seul reçu général et définitif.

X. Les préposés du payeur-général fourniront aux intendants cophtes un récépissé provisoire pour chaque versement effectué dans leurs caisses.

XI. Les versements auront lieu en présence du commandant de la place et du commissaire des guerres.

XII. Les payeurs échangeront toutes les décades contre un seul récépissé comptable, conforme à celui qu'ils adressent au payeur-général, tous les récépissés provisoires qu'ils auront fournis pendant la décade.

Il sera dressé procès-verbal de cet échange par le commandant de la place et le commissaire des guerres.

XIII. Lorsqu'il n'aura été fait aucun versement pendant la décade, il sera dressé procès-verbal de non versement.

XIV. Le commandant de la place et le commissaire des guerres retireront chacun une expédition originale des procès-verbaux désignés dans les deux articles précédents. Le commandant de la place adressera son expédition au général, chef de l'état-major général, et le commissaire des guerres à l'ordonnateur en chef.

XV. Les récépissés décadaires fournis aux intendants cophtes, conformément à l'article XII ci-dessus, seront leurs seules pieces de décharge, et il ne pourra sous aucun prétexte leur en être alloué d'autres dans le compte annuel qu'ils devront rendre au payeur-général.

XVI. A la fin de chaque année, et avant que le payeur-général regle le compte annuel de la contribution générale, les commandants de places, les commissaires des guerres, et les préposés du payeur-général, prendront les mesures convenables pour que le cheykh de chaque village leur produise le reçu fourni par les intendants cophtes, conformément à l'article IX ci-dessus, pour la côte-part de son village dans la contribution générale de l'année échue.

Ils en feront le relevé exact, et l'adresseront certifié par eux chacun à leur chef respectif.

XVII. Il sera accordé aux intendants cophtes percepteurs une prime de huit pour cent; elle sera indépendante de la contribution générale, et les cophtes la percevront dans les provinces à leur profit : elle figurera cependant dans une colonne particuliere sur l'état de répartition dont il est parlé à l'article VI ci-dessus, et les villages qui devront la payer seront désignés.

XVIII. La prime accordée aux intendants cophtes par l'article précédent deviendra le seul et unique salaire auquel ils pourront prétendre, soit pour les récompenser de leurs travaux dans la perception de la contribution générale et le recouvrement des grains, soit pour le remboursement des frais quelconques auxquels ils seront assujettis; elle pourra néanmoins être réduite à la moitié, lorsque les versements à faire chaque mois, conformément à l'article VII ci-dessus, n'auront pas été effectués en entier.

XIX. Les recettes que le payeur-général a faites en ce moment sur les contributions de l'an 1214 seront considérées comme un à-compte perçu sur la contribution générale de cette année.

L'ordonnateur en chef dressera procès-verbal

de ces recettes en présence du payeur-général et de l'intendant-général.

XX. A l'égard des contributions et autres droits des provinces perçus sur l'an 1213, il en sera encore dressé procès-verbal par l'ordonnateur en chef, en présence du payeur-général et de l'intendant-général. Le général en chef, après la remise qui lui sera faite de ce procès-verbal, abandonnera au profit des intendants cophtes, ainsi qu'il l'a fait pour l'an 1212, tout ce qui peut rester dû de cette année. Il fixera la somme que les cophtes devront compter extraordinairement pour l'achat de cet abandon.

XXI. Les douanes, le myry des propriétaires, la monnoie du Kaire, les adjudications, le droit de l'enregistrement, et les domaines nationaux, sont indépendants de la contribution générale.

Le général en chef arrêtera particulièrement le mode de perception et d'administration de chacun de ces différents revenus.

XXII. Il ne pourra plus, sous aucun prétexte, être passé de baux pour affermages de villages.

Signé Kleber.

Ordre du jour du 9 floréal, an 8.

Au quartier-général du Kaire.

KLEBER, général en chef, ordonne :

ARTICLE PREMIER.

La commission des subsistances, créée par l'ordre du 22 vendémiaire dernier, est supprimée.

II. L'ordonnateur en chef et celui de la marine, le payeur-général, le citoyen Beaude, et le citoyen Régnier, ci-devant agent français, formeront un comité administratif.

III. Ce comité sera spécialement chargé de l'administration des grains que certaines provinces de l'Egypte paient en sus de leur contribution en argent, du mobilier national, des saisies, des prises maritimes et autres, de toutes les contributions extraordinaires et droits quelconques payés en nature.

IV. Il dressera, à fur et mesure des recouvrements, l'état estimatif de tous les objets entrant en magasin, indiquant exactement,

Les noms des individus qui les auront remis,

Ceux des experts qui les auront estimés,

Et le montant de leur estimation.

V. Lorsqu'il s'agira d'un recouvrement considérable à opérer hors du Kaire, un membre de ce comité se transportera sur les lieux pour en être plus particulièrement occupé, et éviter toute dilapidation.

VI. Les objets propres au service de la marine, de l'artillerie, du génie, des subsistances, des hôpitaux et des transports, ne pourront jamais changer de destination, et ils seront toujours livrés à ces services au prix de leur estimation.

VII. A l'égard des objets non propres aux services ci-dessus, ils seront toujours vendus à l'encan, en présence de deux membres au moins du comité, et de deux officiers nommés par l'état-major-général, ou donnés en paiement par le payeur-général au prix de l'estimation. Les ventes seront toujours annoncées dix jours d'avance, et ne pourront être faites qu'au Kaire.

VIII. Il ne pourra rien sortir des magasins du comité sans un ordre signé de trois de ses membres au moins.

IX. Le général en chef mettra tous les mois à la disposition du comité administratif les fonds qui lui seront nécessaires pour le paiement, tant des appointements de ses membres et employés, que des frais quelconques auxquels il sera assujetti.

X. L'ordonnateur en chef sera le président né de ce comité, qui tiendra ses séances au moins cinq fois par décade, dans un lieu particulier qui lui sera désigné.

Signé Kleber.

Ordre du jour du 10 floréal an 8.

Le 20 floréal, toutes les garnisons de l'Egypte, excepté celle du Kaire, célébreront par des salves d'artillerie et des décharges de mousqueterie la victoire d'Héliopolis et la prise du Kaire, c'est-à-dire l'Egypte reconquise.

Des six mille turks qui s'étoient jetés dans le Kaire, sous les ordres de Nassif pâchâ et d'Osman effendy, 3000 seulement sont sortis, le 5 floréal, par capitulation; les autres ont été tués ou blessés: ces derniers sont restés en notre pouvoir.

Il a été pris à l'ennemi 60 bouches à feu, un grand nombre de caissons, et 117 drapeaux ou étendards, tant à Matariéh qu'à Belbeys, Salêhié, Damiette, et au Kaire.

Aussitôt après que tous les rapports des différentes armes seront parvenus au général en chef, il fera connoître par l'ordre du jour les militaires qui ont eu plus particulièrement occasion de se distinguer dans les différents combats de cette glorieuse campagne, ainsi que des récompenses militaires accordées à leur valeur.

Kleber, général en chef, ordonne:

Article premier.

Tout habitant du Kaire qui donnera asyle à un osmanlis ou mamloùk sans en avoir fait sa déclaration préalable au commandant militaire vingt-quatre heures après la publication du présent ordre, sera puni de mort, sa maison rasée, et ses biens confisqués au profit du fisc.

II. Le général en chef promet une récompense de 500 piastres à celui qui dénonceroit avec fondement un contrevenant à l'ordre ci-dessus.

III. Tout soldat français qui arrêteroit dans les rues du Kaire ou dans les environs de cette ville, soit un osmanlis, soit un mamloùk, recevra comptant une gratification de 100 livres, à moins que ledit osmanlis ou mamloùk ne soit porteur d'une carte de sûreté signée par le chef de l'état-major-général.

IV. Les osmanlis, qui, durant les cinq jours qui suivront la publication du présent ordre, seroient arrêtés, seront considérés comme prisonniers de guerre; ceux arrêtés après ce terme seront regardés comme espions, et punis de mort. Les mamloùks arrêtés en contravention seront réputés déserteurs, et employés aux travaux des fortifications jusqu'à ce qu'ils aient été réclamés par Mourâd-bey.

V. Les osmanlis ou mamloùks blessés seront

transportés dans un des hôpitaux, où ils seront traités avec les mêmes soins que les Français.

Le général Desaix au général Bonaparte, premier consul de la république française.

Au lazaret de Toulon, le 15 floréal, an 8.

Flatté de la confiance que vous m'aviez témoignée en m'ordonnant de vous rejoindre dans le courant de l'hiver dernier, j'avois le plus vif desir d'exécuter vos ordres : le général Kleber n'a jamais voulu y consentir ; il m'a retenu, et, malgré moi, m'a fait conclure la convention de êl-A'rych. Enfin, après mille obstacles surmontés non sans peine, je suis parti d'Alexandrie, le 13 ventose, sur un bâtiment ragusais, escorté par un aviso monté par le général Davoust. J'étois bien impatient d'arriver ; tous les vents contraires, tous les calmes me désoloient : je desirois vivement arriver à temps pour assister à l'ouverture de la brillante campagne qui s'ouvre sûrement dans ce moment sous vos auspices. Enfin, après trente jours de tempête, de souffrance, une relâche à Coron, où nous avons été bien traités des Turks, une en Sicile, à Siaca, où, suivant leur habitude, les habitants ont voulu nous assommer, je suis arrivé à la vue des isles d'Hieres. Déja nous nous réjouissions de revoir la France, déja nous faisions mille extravagances qui témoignoient notre plaisir, lorsque tout-à-coup nous sommes tombés, par une brume épaisse, sur une frégate anglaise qui nous a conduits à Livourne à l'amiral Keith.

Plein de confiance dans les passe-ports turks et anglais dont nous étions munis, j'ai vivement témoigné ma surprise de cette arrestation. Au lieu de me faire relâcher, comme je m'y attendois, l'amiral m'a fait placer à la quarantaine, en me prévenant qu'il attendoit les ordres de son gouvernement au sujet de la convention de êl-A'rych, et qu'il ne me feroit relâcher que lorsqu'ils lui seroient arrivés.

Nous avons donc passé trente jours dans un lazaret extrêmement serré, traités comme prisonniers de guerre, officiers et soldats ayant la même ration. Jugez de nos inquiétudes, de notre colère, de perdre des jours que nous pouvions si bien employer. Enfin nous avons été relâchés; et l'amiral Keith nous a fait connoître que son gouvernement consentoit à ce que la convention de êl-A'rych fût exécutée.

Après cinq jours de traversée, je suis arrivé ici aujourd'hui, après avoir été visité par des barbaresques de Tunis qui ne nous ont pas retenus. Je dois faire trente jours de quarantaine: j'attends ici vos ordres. Je vous prierois de me laisser le moins de temps possible sans rien faire : je ne veux pas de repos ; travailler à augmenter la gloire de la république, la vôtre, est tout mon desir. Nous avons appris par l'Osiris, au moment de mon départ d'Alexandrie, les évènements qui vous ont porté au gouvernement. Vous sentez que notre joie a été bien vive ; pour moi, en mon particulier, j'en ai été enchanté. Je sais que vous voulez porter la France à son plus haut point de gloire, et cela en rendant tout le monde heureux. Peut-on faire mieux ? Oui, mon général, je desire vivement faire la guerre, mais de préférence aux Anglais : je leur ai juré haine éternelle ; leur insolence, leurs mauvais traitements seront toujours présents à ma mémoire. Quelque grade que vous me donniez je serai content. Vous savez que je ne tiens pas à avoir les premiers commandements, que je ne les desire pas ; je serai avec le même plaisir volontaire ou général. Seulement je vous avouerai que dans ce moment-ci, un peu fatigué, je ne voudrois pas entrer en campagne dans une armée hors d'état d'agir ; mais du reste tout ce que vous voudrez me conviendra. Je desire bien connoître ma destination de suite, afin de pouvoir faire préparer de suite tout ce qu'il me faut, ne pas perdre un instant pour entrer en campagne. Un jour qui n'est pas bien employé est un jour perdu.

Je vous salue respectueusement.

Signé Desaix.

E. Poussielgue, *contrôleur des dépenses de l'armée, et administrateur général des finances de l'Egypte*, *aux consuls de la république.*

En quarantaine à Toulon, 15 floréal, an 8 de la république française.

CITOYENS CONSULS,

Le 12 ventose dernier le général Desaix partit d'Alexandrie. Je devois partir en même temps sur un autre bâtiment avec le général Dugua et 120 hommes ; mais nous n'avions pas de passe-ports anglais. Le vaisseau anglais le Thésée parut le soir devant Alexandrie ; je me rendis à son bord : le capitaine Stiles nous déclara que, d'après des ordres que le commodore Smith venoit de recevoir de Londres, il lui étoit défendu de laisser sortir aucun bâtiment de l'Egypte ; qu'en conséquence il ne pouvoit pas délivrer de passe-ports.

Deux jours après, le vaisseau le Tigre et la frégate la Constance parurent auprès du Thésée ; et M. Smith me fit prier de passer à son bord, en m'écrivant la lettre dont j'ai l'honneur de vous adresser copie (Voyez ci-après, n° I). Je m'y rendis. M. Smith me communiqua les ordres qu'il venoit de recevoir de l'amiral Keith, et qui avoient primitivement été expédiés de Londres, le 17 décembre dernier, vieux style. Il y avoit une lettre de cet amiral adressée directement au général Kleber, portant en substance que l'intention de l'Angleterre étoit de n'adhérer à aucune capitulation ou convention qui pourroit être arrêtée entre l'armée française et les Turks pour l'évacuation de l'Egypte, à moins que la premiere condition ne fût la reddition de l'armée prisonniere de guerre avec armes et bagages. M. Smith me parut être sensiblement affecté de ce contre-temps : il me dit qu'aussitôt qu'il avoit reçu son courrier, il en avoit expédié un pour Damiette au général Kleber, en lui envoyant copie de ces nouveaux ordres, et qu'il avoit chargé M. Rey, son lieutenant, de se rendre lui-même au Kaire pour concerter avec le général Kleber les moyens de prévenir les inconvénients que cette violation du traité devoit faire naître ; qu'en même temps il avoit écrit au grand-vizir pour l'engager à se prêter aux circonstances, et à agir auprès de Constantinople, comme de son côté il agiroit auprès de son gouvernement, afin de le ramener à l'exécution de cette convention si solennellement traitée et conclue. M. Smith me remit des duplicata du tout : il craignoit que les mauvais temps n'eussent pas permis à M. Rey d'aborder à Damiette, et que le général Kleber ne pût être informé de ce fâcheux incident avant l'évacuation du Kaire;

enfin il me renouvela la proposition, que j'acceptai, de me rendre sur une frégate anglaise auprès de l'amiral Keith pour le faire revenir sur cette affaire ; ce qu'il croyoit d'autant plus facile qu'il étoit certain que quand les ordres avoient été expédiés de Palerme par cet amiral, non seulement la convention ne lui étoit pas encore connue, mais qu'il devoit même ignorer que l'Angleterre eût pris une part active dans la négociation.

Je retournai à Alexandrie, et je rendis compte du tout au général Kleber par un de ses aides-de-camp qui venoit d'y arriver. Le général Kleber a dû recevoir mes dépêches le 22 ou le 23 ventose au matin, c'est-à-dire au moment où le Kaire devoit s'évacuer.

Cet aide-de-camp nous apportoit de mauvaises nouvelles : il étoit entré beaucoup de soldats turks dans la ville ; ils y avoient commis des insolences qui avoient amené une rixe ; on s'étoit battu dans les rues, et nous avions eu 36 soldats de tués, et les Turks en avoient eu 40. Le général Kleber avoit aussitôt fait sortir de la ville tous les Turks, et avoit envoyé à la trente-deuxieme demi-brigade, qui étoit déja à Rosette, l'ordre de remonter à Gizeh.

Cependant il ne paroissoit pas que les chefs eussent pris part à cette affaire. Le grand-vizir, qui étoit à Belbeys, et Mustapha-pâchâ fait prisonnier à Aboùqyr, et qui étoit alors pâchâ au

Kaire, vivoient en assez bonne intelligence avec le général Kleber : les paiements en bourses avoient été faits avec la plus grande exactitude ; l'évacuation de la haute Egypte étoit achevée ; il ne restoit à évacuer que le Kaire et le Delta.

Mais déja il étoit évident que, quand même les ordres anglais n'auroient apporté aucun obstacle à l'évacuation, elle n'auroit pu avoir lieu, parcequ'il n'étoit encore arrivé aucun bâtiment de ceux que les Turks devoient fournir, et qu'on ne pouvoit faire partir les nôtres faute de bariques à eau.

Aussi le général Kleber, comme vous le verrez par la copie de sa lettre ci-jointe (voyez ci-après n° II), me marquoit-il qu'il avoit entamé des pourparlers avec le grand-vizir pour avoir une prolongation de délai relativement au pays et aux places non encore évacués.

M. Smith avoit déclaré que, nonobstant les ordres qu'il avoit reçus (ordres qu'il ne doutoit pas de voir révoquer), il exécuteroit la convention en ce qui dépendroit de lui ; qu'il n'arrêteroit aucun de nos bâtiments partant d'Egypte, mais qu'il ne pouvoit leur garantir les croisieres qui n'étoient pas sous ses ordres. Il me donna en conséquence le passe-port que je lui demandai pour le bâtiment du général Dugua, qui étoit prêt à mettre à la voile. Les blessés étoient également prêts, et le général Lanusse, d'après les lettres du commodore, s'étoit décidé à les laisser partir, ainsi que la commission des arts. Ils auront pu mettre à la voile huit jours après mon départ.

J'ai quitté Alexandrie le 23 ventose. Nous y avions appris que le Lody avoit débarqué à Damiette le général Galbaud et sa famille pendant que l'Osiris débarquoit à Aboùqyr le chef de brigade Latour-Maubourg, mais qu'on ne savoit pas ce que le Lody étoit devenu.

M. Smith me retint à son bord jusqu'au premier germinal pour avoir le temps d'expédier ses dépêches à l'amiral. Il me fit voir les lettres de l'ambassadeur à Constantinople, Elgin, qui l'autorisoit à continuer les négociations qu'il avoit commencées en qualité de plénipotentiaire. Il me donna copie certifiée de lui (voyez ci-après, nº III), et dont je joins ici une expédition, de la lettre par laquelle l'ambassadeur même de Russie à Constantinople adhéroit à ce qu'il feroit. Il me démontra enfin, par une foule de pieces, qu'il avoit agi de la meilleure foi possible, et qu'il étoit extrêmement mortifié de ce qui arrivoit.

Le 19 ventose, nous rencontrâmes près de Candie la frégate anglaise le Persée, qui apportoit une réponse de lord Keith, du 17 mars, aux dépêches par lesquelles M. Smith lui avoit envoyé la convention; et, nonobstant cette convention, il persistoit pour l'exécution des précédents ordres. Cette frégate nous apprit le combat et la prise du Généreux.

Je m'embarquai près du goze de Candie, le premier germinal, sur la frégate la Constance. J'avois emmené l'adjudant-général Cambis, qui, sachant très bien l'anglais, pouvoit m'aider auprès de l'amiral, celui-ci sachant assez mal le français.

Le 9 germinal, nous rencontrâmes, entre la Sardaigne et la Barbarie, un transport anglais, qui venoit de Palerme, et portoit à Mahon les généraux Dumuy et Junot.

Le 18 germinal, nous arrivâmes à Mahon. Les deux généraux y arriverent deux jours après : on fixa leur quarantaine à dix-huit jours, après lesquels ils devoient être renvoyés sur le premier cartel.

Le 21, nous partîmes, et nous arrivâmes à Livourne le 25. Nous apprîmes que le général Desaix y étoit arrêté. Je ne pus parvenir à lui faire remettre une lettre. Le même jour il arriva de Londres un courrier pour le lord Keith apportant des ordres relatifs à la convention.

Le 22, nous y apprîmes la prise du Guillaume Tell. Les Anglais disoient que c'étoit une des plus belles affaires de la guerre, par la longue et vigoureuse résistance que ce vaisseau avoit faite contre deux vaisseaux, une frégate et un brick : ils ont perdu beaucoup de monde et ont beaucoup souffert.

J'ai quitté Livourne le 27, et nous avons trouvé le lord Keith sur le vaisseau le Minotaure, à la hauteur de Savone, le 28. J'ai resté trois jours sans pouvoir communiquer avec lui, à cause du calme ou des vents contraires : enfin j'ai pris le parti de lui écrire ; il m'a aussitôt répondu. Je vous envoie copie de ma lettre et de sa réponse (Voyez ci-après n° IV et V). Je n'ai plus vu de nécessité, d'après ce qu'il me marquoit, à avoir un entretien avec lui. Nous étions pour lors devant Gênes ; nous en sommes partis le 3 de ce mois à la nuit pour retourner à Livourne.

L'amiral Keith avoit, dès le 28 germinal, donné à toutes les croisieres anglaises des ordres conformes à ce qu'il m'écrivoit, et il avoit expédié pour le même objet la frégate le Cormoran au commodore Smith.

J'arrivai à Livourne le 7 floréal ; j'y trouvai encore le Cormoran : j'en profitai pour informer le général Kleber de ce que j'avois fait et de ce que je savois.

Le 9, je me suis embarqué avec le général Desaix, et nous sommes arrivés ici le 13, après avoir été visités à la hauteur de Ville-Franche par deux corsaires de Tunis.

Salut et respect.

Signé Poussielgue.

Suivent les pieces indiquées dans la lettre du citoyen Poussielgue.

N°. I.

Sidney Smith au citoyen Poussielgue, administrateur général des finances.

A bord du Tigre, le 8 mars 1800.

Je me suis empressé de me rendre devant Alexandrie à l'instant que j'ai pu compléter l'approvisionnement de mon vaisseau, pour vous faire part d'une maniere détaillée des obstacles que mes supérieurs ont mis à l'exécution de toute convention de la nature de celle que j'ai cru devoir admettre, n'ayant pas alors reçu les instructions contraires qui me sont parvenues en Chipre le 22 février, en date du 10 janvier.

Quant à moi-même, je n'hésiterois pas de passer par-dessus tout arrangement d'ancienne date pour soutenir ce qui a été fait le 24 et le 31 janvier : mais ce seroit tendre un piege à mes braves antagonistes, si je les encourageois à s'embarquer ; je dois à l'armée française et à moi-même de ne pas lui laisser ignorer cet état actuel des choses, que je travaille cependant à changer. En tout cas je me trouve entre elle et les fausses impressions qui ont dicté une mesure de cette nature ; et comme je connois la libéralité de mes supérieurs, je ne doute pas de pouvoir produire sur leur esprit la même conviction que j'ai moi-même en faveur de la mesure que nous avons adoptée ensemble. Un entretien avec vous me mettroit à même de vous communiquer l'origine et la nature de cette restriction; et je vous propose de faire le voyage sur une frégate anglaise jusqu'au commandant en chef de la flotte nouvellement arrivée dans la Méditerranée, pour conférer avec lui là-dessus.

Je compte beaucoup sur vos lumieres et l'esprit conciliateur qui a facilité les moyens de nous entendre, pour appuyer mes raisonnements sur l'impossibilité de revenir sur ce qui a été si formellement fait. Après une discussion détaillée et une mûre délibération, je vous propose donc, monsieur, de venir encore une fois à mon bord pour conférer sur ce qu'il y a à faire dans les circonstances difficiles où nous nous trouvons. Je regarde de sang-froid la responsabilité grave à laquelle je me trouve exposé : il y va de ma vie, je le sais; mais je préférerois la perdre d'une maniere non méritée, que de la conserver méritant non seulement la mort, mais le déshonneur.

J'ai l'honneur d'être avec une parfaite considération et une haute estime,

Monsieur,

Votre très humble serviteur.
Signé Sidney Smith.

Pour copie conforme.

Signé Poussielgue.

N°. II.

Kleber, général en chef, au citoyen Poussielgue.

Au quartier-général du Kaire, le 7 ventose, an 8 de la république française.

J'ai reçu votre lettre de Rosette, datée du 2 de ce mois. J'avois déja été prévenu de ce qui s'étoit passé devant Alexandrie avec le commandant des nouvelles croisieres, et j'en ai aussitôt fait part au vizir par la voie de Mustapha-pâchâ : j'attends aujourd'hui le retour du courrier ; et c'est sur la réponse qu'il fera que j'établirai une note officielle, que je me propose de lui envoyer demain. Quoique je ne voie en tout cela qu'un simple mal-entendu provenant de ce que le commandement des flottes de la Méditerranée a passé en d'autres mains, je profiterai du retard que la circonstance apportera nécessairement à notre évacuation pour prolonger mon séjour au Kaire et dans le Delta ; car certes en tout ceci le gouvernement anglais n'y entend pas plus malice que le grand-vizir.

Je vous salue.

Signé Kleber.

Pour copie conforme.

Signé Poussielgue.

N°. III.

Lettre de l'ambassadeur de Russie à M. Smith.

Constantinople, le 2 novembre 1799.

Monsieur le Commodore,

Les lettres des généraux français en Egypte au grand-vizir ayant donné à celui-ci l'idée de tenter d'obtenir l'évacuation de l'Egypte par capitulation, le ministere d'ici m'a demandé les passe-ports nécessaires pour la sûreté du retour des troupes françaises en France, si cette capitulation venoit réellement à s'effectuer. J'ai cru devoir accéder au desir de la Porte, et j'ai l'honneur de vous transmettre ci-inclus un de ces passe-ports, tel que je l'ai imaginé. J'ai prévenu en même temps le drogman Frankini, en le chargeant de remplir ces passe-ports, que la capitulation, ainsi que son exécution, ne pourroient avoir leur entier effet qu'autant qu'elles auroient votre concours et votre approbation, et que si mon passe-port présentoit quelques difficultés, il pourroit être mis de côté, vu que les vôtres seuls seront également respectés par les armements de S. M. l'empereur mon souverain.

Signé U. Tamara.
Certifié. Sidney Smith.
Pour copie.
Poussielgue.

N°. IV.

Lettre au lord Keith, amiral anglais.

A bord de la Constance, le 30 germinal, an 8.

Mylord,

Au moment de quitter l'Egypte pour retourner en France, en vertu de la convention signée à él-A'rych, j'ai appris à Alexandrie les obstacles que vos ordres apportoient à l'exécution de cette convention, quoiqu'elle eût déja eu en partie son effet avec cette bonne foi que devoit inspirer la loyauté des parties contractantes.

Je me suis décidé à me rendre auprès de vous, mylord, pour vous demander de révoquer vos ordres, en mettant sous vos yeux tous les motifs qui doivent vous y déterminer, ou pour vous prier, dans le cas où vous ne pourriez pas prendre ce parti, de me faire remettre promptement en France, afin que le gouvernement français traite directement cette affaire avec le gouvernement anglais.

Il s'agit peut-être de la vie de 50,000 hommes qui peuvent s'égorger aujourd'hui sans aucun motif, puisque, d'après le traité solemnellement fait avec les Anglais, les Russes, et les Turks, tout étoit terminé.

Je n'ai pas de pouvoirs *ad hoc* pour la démarche que je fais auprès de vous, mylord; il n'en étoit pas besoin pour réclamer une chose qui seroit de droit entre les nations les moins civilisées : elle me paroissoit si juste et si simple, elle étoit d'ailleurs si urgente, que je n'ai pas cru devoir attendre les ordres du général Kleber, qui, j'en étois sûr, ne voudroit pas consentir à ce qu'il fût apporté la moindre modification au traité, quoique sa fidélité à l'exécuter eût rendu sa position beaucoup moins avantageuse.

Au moment où nous conclûmes la convention à él-A'rych, sous la simple garantie de la loyauté anglaise, nous étions loin de prévoir que les obstacles viendroient de cette même puissance, la plus libérale de celles avec lesquelles nous traitions.

Au reste, mylord, je ne suis pas militaire; toutes mes fonctions sont terminées. Deux ans de fatigue et de maladie m'ont rendu indispensable mon retour dans mon pays. Je n'aspire plus qu'à m'y reposer auprès de ma femme et de mes enfants : heureux si je puis porter aux familles des Français que j'ai laissés en Egypte la nouvelle que vous avez fait cesser les derniers obstacles qui s'opposoient à leur retour!

J'ai l'honneur d'être avec la plus grande considération, mylord, votre très humble serviteur,

Poussielgue.

Pour copie.   Poussielgue.

N°. V.

Réponse de l'amiral Keith au cit. Poussielgue.

A bord du Minotaure, devant Gênes, le 23 avril 1800.

Monsieur,

J'ai reçu la lettre que vous m'avez fait l'honneur de m'écrire aujourd'hui. Je dois vous informer que je n'ai jamais donné aucun ordre ni autorisation en opposition à la convention passée entre le grand-vizir et le général Kleber, n'ayant jamais reçu à cet égard d'instruction des ministres du roi. D'après cela, j'ai pensé que S. M. ne devoit prendre aucune part à cette affaire ; mais, depuis que le traité a été conclu, S. M. voulant montrer à ses alliés les égards qu'elle a pour eux, j'ai reçu des instructions qui accordent le passage aux troupes françaises, et je n'ai pas perdu un instant pour envoyer en Egypte l'ordre de les laisser retourner en France sans les troubler dans leur voyage. Cependant j'ai cru de mon devoir envers le roi, et ceux de ses alliés dont les états se trouvent dans les mers où ces troupes doivent passer, de demander qu'elles ne reviennent pas en un seul corps, ni sur des vaisseaux de guerre, ou armés en guerre. J'ai demandé aussi que les vaisseaux de cartel ne portassent pas de marchandises, ce qui est contraire aux lois des nations. J'ai aussi demandé au général Kleber sa parole d'honneur que ni lui ni son armée ne commettroient aucune hostilité envers les puissances coalisées, et je ne doute pas que le général Kleber ne trouve ces conditions parfaitement raisonnables.

Le capitaine Hay a reçu mes ordres pour vous laisser retourner en France avec l'adjudant-général Cambis aussitôt son arrivée à Livourne.

Je suis, monsieur, votre serviteur.

Signé Keith.

Pour copie.

Poussielgue.

Ordre du jour du 16 floréal an 8.

Au quartier-général au Kaire.

Kleber, général en chef, ordonne :

A dater du 20 floréal courant, il sera perçu un droit de péage au pont de Gizeh.

Article premier.

Tout militaire ou employé français à la suite de l'armée est exempt du droit de péage.

II. Tout Egyptien, sans aucune exception, paiera :

Pour un homme à pied, cinq quinettes, ou un demi-parat;

Pour chaque âne, un parat;

Pour chaque cheval, chameau ou bœuf, deux parats;

Pour un d'jermon ou demi-d'jermon vide, dix parats;

Pour un d'jermon chargé à moitié ou à-peu-près, vingt parats;

Pour un d'jermon entièrement chargé, trente parats;

Pour une d'jerme vide, quinze parats;

Pour une d'jerme chargée à moitié ou à-peu-près, trente parats;

Pour une d'jerme entièrement chargée, quarante parats.

Signé Kleber.

Ordre du jour du 17 floréal.

Au quartier-général au Kaire.

L'ARMÉE est prévenue que le général en chef, au nom de la république, a accordé la paix à Mourâd-bey, en lui faisant concession des revenus de la province de Girgé.

Désormais le premier arrondissement sera composé des provinces de Sioùt et de Minié;

Le deuxieme, des provinces de Benisouef et du Faïoum ;

Le troisieme, des provinces d'Attfyéhhly et de Gizeh ;

Le quatrieme, des provinces de Charkié et du Qéleyoubéh ;

Le cinquieme, comme ci-devant, des provinces de Bahiré et de Rosette ;

Le sixieme, comme ci-devant, des provinces de Damiette et de Manzoura ;

Le septieme, comme ci-devant, de la province de Gharbyéh ;

Le huitieme, comme ci-devant, de la province de Menouf.

Le général de brigade Donzelot commandera le premier arrondissement.

Le général de brigade Zayonchek commandera le deuxieme.

Le général de division Friant commandera le troisieme.

Le général de division Regnier commandera le quatrieme.

Le général de division Lanusse commandera le cinquieme.

Le général de division Rampon commandera le sixieme.

Le général de division Verdier commandera les septieme et huitieme.

Le service des postes reprendra son activité au premier prairial : il y aura des bureaux établis au Kaire, Boulac, Alexandrie, Rosette, Damiette, Menouf, Belbeys, Bénisouef et Sioùt.

Les courriers partiront tous les jours impairs à midi.

Le général de division, chef de l'état-major général.

Signé Damas.

Kleber, général en chef, à l'armée.

Au quartier-général du Kaire, le 18 floréal, an 8.

Soldats,

Les intérêts de la république ont rendu nécessaire l'établissement d'une nouvelle constitution, et je suis chargé de la proposer à votre acceptation. Je desire que votre adhésion soit unanime, et que, malgré la distance qui vous sépare de vos concitoyens, vous confondiez vos opinions, vos sentiments et vos vœux avec ceux de la nation entiere.

Le général en chef ordonne :

1°. Des exemplaires de la constitution de l'an 8 seront envoyés à tous les corps de l'armée pour qu'elle soit soumise à leur acceptation, à la diligence des officiers et généraux, chefs de corps, commandants de place;

2°. Les réunions des corps ou détachements à ce sujet auront lieu sans armes;

3°. Il en sera dressé des procès-verbaux, lesquels seront envoyés sans délai au chef de l'état-major général.

Signé Kleber.

Extrait d'une lettre du général de brigade Donzelot, au général en chef Kleber.

A Bebéh, au-dessus de Benisouef, le 24 floréal, an 8.

On me dit hier que Mourâd-bey étoit à Minié, Mohammed-bey êl-Manfou, à Melany, et Derwich pâchâ, à Sioùt; pour de là aller, par Qosséyr, rejoindre à Médine Yousef pâchâ, son ancien maître.

Aujourd'hui l'on dit qu'à l'approche de Mourâd, Derwich a abandonné son camp et ses bagages, et s'est sauvé sur la rive droite avec quelques hommes. L'on ajoute que des beys ont aussi passé le Nil, et sont à sa poursuite. On porte à 75,000 piastres la caisse de ce pâchâ qui a été prise.

D'autres disent que ce pâchâ est arrêté, et qu'on doit vous l'envoyer.

Demain ou après-demain je serai mieux instruit.

Pendant le siege ce pâchâ étoit descendu jusqu'à Bebéh, où il ne resta que deux jours. Ayant appris le résultat du siege, il retourna de suite. Il fut d'ailleurs abandonné par les Arabes et les paysans qu'il avoit amenés. On en porte le nombre à 8 ou 10,000 à pied, et 2 à 3000 à cheval. Les Arabes de Mahamout, Bénisouef de Korain, les latrons, les gemmes, les tahouis, les Zedds, étoient de ce nombre. Ils habitent dans le premier arrondissement.

La troupe de Derwich étoit de 150 janissaires, et de 50 à 60 hommes à cheval; plus un kyachef d'Ibrâhim-bey avec environ 25 mamloùks. En descendant, ce pâchâ devoit encore augmenter son armée. Elle a commis assez de désordres dans ce canton pour faire regretter les Français.

En passant, Osman-bey êl-Achqar, a recommandé au cheykh de Bebéh de bien recevoir les Français.

Il est au surplus public dans le pays, que Mourâd, salué par les cheykhs de plusieurs villages et de Minié, leur a répondu : Je suis actuellement un sultân français ; les Français et moi ne sommes qu'un.

Signé Donzelot.

Ordre du jour du 18 prairial, an 8.

D'après les procès-verbaux adressés par les corps à l'état-major général, il résulte que l'armée d'Orient a accepté à l'unanimité la constitution de l'an 8.

Le général de division, chef de l'état-major général,

Signé Damas.

Rapport fait au gouvernement français par le général Kleber, sur les évènements qui se sont passés en Egypte depuis la conclusion d'él-A'rych jusqu'à la fin de prairial, an 8.

D'après les rapports que j'ai adressés au gouvernement, j'ai fait connoître les motifs qui m'avoient déterminé à conclure les négociations relatives à l'évacuation de l'Egypte. Dès ce moment je me suis attaché à remplir avec exacte fidélité toutes les obligations que ce traité m'imposoit.

Toujours animé du desir de rétablir l'union entre deux nations depuis long-temps amies, et de me conformer ainsi aux instructions qui m'ont été laissées, je n'étois pas moins sensible à l'honneur de contribuer à une paix si desirable qu'à la gloire qui résulte des actions militaires; mais le succès n'a pas dépendu de la droiture de mes intentions. Les propositions injurieuses transmises par lord Keith, commandant de la flotte anglaise dans la Méditerranée, ont occasionné une rupture fatale aux armées ottomanes.

Une partie des troupes du vizir a péri dans les combats qui viennent de se livrer, et le reste a été entièrement expulsé du territoire de l'Egypte.

J'ai à vous rendre compte des circonstances de ce grand évènement.

Pendant que je donnois tous mes soins à l'exécution de la convention passée à êl-A'rych, les officiers de la Porte s'y conformoient avec lenteur; l'indiscipline de leurs troupes, les retards dans les paiements occasionnoient des difficultés sans cesse renaissantes : je les terminai toutes dans des conférences, évitant tout ce qui pourroit donner lieu au renouvellement des hostilités.

Déja les approvisionnements, les bagages, la presque totalité des munitions de guerre étoient transportés à Alexandrie, où l'on s'occupoit avec activité des préparatifs de l'embarquement : les troupes ottomanes avoient pris possession des forts de Cathiéh, Salêhié, Belbeys, et de tous ceux de la haute Egypte; nous leur avions livré la ville de Damiette et le fort de Lisbé. Yousef pâchâ, grand-vizir de la Porte ottomane, avoit conduit son armée à Belbeys, et établi une avant-garde de 6,000 hommes à êl-Hanka, à quatre heures de chemin du Kaire. Enfin deux jours devoient s'écouler jusqu'à ce que la citadelle et les forts de cette capitale fussent entièrement évacués.

Telle étoit la position de l'armée française, lorsque j'ai reçu du commodore sir Sidney Smith, ministre plénipotentiaire auprès de la Porte ottomane, une lettre datée de Chipre, du 20 février 1800. Elle porte que le commandant en chef de la flotte anglaise dans la Méditerranée a reçu des ordres qui s'opposent à l'exécution immédiate du traité d'êl-A'rych, et qu'on a jugé nécessaire de me faire part sans délai de cette difficulté, afin que je n'agisse point, ignorant son existence.

Aussitôt que j'eus pris connoissance de cette lettre, je fis réarmer les forts, arrêter le départ des munitions, rappeler celles qui étoient déja transportées ; j'ordonnai aux troupes de Rahmanié et de Rosette de remonter au Kaire ; des courriers dromadaires furent expédiés pour accélérer la marche de celles de la haute Egypte ; tous les moyens réservés pour des évènements extraordinaires furent réunis, et l'armée prit position vers la Coubé : j'adressai une proclamation aux troupes pour les préparer aux suites d'une rupture. En même temps je chargeois M. Keith, secrétaire de sir Sidney Smith, de se rendre sur-le-champ au camp du vizir pour lui présenter la copie de la lettre qui m'avoit été adressée ; je rappelai auprès de moi Mustapha pâchâ, commissaire de la Porte ; je lui déclarai que je différois l'évacuation du Kaire, et que je regarderois comme une hostilité la marche de l'armée ottomane au-delà de Belbeys.

Le vizir a reçu ma dépêche dans cette place ; son camp étoit déja levé, et lui-même prêt à monter à cheval ; il n'eut aucun égard à ma proposition, se rendit avec son armée à êl-Hanka, et portant son avant-garde à Matariéh, à deux heures de chemin du Kaire, il plaça dans la plaine de la Coubé ses avant-postes au milieu des nôtres.

Sur ces entrefaites, monsieur le lieutenant Wrigłht arriva à mon quartier-général, et me présenta une lettre adressée par le lord Keith, commandant de la flotte anglaise dans la Méditerranée, au général en chef de l'armée française en Egypte ; elle est datée de Minorque, le 8 janvier 1800, ainsi conçue et écrite en anglais :

« A bord du vaisseau de S. M. B. la reine Charlotte, à Minorque, le 8 janvier 1800.

MONSIEUR,

« Ayant reçu des ordres positifs de sa majesté, de ne consentir à aucune capitulation avec l'armée française que vous commandez en Egypte et en Syrie, excepté dans le cas où elle mettroit bas les armes, se rendroit prisonniere de guerre, et abandonneroit tous les vaisseaux et toutes les munitions des ports et ville d'Alexandrie aux puissances alliées ; et, dans le cas où une capitulation auroit lieu, de ne permettre à aucune troupe de retourner en France qu'elle ne soit échangée, je pense nécessaire de vous informer que tous les vaisseaux ayant des troupes françaises à bord, et faisant voile de ce pays d'après les passe-ports signés par d'autres que ceux qui ont le droit d'en accorder, seront forcés, par les officiers des vaisseaux que je commande, de rentrer à Alexandrie, et que ceux qui seront rencontrés retournant en Europe, d'après des passe-ports accordés en conséquence de la capitulation particuliere avec une des puissances alliées, seront retenus comme prises, et tous les individus à bord considérés comme prisonniers. »

Signé Keith.

Je pris dans l'instant la résolution de livrer bataille : certain que l'armée partageroit mes sentiments aussitôt qu'elle connoîtroit cette lettre odieuse, je la fis imprimer pendant la nuit, et elle me servit de proclamation.

« Soldats, ajoutai-je, on ne répond à une telle insolence que par des victoires : préparez-vous à combattre ». Jamais outrage ne fut plus vivement ressenti. L'injure étoit commune, chacun brûloit de la venger ; tous les Français se reconnurent à cette généreuse indignation, et l'on eût dit que l'armée poussoit, dans ce moment, un cri de guerre unanime.

Le vizir avoit rejeté toutes les propositions que je lui avois adressées ; il ne voyoit dans notre modération que le témoignage de notre foiblesse ; convaincu que je ne pouvois m'opposer à la marche de son armée, il exigea l'évacuation du Kaire au terme convenu, celle de tous les forts, et celle du Delta.

Dans les conférences qui se tinrent à la Coubé, le reys-effendy et le tefterdar feignirent de regarder cette opposition des Anglais comme un évènement peu considérable, qui, n'étant point émané de Constantinople, ne devoit point arrêter l'évacuation. Tout délai de notre part étoit, selon eux, une infraction au traité, et c'étoit offenser la Porte que d'exiger une autre garantie que ses firmans.

La communication de la lettre du lord Keith n'avoit rien changé aux dispositions du vizir. Sir Sidney Smith, qui, dans ces circonstances difficiles, concilia ce qu'il devoit à l'honneur avec ce qu'exigeoient les ordres de son gouvernement, représenta inutilement qu'il convenoit de tout suspendre de part et d'autre. Le vizir, qui n'apprécioit pas les suites d'une rupture, repoussa ce conseil dicté par la prévoyance et la loyauté, persista dans ses prétentions, et consentit seulement à promettre des ôtages et des subsides.

Pendant que duroient les conférences, le vizir faisoit venir de nouvelle artillerie d'êl-A'rych; il augmentoit ses forces, déja très considérables, en réunissant les habitants des villages, qui se rendirent dans son camp avec armes et drapeaux. Il répandit dans les provinces des firmans dans lesquels les Français étoient représentés comme infideles, ennemis de l'islamisme, infracteurs des traités; il écrivit dans le même sens aux tribus d'Arabes, établit des chefs de sédition dans toutes les villes, et notamment au Kaire, à Mehalet-êl-Kebir, à Tanta, où elles ne tarderent pas à éclater; il ordonna aux odjaclis, qui composoient l'ancienne milice du grand-seigneur, de se rendre à son camp avec leurs chevaux et leurs armes; enfin il enjoignit à tous, sous peine d'être traités comme rebelles, de se réunir, au nom de la religion et du souverain, pour exterminer les Français, que leur petit nombre et la terreur de ses armes avoient glacés d'effroi.

Cependant les troupes françaises arriverent de la basse Egypte et du Saïd : il n'y avoit pas un instant à perdre. La position des deux armées suffisoit pour commencer des hostilités : mes forces ne pouvoient augmenter ; celles de l'ennemi croissoient chaque jour. Je fis cesser les conférences, et m'adressant à Mustapha-pâchâ : « Il faut, lui dis-je, que votre excellence sache que les desseins du vizir me sont connus : il me parle de concorde et forme des séditions dans toutes les villes ; c'est vous-même qu'il a chargé de préparer la révolte du Kaire ; le temps de la confiance est passé : le vizir m'attaque, puisqu'il est sorti de Belbeys ; il faut que demain il retourne dans cette place, qu'il soit le jour suivant à Saléhié, et qu'il se retire ainsi jusqu'aux frontieres de la Syrie, autrement je l'y contraindrai : l'armée française n'a pas besoin de vos firmans, elle trouvera l'honneur et la sûreté dans ses forces ; informez son altesse de mes intentions. »

Le même jour je convoquai les officiers généraux en conseil de guerre, et ne leur présentant d'autres pieces que la lettre du lord Keith et le plan de bataille, je leur dis :

« Citoyens généraux, vous avez lu cette lettre ;

elle vous dicte votre devoir et le mien. Voici notre situation : les Anglais nous refusent le passage après que leurs plénipotentiaires en sont convenus, et les ottomans, auxquels nous avons livré le pays, veulent que nous achevions de l'évacuer conformément au traité : il faut vaincre ces derniers, les seuls que nous puissions atteindre. Je compte sur votre zele, votre sang-froid, et la confiance que vous inspirez aux troupes : voici mon plan de bataille.

Cette exposition ne fut suivie d'aucune délibération ; chacun étoit animé d'un égal desir de soutenir la gloire de nos armes.

Ne voulant point attaquer le vizir sans une déclaration expresse d'hostilité, je lui adressai la lettre suivante :

Au quartier-général de l'armée française, le 28 ventose, l'an 8.

« L'armée dont le commandement m'est confié ne trouve point dans les propositions qui m'ont été faites de la part de votre altesse une garantie suffisante contre les prétentions injurieuses et l'opposition formelle du gouvernement anglais à l'exécution de notre traité ; en conséquence, il a été résolu ce matin au conseil de guerre que ces propositions seroient rejetées, et que la ville du Kaire ainsi que ses forts demeureroient occupés par les troupes françaises, jusqu'à ce que j'aie reçu du commandant en chef de la flotte anglaise dans la Méditerranée une lettre directement contraire à celle qu'il m'a adressée le 8 janvier, et que j'aie entre les mains les passe-ports signés par ceux qui ont le droit d'en accorder. D'après cela, toutes conférences ultérieures entre nos commissaires deviennent inutiles, et les deux armées doivent dès cet instant se considérer comme en état de guerre. La loyauté que j'ai apportée dans l'exécution ponctuelle de nos conventions donnera à votre altesse la mesure du regret que fait éprouver une rupture aussi extraordinaire dans ces circonstances que contraire aux avantages communs de la république et de la sublime Porte. J'ai assez prouvé combien j'étois pénétré du desir de voir renaître les liaisons d'intérêt et d'amitié qui unissoient depuis long-temps les deux puissances ; j'ai tout fait pour rendre manifeste la pureté de mes intentions ; toutes les nations y applaudiront, et Dieu soutiendra par la victoire la justice de ma cause. Le sang que nous sommes prêts à répandre rejaillira sur les auteurs de cette nouvelle dissention.

« Je préviens aussi votre altesse que je garderai comme ôtage à mon quartier-général son excellence Mustapha pâchâ jusqu'à ce que le général Galbaud, retenu à Damiette, soit rendu à Alexandrie avec sa famille et sa suite, et qu'il ait pu me rendre compte du traitement qu'il a éprouvé des officiers de l'armée ottomane, et sur lequel on me fait des rapports très extraordinaires.

« La sagesse accoutumée de votre altesse lui fera distinguer aisément de quelle part viennent les nuages qui s'élevent; mais rien ne pourra altérer la haute considération et l'amitié bien sincere que j'ai pour elle. »

Signé Kleber.

En même temps on ordonnoit au camp les préparatifs du combat. Au milieu de la nuit suivante je me rendis, accompagné des guides de l'armée et de mon état-major, dans la plaine de la Coubé, où se trouvoit déja une partie des troupes; les autres arriverent successivement, et se rangerent en bataille. La clarté du ciel, toujours serein dans ces climats, suffisoit pour que les mouvements s'exécutassent avec ordre, mais elle étoit trop foible pour que l'ennemi pût les appercevoir : je parcourus les rangs, et remarquai la confiance et la gaieté de nos soldats, présage ordinaire de la victoire.

La ligne de bataille étoit composée de quatre carrés; ceux de droite obéissoient au général Friant, ceux de gauche au général Régnier. L'artillerie légere occupoit les intervalles d'un carré à l'autre, et la cavalerie en colonne, dans l'intervalle du centre, étoit commandée par le général Leclerc :

ses pieces marchoient sur ses flancs, et étoient soutenues par deux divisions du régiment des dromadaires.

Derriere la gauche, en seconde ligne, étoit un petit carré de deux bataillons: l'artillerie de réserve, placée au centre, étoit couverte par quelques compagnies de grenadiers, et les sapeurs armés de fusils; d'autres pieces marchoient sur les deux côtés du rectangle, soutenues et flanquées par des tirailleurs; enfin des compagnies de grenadiers doubloient les angles de chaque carré, et pouvoient être employées pour l'attaque des postes. La premiere brigade de la division Friant étoit commandée par le général Belliart, et formée de la vingt-unieme légere et de la quatre-vingt-huitieme de bataille; les soixante-unieme et soixante-quinzieme de bataille formoient la deuxieme brigade aux ordres du général Donzelot.

Le général Robin commandoit la premiere brigade de la division Régnier, composée de la vingt-deuxieme légere et de la neuvieme de bataille; le général Lagrange avoit sous ses ordres les treizieme et quatre-vingt-cinquieme de bataille, formant la deuxieme brigade de cette division: le général Songis commandoit l'artillerie, et le général Samson le génie.

Nasif pâchâ, à la tête de l'avant-garde ennemie, avoit sous ses ordres deux autres pâchâs; le village de Matariéh, qu'il occupoit avec 5 ou 6000 hommes (janissaires d'élite) et un corps de cavalerie, avoit été retranché armé de 16 pieces d'artillerie. Les avant-postes se prolongeoient sur la droite jusqu'au Nil, et sur la gauche jusqu'à la mosquée Sibelli Hallem. Le camp du vizir étoit situé entre él-Hanka et le village de Abouzabel; c'est dans cet endroit que son armée étoit rassemblée; elle y occupoit un espace considérable. On ne peut décrire son ordre de bataille, les Turks n'en observent aucun; presque tous les rapports qui nous sont parvenus portoient cette armée à 80,000 hommes, et quelques uns à 60,000 seulement.

Vers les trois heures du matin, j'ordonnai que l'armée se mît en marche. L'aile droite arriva au point du jour près la mosquée Sibelli Hallem, où l'ennemi avoit une grande garde de 5 à 600 chevaux; quelques coups de canon les déterminerent à se replier; les deux carrés de gauche arriverent devant le village de Matariéh, s'y arrêterent hors de portée de canon, et donnerent le temps à la division de la droite de venir se placer entre Héliopolis et le village d'èl-Marek, afin de s'opposer à la retraite des troupes ennemies, et à l'arrivée des renforts que l'ennemi pouvoit envoyer.

Tandis que ce mouvement s'exécutoit, je distinguois un corps de cavalerie et d'infanterie turke, uni à une forte troupe de mamloùks, qui, après avoir fait un grand détour dans les terres cultivées, se dirigeoient vers le Kaire : les guides eurent ordre de les charger ; ceux-ci accepterent la charge, et, renforcés successivement par de nouvelles troupes, ils envelopperent les nôtres : l'issue de cette mélée nous eût été funeste, si le vingt-deuxieme régiment de chasseurs, et le quatorzieme régiment de dragons, ne se fussent portés aussitôt pour soutenir l'action : après un combat long et opiniâtre l'ennemi prit la fuite, et, s'éloignant à perte de vue dans les terres, il continua à se diriger vers le Kaire.

Le général Régnier commença l'attaque de Matariéh ; des compagnies de grenadiers, mises en réserve pour cet objet, reçurent l'ordre d'emporter les retranchements, et l'exécuterent avec une bravoure digne des plus grands éloges. Tandis qu'ils s'avançoient au pas de charge, malgré le feu de l'artillerie ennemie, on vit les janissaires sortir de leurs retranchements, et courir l'arme blanche à la main sur la colonne de gauche ; mais ils n'y rentrerent plus : arrêtés de front par le feu vif et soutenu de cette colonne, une grande partie tombe sur la place, le reste pris en flanc par la colonne de droite, et bientôt attaqués de toute part, périt sous la baïonnette : les fossés comblés de morts et de blessés n'empêchent plus de franchir les retranchements ; drapeaux, pieces d'artillerie, queues de pâchâs, effets de campement, tout reste en notre pouvoir ; une partie de leur infanterie se jette dans les maisons à dessein de s'y défendre; on ne leur laisse pas le temps de s'y établir, ils y sont tous égorgés, livrés aux flammes; d'autres, essayant de sortir du village de Matariéh, tombent sous le feu de la division Friant; le reste est tué ou dispersé par une charge de cavalerie.

L'ennemi veut abandonner ses tentes et ses bagages, mais aucun pillage ne retarda le mouvement des troupes; l'armée comprenoit la nécessité de poursuivre rapidement le vizir jusqu'aux limites du désert, et cette pensée sembloit animer à la fois tous les chefs et tous les soldats.

Le seul récit de l'affaire de Matariéh fait l'éloge de nos braves grenadiers; la colonne de droite, composée de deux compagnies de la vingt-deuxieme légere, et de deux de la neuvieme de bataille, étoit commandée par le citoyen Réal, capitaine de la neuvieme; et celle de gauche, formée de deux compagnies de la treizieme et de la quatrevingt-cinquieme de bataille, étoit sous les ordres du citoyen Taraire, chef de bataillon de la quatrevingt-cinquieme.

Dans le même temps, Nasif pâchâ me fit savoir qu'il desiroit parlementer, et demandoit un officier français de marque. Je lui envoyai le chef de brigade Beaudot, mon aide-de-camp; aussitôt qu'il fut apperçu des troupes turkes, on l'assaillit de toutes parts, et on le blessa à la tête et à la main.

Deux mamloûks du pâchâ qui l'accompagnoient parvinrent à peine à le soustraire aux assassins ; conduit au vizir, il fut retenu comme ôtage pour Mustapha pâchâ, et Assem agha, tefterdar, qui étoient auprès de moi.

Pendant que cela se passoit, et que le général Régnier rassembloit sa division autour de l'obélisque d'Héliopolis, des nuages de poussière annonçoient l'arrivée du corps de l'armée turke; un rideau dont la pente est insensible unit les deux villages de Sericaurt et d'êl-Marek ; l'armée ottomane prit position sur ces hauteurs, et le vizir, dont on distinguoit la garde à l'éclat de son armure, s'établit de sa personne derrière un bois de palmiers qui entoure ce dernier village.

Le général Friant, déja en marche, fut bientôt attaqué par les tirailleurs qui garnissoient le bois; le général Régnier reçut ordre de se porter sur la droite de l'ennemi, au village de Sericaurt ; notre armée s'avança en reprenant insensiblement son premier ordre de bataille. Le général Friant repoussa d'abord les tirailleurs ennemis, les chassa du bois d'êl-Marek; il attaqua avec le canon et des obus le groupe de cavalerie qui formoit le quartier-général du vizir; des pieces d'artillerie placées sur le front de l'armée turke, tirerent quelque temps sur nos carrés, mais sans succès, tous leurs boulets passant de plusieurs toises au-dessus de nos têtes; nos pieces répondirent par un feu soutenu qui fit bientôt cesser celui de l'ennemi; alors et presque dans un instant tous les drapeaux se réunirent de divers points de la ligne ennemie : le carré de droite du général Friant reçoit l'attaque et laisse approcher les assaillants à demi-portée de mitraille; arrêtés par les premieres décharges, ils se séparerent, et, notre feu continuant, ils se déterminerent tout-à-coup à prendre la fuite : notre infanterie ne vouloit tirer qu'à bout portant, et ne brûla point une amorce.

La chaleur qui succede à la retraite des eaux occasionne souvent des gerçures profondes dans le terrain; c'est ce qui avoit ralenti l'impétuosité de la cavalerie ennemie, et ne permit pas à la nôtre de charger utilement les fuyards.

Le vizir étoit dans le village d'êl-Marek, exposé au feu de nos pieces; il y attendoit le succès de ses ordres; c'est alors que son armée s'ébranla, et les divers corps, se séparant, nous entourerent de toute part; nous nous trouvâmes ainsi placés au milieu d'un carré de cavalerie d'environ une demi-lieue de côté; cet état subsista tant que les armées furent en présence. Voyant que cette attaque n'avoit point réussi, le vizir se retira précipitamment à êl-Hanka.

Cependant j'étois inquiet sur ses desseins; déterminé à le suivre par-tout, au Kaire, dans le désert, dans les terres cultivées, je n'avois d'autres soins que de l'atteindre et de le forcer; je ne tardai point d'apprendre qu'il étoit de retour à êl-Hanka. Le citoyen Laumaka, interprete, qui avoit accompagné mon aide-de-camp, revint auprès de moi; le vizir l'avoit chargé de me proposer de faire cesser les hostilités et d'évacuer le Kaire, conformément au traité; je lui fis répondre que je marchois sur êl-Hanka : notre armée continuoit de s'avancer sur ce village; la cavalerie qui étoit devant nous se replia confusément et prit la fuite; de ceux qui étoient sur les flancs et sur les derrieres, une partie revint sur ses pas en faisant de longs circuits, d'autres se disperserent de divers côtés ; quant à Mourâd-bey, il s'étoit porté sur notre droite dès les premiers moments de l'attaque, et s'étoit éloigné à perte de vue dans le désert, pour ne point participer à l'action.

L'armée ottomane étoit trop vivement poursuivie pour qu'elle pût s'arrêter à êl-Hanka; nous y arrivâmes avant le coucher du soleil; ses effets de campement, ses équipages, que l'ennemi avoit abandonnés, annonçoient assez la précipitation de sa retraite; on trouva dans ce camp quelques objets précieux, et une grande quantité de cottes de maille, et de casques de fer.

L'armée avoit éprouvé de grandes fatigues dans

cette journée; elle prit quelque repos sous les tentes de l'ennemi : aussitôt après que j'eus donné les ordres pour le départ du lendemain, le silence de la nuit me permit d'entendre le canon qui se tiroit au Kaire. J'avois laissé dans cette ville la trente-deuxieme de bataille et des détachements de différents corps, ce qui formoit deux mille hommes environ; prévoyant qu'une émeute générale menaçoit ces troupes, j'avois ordonné qu'elles se retirassent dans les forts; et le général Verdier, à qui j'en avois laissé le commandement, avoit pris pour instruction de se borner à maintenir les communications entre la ferme d'Ibrâhim-bey, la citadelle et le fort Camin. Le général Zayonchek commandoit à Gizeh; ces dispositions suffisoient pour me donner le temps de repousser le vizir, ce qui étoit mon premier objet; mais jugeant qu'un corps considérable de mamloùks et d'osmanlis s'étoit joint aux séditieux, je crus nécessaire d'envoyer du renfort, et le général Lagrange reçut ordre à êl-Hanka de s'y porter avec quatre bataillons, deux de la vingt-cinquieme, un de la soixante-quatrieme, et un de la soixante-quinzieme. Il partit vers minuit; bientôt après, je me mis en marche avec l'armée pour Belbeys; nous trouvâmes sur la route plusieurs pieces de canon, des litieres sculptées, une voiture à ressort, et quantité de bagages abandonnés. L'armée arriva le 30 de bonne heure à Belbeys. Le fort et la ville étoient occupés par l'infanterie turke, et mille chevaux environ étoient en bataille sur notre gauche ; la division Régnier s'arrêta devant la ville, et le général Friant fit prendre à la sienne une direction oblique vers la gauche, afin de l'élever sur le flanc de la cavalerie ennemie, et de la tourner ; mais elle n'apperçut pas plutôt ce mouvement qu'elle prit la fuite, pendant que notre artillerie répondoit au feu de la ville et des forts.

Le général Friant, continuant de s'avancer, reçut l'ordre d'occuper quelques parties de l'enceinte. Le général Belliard, chargé de cette opération, éprouva peu de résistance ; et les Turks, chassés des points les plus avantageux, se jeterent tous dans l'un des forts où ils se défendirent le reste du jour. La nuit fut employée de notre côté à disposer l'attaque ; mais le lendemain les Turks proposerent de rendre la place, et demandoient qu'on leur permît de rejoindre l'armée ottomane et d'emporter leurs armes : cette derniere condition leur étant refusée, ils continuerent leur feu ; mais, dominés par le nôtre, ils éprouverent une perte considérable. Ce motif, et sur-tout le manque absolu d'eau, les obligerent de se rendre à discrétion : ils me supplierent de leur permettre de se rendre auprès du grand-vizir, et de laisser à quelques uns d'entre eux les armes nécessaires pour se défendre contre les Arabes. J'y consentis, et ils sortirent de la place le premier germinal, vers midi. Pendant qu'on s'occupoit de les désarmer, un d'entre eux, animé par le désespoir et le fanatisme, s'écrioit qu'il préféroit la mort; et, comme s'il s'indignoit de ne pas la recevoir, il s'avança contre le chef de brigade Latour, mon aide-de-camp, et lui tira un coup de fusil à bout portant; la balle ne fit qu'enlever son épaulette : à l'instant tous ceux à qui on avoit laissé des armes, les jeterent, en disant qu'ils ne méritoient plus de les conserver, et que leur vie étoit à nous. Le coupable fut puni de mort sur-le-champ par nos grenadiers, et nous ne laissâmes des armes qu'aux chefs. Tous aussitôt prirent la route de Salêhié; le général Régnier les y suivit de près. Nous trouvâmes dix pieces de canon dans la ville et dans les environs, non compris celles qui étoient dans les forts, et que nous avions laissées lors de l'évacuation. Parmi les premieres, étoient deux pieces anglaises semblables à celles qu'on enleva à Aboùqyr, et qui portoient la devise, *Honni soit qui mal y pense*. Ils sortirent de Belbeys au nombre de 800, laissant dans cette place environ trois cents morts; les puits en étoient comblés.

Pendant que cela se passoit, la cavalerie du général Leclerc battoit l'estrade sur la route de Salêhié, et dans l'intérieur des terres, afin de reconnoître s'il ne s'y étoit point jeté quelques partis. Le dix-septieme régiment de hussards ramena, le premier au matin, 45 chameaux avec leurs conducteurs ; l'escorte étoit composée de mamloùks et d'osmanlis. Ces gens déclarerent qu'ils étoient chargés de porter au Kaire, à Nasif pâchâ et à Ibrâhim-bey, une partie de leur bagage. C'est alors que j'appris avec certitude que le vizir avoit chargé ces deux chefs de se mettre à la tête de la révolte de l'Egypte. Jugeant donc que l'armée ottomane étoit considérablement diminuée, tant par la perte essuyée dans la bataille que par la séparation des troupes qui occupoient le Kaire, j'ordonnai au général Friant de marcher sur cette ville avec le général Donzelot, et cinq bataillons, dont deux de la soixante-unieme, deux de la soixante-quinzieme, un de la vingt-cinquieme, quelques pieces de l'artillerie légere, et un détachement de cavalerie.

Je donnai pour instruction de maintenir les communications entre tous les forts jusqu'à mon retour, et recommandai d'éviter des attaques qui pourroient nous causer des pertes trop considérables. Cependant le général Régnier conduisoit à Salêhié sa division ; il avoit avec lui le vingt-deuxieme régiment de chasseurs, et le quatorzieme régiment de dragons : je partis deux heures après avec la brigade du général Belliard, les guides, et le septieme régiment de hussards. A peine étois-je en marche qu'un Arabe, escorté par un détachement de notre cavalerie, me remit une lettre, dans laquelle le vizir me proposoit d'arrêter la marche des deux armées, d'établir des conférences à Belbeys (il croyoit l'armée française à êl-Hanka), et d'entrer dans de nouvelles explications pour l'exécution de ce traité. C'est ainsi que Yousef pâchâ me faisoit, après la bataille, toutes les propositions qu'il avoit rejetées auparavant. Je différai la réponse au lendemain, et je m'arrêtai la nuit au village de Seneka ; le général Régnier étoit placé une lieue plus loin. Je me mis en marche à la pointe du jour, et, me trouvant près Coraïm, j'entendis une vive canonnade en avant de ce village ; je présumai que le général Régnier étoit fortement engagé : j'ordonnai aussitôt au général Belliard de presser sa marche, et me portai moi-même en avant pour être présent à l'action. Je n'avois avec moi que les guides et le septieme régiment de hussards : arrivé sur les hauteurs des sables voisins du village, je vis la division Régnier occupée à repousser avec son artillerie 3 ou 4000 cavaliers qui l'entouroient. A peine fus-je posté que le corps ennemi fit un mouvement subit, et se jeta précipitamment sur nous.

Il fallut franchir l'intervalle qui nous séparoit du quarré du général Régnier, et recevoir là charge : elle fut tellement impétueuse que l'artillerie des guides n'eut pas le temps de se mettre en batterie. Les conducteurs sont aussitôt taillés en pieces ; et, la mêlée devenant complete, chacun s'occupe de sa défense : les habitants de Coraïm, nous voyant enveloppés de toutes parts, nous croient perdus ; et toute cette multitude, armée de lances et de fourches, nous assaille sur notre gauche. Le danger étoit extrême, lorsque le quatorzieme régiment accourt pour nous soutenir : nous reprenons aussitôt l'offensive, et repoussons vivement l'ennemi, qui laisse environ 300 morts ou blessés sur le champ de bataille : nous rejoignîmes le quarré du général Régnier, auquel se réunit bientôt celui du général Belliard.

C'est en cet endroit que je donnai une réponse aux propositions du vizir. Je me contentai de le prévenir que je marchois sur Salêhié : l'Arabe se retira, et nous vîmes le corps de cavalerie qui nous avoit attaqués se réunir auprès de son drapeau blanc. Le général Leclerc jugea le moment favorable pour la charge ; il en fit la disposition : mais il ne fut pas attendu ; tout prit la fuite en un instant. Je n'avois point de temps à donner à la punition du village de Coraïm, et je la différai.

L'armée continua sa marche vers Salêhié ; nous éprouvâmes dans cette journée une chaleur et un abattement excessifs : le vent du midi regne avec force dans cette saison ; il souffloit par intervalle, et portoit dans l'atmosphere toute l'ardeur du désert ; une poussiere fine et brûlante se mêloit à l'air, et nous empêchoit de voir et de respirer : nous perdîmes quelques chevaux et bêtes de somme. Je m'attendois à trouver l'armée du vizir ralliée à Saléhié, et nous pensions tous qu'il s'y défendroit jusqu'à la mort plutôt que de repasser le désert : je me disposai donc à livrer le combat le lendemain au commencement du jour, et je donnai une nuit de repos à nos troupes à deux lieues de distance de Saléhié.

Le lendemain, au point du jour, l'armée se mit en marche : les habitants de Saléhié accourent bientôt à notre rencontre, nous informent que la veille, à l'heure de l'asr (environ 3 heures après midi), les cavaliers de Corcire étant rentrés, le vizir étoit monté à cheval, prenant la fuite à travers le désert, ayant à peine conservé 500 hommes de bonne escorte; que, dans cette déroute, l'épouvante et la confusion étant à leur comble, ils avoient abandonné le camp, l'artillerie, et les bagages. Nous reconnûmes bientôt la vérité de ce récit en entrant à Saléhié dans le camp du vizir.

C'étoit une enceinte d'environ trois quarts de lieue en quarré; tout cet espace étoit couvert de tentes placées sans ordre ou renversées; une multitude de coffres brisés, et de caisses encore remplies de vêtements, d'encens, et d'aloës, étoient répandus dans les intervalles; les pieces d'artillerie étoient éparses, et la plus grande partie des munitions avoit été pillée : nous trouvâmes une quantité considérable de selles et de harnois de chevaux, et les outres d'eau qu'on n'avoit pas eu le temps de remplir; plus de 40,000 fers de chevaux, douze litieres dorées et sculptées, et quelques ameublements de prix confondus avec les tentes et les dépouilles des soldats : voilà ce qui restoit de l'immense proie que les osmanlis avoient abandonnée aux Arabes de ces contrées. Ces derniers s'étoient rassemblés, suivant leur usage, à la nouvelle du combat pour se jeter sur les fuyards ; une partie poursuivoit les restes de l'armée du vizir, tandis que les autres pilloient son camp : ils s'étoient éloignés à notre approche.

L'armée se reposa de ses fatigues, et chacun disposant pour son usage des objets abandonnés par l'ennemi, nous n'eûmes point à regretter de n'avoir conduit avec nous aucun bagage. Aussitôt notre arrivée, le général Leclerc reçut l'ordre de continuer la poursuite jusqu'au pont du Trésor : il trouva la route couverte de mourants, de chevaux, de bêtes de somme, et d'effets de toute espece. Il vit au-delà du pont les Arabes qui harceloient et dépouilloient les traîneurs ; jugeant l'affaire en bonne main, il revint au camp.

L'expulsion de l'armée étrangere avoit été mon principal objet : après l'avoir rempli, je portai toute mon attention sur l'intérieur de l'Egypte. La ville de Damiette étoit au pouvoir de l'ennemi ; il occupoit le fort de Lisbé ; Dervich pâchâ étoit maître du Saïd, et presque tous les habitants de la basse Egypte étoient soulevés contre nous.

Le général Rampon, qui commandoit à Menouf, avoit déja reçu l'ordre de se porter sur Damiette: je chargeai le général Belliard de marcher aussi sur cette ville, et de s'emparer de Lisbé. Il devoit passer le canal de Moës à Kafr et Mulakié, et le cheikh arabe Hassen-Toubar, dont la derniere victoire garantissoit la fidélité, préparoit des vivres à Menzaléh. Avant de quitter le Kaire, j'avois ordonné au général Lanusse de contenir le Delta inférieur, et d'envoyer sa colonne mobile jusqu'à Samanhout, pour communiquer sur ce point avec le général Rampon: ces mouvements furent exécutés avec la plus grande précision, et concoururent tous au résultat général: la division du général Régnier devoit rester à Salêhié pour prévenir le retour des troupes qui avoient pris la route du désert, et dissiper celles qui s'étoient jetées dans la Charkié. Ces dispositions prises, je partis de Salêhié, le 3 au soir, et je me rendis au Kaire avec la quatre-vingt-huitieme demi-brigade, deux compagnies de grenadiers de la soixante-unieme, le septieme régiment de hussards, et les troisieme et quatorzieme de dragons. Je fis jeter quelques obus dans Boulac, et entrai par les jardins dans mon quartier-général, qui étoit assiégé. C'est alors que j'appris ce qui s'étoit passé dans la capitale.

Quelques heures après le commencement de la bataille d'Héliopolis, la rebellion avoit éclaté dans la ville de Boulac. Les habitants, dirigés par un petit nombre d'osmanlis, éleverent des drapeaux blancs; et s'armant de fusils et de sabres, qu'ils avoient tenus cachés, sortirent des murs, et se porterent avec fureur contre le fort Camin, dont la garnison n'étoit que de dix hommes. Le commandant les fit canonner à mitraille, et ils ne tarderent point à se dissiper. Les plus fanatiques s'obstinerent à l'attaque jusqu'à ce que les tirailleurs envoyés par le général Verdier, et une sortie du quartier-général secondant le feu du fort, les obligerent à se retirer après avoir perdu 300 hommes. Alors les habitants de Boulac se bornerent à tirer sur les troupes françaises de quelque part qu'elles se présentassent pour entrer dans la ville. Dans le même temps, le peuple du Kaire s'étoit porté en foule au-delà de l'enceinte, attendant l'issue de la bataille générale : il vit arriver successivement des corps de mamloûks et d'osmanlis qui assuroient que la défaite des Français étoit inévitable : bientôt après Nasif pâchâ se présenta à la porte des Victoires ; il étoit accompagné d'Osman effendy, kiâyâ bey, l'un des personnages les plus considérables de l'état ottoman, d'Ibrâhim-bey, de Mohhamet-bey-êl-elfi, d'Assan-bey-gedaoni, et en un mot de tous les chefs de l'ancien gouvernement, excepté Mourâd-bey : ils annoncerent que les Français avoient été taillés en pieces, qu'ils venoient prendre possession de

la capitale au nom du sultan Sélim, et ils célé-
brerent le triomphe de ses armes sur les infideles : ils étoient accompagnés d'environ 10,000
cavaliers turks, de 2000 mamloùks, et de 8 à
10,000 habitants des villages qui s'étoient armés.

Ces troupes, qui avoient échappé à notre vue
par un grand détour, étoient entrées dans le Kaire
le 29 ventose, vers l'heure de l'asr, et elles y furent
reçues aux acclamations de tout le peuple, chaque
habitant s'efforçant de faire éclater sa joie, soit
par zele pour la religion, et respect pour le nom
du grand-seigneur, ou pour faire oublier les liaisons qu'il avoit eues avec les Français.

Nasif pâchâ se rendit sur-le-champ à la contrée
des Européans : la multitude le suivit, et en fit
ouvrir les portes ; et, pendant que deux des négociants tomboient à ses pieds en lui montrant
la sauve-garde du vizir, ses soldats et la populace
se jeterent dans l'enceinte; ils briserent les portes
des maisons, des magasins, et des comptoirs ; les
habitants furent massacrés sans distinction d'âge,
de sexe, et de nation ; on jeta leurs corps dans le
Khalydj ; tout ce que ces négociants possédoient
fut pillé en moins d'une heure ; les meubles furent
enlevés ou brisés, et on mit le feu au quartier.
Pendant cette expédition Nasif pâchâ excitoit le
peuple à le suivre sur la place l'Ezbékyéh pour y
exterminer le reste des Français enfermés dans la
maison de Mohhamet-bey-êl-elfi ; c'étoit là la ré-

sidence du quartier-général, et il y avoit à peine 200 hommes sous les ordres de l'adjudant-général Duranteau. Le pâchâ accourut à cet effet avec une partie de ses troupes : des grenadiers et des guides à pied sortirent avec la plus grande bravoure contre cette cavalerie, et la repousserent. Cette résistance inattendue détermina les chefs à s'établir dans les maisons situées sur la place.

C'est alors que le soulèvement du Kaire devint général; il se forma des attroupements dans toutes les places; on menaçoit de mettre le feu aux maisons de ceux qui se tenoient enfermés : plus de 50,000 hommes furent armés de fusils; les autres portoient des piques et des bâtons. Pendant qu'on arboroit les drapeaux blancs, les crieurs des mosquées publioient des imprécations contre les infideles; les mamloùks et les janissaires parcouroient la ville; la multitude les suivoit, poussant des cris affreux; les femmes et les enfants faisoient entendre des cris de joie d'usage, appellés ulalus. On attaqua les maisons des Cophtes, des Grecs, des chrétiens de Syrie, et un grand nombre de ces malheureux périt sans défense; leurs corps jetés dans les rues y éprouverent pendant tout le siege les insultes publiques. On saisit Mustapha agha, chef de la police sous le gouvernement des Français, et les chefs de l'armée turke le firent empaler : la populace applaudit à son supplice, et le regardant comme l'assurance de l'impunité, elle se livra avec plus de fureur à la sédition et au pillage ; huit soldats de la treizieme demi-brigade, commandés par le citoyen Klane, sergent, qui se trouvoit auprès de Mustapha pâchâ lorsqu'il fut arrêté, entreprirent de se faire jour au travers de la foule ; leur intrépidité leur sauva la vie : les séditieux, voyant tomber quelques uns des leurs, s'éloignerent ; et les Français acheverent leur retraite sur la citadelle, après s'être battus dans les rues dans un intervalle de plus d'une lieue : trois d'entre eux furent blessés ; leurs camarades s'arrêterent pour les défendre, et les porterent jusqu'à la citadelle ; les révoltés, auxquels ils avoient enlevé une piece de canon, qu'ils n'abandonnerent que pour secourir leurs blessés, les poursuivirent jusqu'aux portes de ce fort, étonnés et furieux de cette action aussi hardie que digne d'admiration.

Pendant le cours de cette émeute, les haines entre particuliers firent commettre plusieurs assassinats : on remarqua aussi des traits de générosité et de dévouement ; et cette même religion, qui sembloit exciter le plus grand nombre à la vengeance, inspira à d'autres le dessein de s'opposer aux massacres au péril de leur vie.

Le principal but de Nasif pâchâ étoit d'emporter le quartier-général : mais il n'y put réussir ; 200 Français soutinrent pendant deux jours ce siege extraordinaire contre les forces réunies des mamloùks, des osmanlis, et des séditieux : ils occupoient quelques maisons voisines, où ils étoient vivement pressés, lorsqu'on apperçut la colonne du général Lagrange, qui arrivoit d'El-hanka ; alors un corps de 4000 cavaliers, tant osmanlis que mamloùks, se porte au-devant de notre colonne. Le général Lagrange forme les quatre bataillons en quarré, et se dispose à recevoir la charge ; une fusillade et quelques coups de canon disperserent les assaillants : nos troupes continuent leur marche ; et le général Lagrange entre au quartier-général vers les deux heures après midi. Le 30, il y apportoit un secours aussi nécessaire qu'inattendu, et la premiere nouvelle de la victoire.

Le poste du quartier-général devint bientôt inexpugnable; l'artillerie et le génie concoururent à cette belle entreprise qui déconcerta l'ennemi.

La citadelle et le fort Dupuy continuerent le bombardement de la ville, qui avoit commencé dès les premiers instants de la révolte.

Cependant nous avions été obligés d'abandonner successivement les maisons que nous occupions sur la place : les insurgés s'avançoient aussi sur notre gauche dans le quartier cophte ; ils prenoient les positions les plus propres à intercepter nos communications et à conserver celles qu'ils avoient au dehors. Le général Friant arriva sur ces entrefaites avec cinq bataillons ; il repoussa l'ennemi sur tous les points : mais les succès même qu'il obtint lui firent connoître combien il étoit difficile de pénétrer dans l'intérieur de la ville. De quelque part qu'on se présentât, on trouva dans toutes les rues, et pour ainsi dire à chaque pas, des barricades et maçonneries de douze pieds d'élévation et à deux rangs de créneaux. Les appartements et terrasses des maisons voisines étoient occupés par les osmanlis qui s'y défendoient avec le plus grand courage. Les chefs de brigade Maugras, de la soixante-quinzieme, et Conroux, de la soixante-unieme, furent blessés dans une des premieres attaques de ces retranchements : ce dernier officier, qui mourut de sa blessure, étoit de la plus grande espérance.

Le chef de bataillon Donzelot fut tué dans le même temps près Boulac : il avoit fait toutes les campagnes de la haute Egypte avec la plus grande distinction à l'état-major du général Desaix.

On mit tout en œuvre pour entretenir l'erreur du peuple sur la défaite des Français : ceux qui parurent en douter furent tués ou emprisonnés; nos envoyés étoient massacrés avant d'entrer dans la ville : les insurgés déployerent une activité que la religion seule peut donner dans ce pays; on déterra plus de 20 pieces de canon enfouies depuis long-temps; ils établirent des fabriques de poudre, parvinrent à forger des boulets avec le fer des mosquées, les marteaux et outils des artisans, qui s'empressoient de les offrir; on forma des magasins de subsistances des provisions des particuliers, qui sont toujours très fortes: ceux qui portoient les armes ou travailloient aux retranchements avoient seuls part aux distributions; les besoins des autres étoient oubliés: le peuple ramassoit nos bombes et nos boulets à dessein de nous les renvoyer; et, comme ils ne se trouvoient point du calibre de leurs pieces, ils entreprirent de fondre des mortiers et des canons, industrie extraordinaire dans ce pays, et ils y réussirent.

Le général Friant arrêta les progrès de l'ennemi en faisant mettre le feu à la file des maisons qui ferment la place de l'Ezbékyéh à la droite du quartier-général; une partie du quartier cophte fut aussi incendiée, soit par nous, soit par les insurgés.

Telle étoit la position du Kaire, lorsque je m'y rendis le 6 au matin: nous n'avions à notre disposition qu'une très petite quantité de fers coulés; nous manquions sur-tout de bombes et d'obus: regardant comme très dangereuse toute entreprise partielle, je me déterminai à attendre le retour de nos munitions, celui des troupes du général Belliard, qui devoient remonter au Kaire aussitôt après l'occupation de Damiette, et celui de la division Régnier, que je rappelai. Pendant le temps que je donnai à la réunion de nos forces, je fis achever les retranchements, établir de nouvelles batteries, et préparer des matieres combustibles. Ce délai étoit nécessaire au succès de nos opérations militaires; je l'employai à diviser les insurgés par des correspondances et des négociations, et à les intimider en faisant connoître à tous la défaite du vizir: je fis parvenir des lettres aux cheykhs et aux principaux habitants du pays: Mustapha pâchâ, que j'avois retenu, écrivit par mon ordre à Nasif pâchâ et Osman effendy. Les mamloùks, le peuple du Kaire, et les osmanlis ayant des intérêts très opposés, ne resterent pas long-temps unis; alors Nasif pâchâ, Osman kiâyâ, et Ibrâhim-bey, jugerent convenable de capituler, et je leur accordai plusieurs de leurs demandes.

Quoique ces conditions leur offrissent quelques avantages, la capitulation ne fut point exécutée. Ceux des habitants qui avoient excité et entretenu les séditions craignirent de rester exposés à notre vengeance, qu'ils jugeoient devoir être terrible, selon les mœurs de l'Orient: ils souleverent de nouveau la populace, firent distribuer de l'argent et des subsistances, et ordonnerent des prieres publiques: on vit les femmes et les enfants arrêter sur les places les janissaires et les mamloùks, les conjurant de ne point les abandonner, et leur reprochant leur désertion. A l'époque fixée pour l'exécution des articles convenus, les janissaires refuserent de livrer les portes, et je fis renouveler les hostilités sur tous les postes.

Dans ces circonstances je n'avois point encore rassemblé tous les moyens militaires qui devoient me répondre du succès, et j'étois décidé à tout employer pour me rendre maître du Kaire par une autre voie que celle d'une attaque de vive force, voulant sacrifier l'éclat d'un succès à deux intérêts bien plus chers, la conservation de l'armée, et celle d'une ville nécessaire à son établissement dans ce pays.

C'est alors que je fis éclater les intelligences que j'avois eues depuis long-temps avec Mourâd-bey. L'estime des vertus militaires communes aux Français et aux mamloùks, et sur-tout l'adversité avoit rapproché de nous cet ancien maître de l'Egypte. Aussitôt que la convention d'êl-A'rych lui étoit parvenue, il avoit recherché l'amitié des Français. Le vizir le somma de se rendre à son camp, dans le temps que tout annonçoit une rupture. Mourâd-bey ne voulut pas le faire sans mon consentement. Je lui répondis que sous les tentes du vizir aussi-bien que sous les siennes je ne voyois que des amis; qu'il étoit libre de se porter avec ses troupes au camp de Yousef pâchâ. Il fit l'accueil le plus obligeant à l'adjudant-général Morand, qui eut à ce sujet une conférence avec lui.

Deux jours avant la bataille de Matariéh, jugeant que les hostilités étoient inévitables, je cherchai à m'assurer des dispositions de Mourâd-bey.

L'épouse d'Aly-bey, devenue depuis celle de Mourâd-bey, femme du plus noble caractere, et dont la maison est, depuis plus de 30 ans, le seul asyle qu'il y ait en Egypte pour les malheureux, avoit été traitée avec honneur et bienveillance par les ordres du général Bonaparte et par les miens. Elle commença nos négociations avec Mourâd-bey, et nous transmit ses réponses. « Que les Français, dit-il à mon envoyé, s'engagent à livrer bataille au vizir, et je suis prêt à passer, avec les miens, de son camp dans le leur »; mais il refusa de s'obliger à rien tant que la rupture seroit incertaine. Satisfait d'une réponse aussi franche, je lui fis savoir que mon intention étoit qu'il ne prît aucune part au combat si mes ennemis m'y contraignoient. Il s'étoit retiré en effet avant l'action de Matariéh. Ibrâhim-bey l'ayant sollicité de se jeter dans le Kaire, il s'y étoit refusé, et s'étoit établi à Toura, sur la rive droite du Nil.

Mes premieres négociations avec ce bey furent continuées après le refus d'exécuter la capitulation du Kaire. Il m'envoya Osman-Bardissi-bey de sa maison, et le chargea de pouvoirs pour traiter avec moi. « Vous déclarerez aux Français, lui dit-il, que je m'unis à eux aujourd'hui, parce-qu'ils m'ont mis dans l'impossibilité de continuer la guerre. Je demande à m'établir dans une partie de l'Egypte, afin que, s'ils la quittent, je m'empare, avec les secours qu'ils me fourniront, d'un pays qui m'appartient, et qu'eux seuls peuvent m'enlever. Je jure d'unir mon sort au leur jusqu'à cette époque, et je serai fidele à mes conventions». C'est à cela que se réduisirent ses instructions; je lui donnai ma parole d'honneur qu'il ne seroit plus inquiété par nos troupes, et qu'après les intérêts de l'armée que je commande, je n'en aurois point de plus chers que les siens : le traité fut conclu, et pour lui donner une authenticité indépendante de tout évènement, on dressa les articles suivants; les conférences, où assisterent des conseillers de part et d'autre, se tinrent à mon quartier-général, et furent souvent interrompues par le feu de l'artillerie de la ville.

Aussitôt après l'échange du traité, Mourâd-bey nous fit parvenir des subsistances; il livra les osmanlis qui s'étoient rassemblés dans son camp, et ne cessa d'entretenir des intelligences qui préparerent une capitulation définitive. Son influence dans le Kaire n'ayant point un effet aussi prompt qu'il le desiroit, il me proposa d'incendier la ville, et peu de temps après il m'envoya des barques chargées de roseaux.

Cependant Dervich pâchâ s'étoit rendu dans la haute Egypte par suite de la convention d'êl-A'rych; averti de la reprise des hostilités, il rassembla un corps de 10,000 hommes tant Arabes que cultivateurs, et marcha quelques journées vers le Kaire. J'exigeai de Mourâd-bey qu'il se portât contre eux; ce prince m'avoit prévenu, et il m'informa que, sur les ordres qu'il avoit expédiés, le pâchâ avoit déja été abandonné des deux tiers de ses gens. « Au reste, dit-il, faites-moi savoir si vous demandez sa tête, ou si vous exigez seulement qu'il se retire de l'Egypte. Dervich pâchâ ne tardera pas à repasser en Syrie. »

Ici est terminée la partie du rapport qu'avoit écrite le général en chef Kleber. Les occupations multipliées que lui donnerent les besoins de l'armée, et l'administration du pays qu'il s'appliqua d'abord à réorganiser, lui prirent une partie du temps qu'il eût employé à cette rédaction.

Les croisieres turke et anglaise, dont le nombre de voiles sembloit menacer d'un débarquement les côtes d'Alexandrie, dans le commencement de prairial, nécessiterent aussi des dispositions militaires et des mouvements de troupes dont ce général suivoit lui-même la marche jusqu'au camp de Rahmanié, et l'empêcherent de finir plutôt cet important travail.

Le reste est le récit des faits fourni par le chef de l'état-major de l'armée.

L'arrivée du général Régnier au Kaire, avec une partie de sa division, et celle d'un convoi de munitions, faciliterent les moyens de resserrer le blocus de cette ville.

Les troupes du général Régnier occupoient le terrain compris entre la citadelle et le fort Camin, ayant leur droite à ce dernier fort; et celles du général Friant occupoient le surplus de l'enceinte.

La nouvelle de la victoire remportée par le général Belliard, près le village de Chouara, en avant de Damiette, que l'on apprit à cette époque, causa la plus grande joie dans l'armée.

Ce général, en moins d'une demi-heure, avoit battu et dispersé plus de douze mille hommes avec douze cents, et leur avoit pris dix pieces de canon; il s'étoit rendu maître à la fois de Damiette et de Lisbé, en faisant proclamer par-tout la victoire des Français sur l'armée du grand-vizir.

Les habitants de Damiette, qui avoient formé ce rassemblement, avoient eu l'audace, depuis notre évacuation de cette ville, d'y promener l'effigie du général Bonaparte et celle du général Kleber, qu'ils brûlerent ensuite : le général en chef les condamna pour ce fait à une contribution de guerre de deux cents mille francs; châtiment qu'ils trouverent bien moins cruel que celui auquel ils s'attendoient.

Une insurrection semblable éclatoit dans le même temps à Mehalet-el-Kebir. L'adjudant-général Valentin, que le général Lanusse envoyoit à Samanhout avec une colonne mobile, trouva les portes de cette premiere ville fermées, et les habitants en armes : il les fit sommer de se soumettre aux vainqueurs; mais ils répondirent qu'ils obéissoient aux ordres du vizir, et qu'ils n'en connoissoient pas d'autres : on fit sur-le-champ les dispositions d'attaque ; et l'ennemi, qui prit pour une retraite le mouvement des troupes, fit une vigoureuse sortie sur elles.

Les grenadiers de la dix-huitieme fondent alors sur les ennemis, les prennent en flanc et en queue, leur coupent toute retraite sur la ville, et en font un horrible carnage.

Des députés viennent bientôt demander le pardon ; il fut accordé, et toute hostilité cessa ; mais cette ville rebelle fut imposée peu après par le général en chef à une contribution semblable à celle de Damiette.

On trouva parmi les morts plusieurs membres du dyvân, et quelques uns des principaux cheykhs.

La ville de Tahta, deux fois révoltée et deux fois subjuguée, fut aussi condamnée à une pareille imposition.

Les mouvements des troupes qui traversoient à la fois le Delta dans tous les sens, et les victoires remportées dans le même temps sur tous les points différents, jeterent dans toute la basse Egypte une consternation à laquelle on dut sa tranquillité ; à l'exception de quelques rassemblements d'Arabes et de brigands de profession, tout rentra dans l'ordre.

Ces évènements se passerent du 9 au 15 germinal, pendant que le siege du Kaire se continuoit avec activité.

La nuit du 13 au 14, un détachement de la division du général Friant, formé d'une compagnie de carabiniers de la quatrieme légere, d'une compagnie de la sixieme, d'une compagnie de grenadiers, et d'une de fusiliers de la soixante-quinzieme, commandée par l'adjudant-général Almeras, attaqua le quartier cophte, situé au nord de la ville.

Cette colonne pénétra fort avant par la rue qui se prolonge parallèlement à une ancienne muraille d'enceinte, après avoir chassé l'ennemi des maisons et des barricades très multipliées qui défendoient cette issue : elle prit position, sa gauche au mur du rempart, et sa droite à la hauteur de nos postes, sur la place Ezbékyéh. Par ce moyen les communications s'établirent plus directement d'une extrémité de la ligne à l'autre.

Pendant plus de huit heures de combat les troupes ne durent qu'à leur opiniâtreté dans l'attaque et la défense la conservation de leurs nouveaux postes, que l'ennemi essaya trois fois de reprendre avant d'y renoncer, et après avoir perdu beaucoup de monde. On lui enleva quatre drapeaux. On se fortifia pendant quelques jours de part et d'autre sur différents points, sans cesser de combattre.

Le 21, à l'entrée de la nuit, le général Régnier fit attaquer par deux compagnies de grenadiers de la neuvieme, et deux compagnies de carabiniers de la vingt-deuxieme, dirigées par le général Robin, le Santon d'Abousiéh, crénelé et retranché par les Turks, et situé près le fort Shulkouski, sur une butte qui domine tout ce qui l'environne.

On l'enleva avec la plus grande rapidité, ainsi que les maisons de ce quartier, qui furent livrées aux flammes, à l'exception de celles utiles à occuper pour la sûreté du poste; on s'y retrancha aussitôt sous le feu de l'ennemi : il revint deux fois dans la nuit pour le reprendre, et finit, en l'abandonnant, par se loger dans une tranchée qu'il ouvrit sur le revers de la butte. Les Turks l'attaquerent encore très vivement le lendemain; mais, après un combat extrèmement opiniâtre, dans lequel on se battit corps à corps, ils se retirerent dans leurs tranchées après une perte considérable.

En même temps que ceci se passoit sur la gauche, on déployoit une égale activité vers la droite, pour être en état d'exécuter une attaque combinée, dont les mouvements devoient commencer par les extrémités, pour se réunir au centre en avant de notre position en pénétrant dans la ville.

Dans la même nuit du 21 au 22, un détachement du régiment des dromadaires, soutenu d'une compagnie de grenadiers de la vingt-cinquieme, et d'un détachement de la quatre-vingt-huitieme, attaqua la maison de la direction du génie, située à la droite de la place de l'Ezbékyéh; il y pénétra par une breche que le canon y avoit faite, en chassa l'ennemi, et s'en empara avec la plus grande impétuosité: toute la nuit fut employée aux travaux nécessaires à la sûreté de ce poste, qui se firent avec un courage et une activité extrêmes.

Le feu continuel, que la citadelle et les forts étoient obligés de faire pour seconder les attaques qui se succédoient si rapidement, avoit consommé nos approvisionnements en munitions: l'ennemi s'en étoit apperçu; et, comme il reçut dans le même temps des promesses de secours du grand-vizir, il profita de cette circonstance pour ranimer par des réjouissances publiques l'abattement du peuple du Kaire, dont l'ignorance et le fanatisme fournissent toujours à ses chefs de nouveaux moyens de tromper son aveugle crédulité.

Les minarets furent illuminés; les muezzins (crieurs publics qui appellent à des heures fixes le peuple à la priere) célébroient par des chants d'alégresse l'état d'affoiblissement où ils nous croyoient réduits.

Cependant le général Belliard, qui avoit été rappelé au Kaire, y arriva le 23 avec la vingt-unieme légere; il avoit laissé le commandement de Damiette au général Rampon : le retour de ses troupes, et l'arrivée d'un convoi de munitions venu en même temps de Rosette, fournirent les moyens de préparer l'exécution de l'attaque générale sur le Kaire, et de réduire Boulac.

En conséquence, le 24, cette ville fut sommée, pour la troisieme fois, de se rendre. On promettoit, d'un côté, à ses habitants le pardon le plus absolu pour prix de leur soumission, et, de l'autre, on les menaçoit de la plus terrible vengeance, si, par une résistance aussi inutile que funeste pour eux, ils nous forçoient à nous en emparer les armes à la main.

Ils prirent cet acte de clémence pour de la foiblesse, et rejeterent toute proposition, en répondant qu'ils suivroient le sort du Kaire, où se trouvoient leurs chefs, et que, si on les attaquoit, ils se défendroient jusqu'à la mort.

La reddition de Boulac étoit importante pour accélérer celle de la capitale, dont les habitants nous croyoient trop foibles pour soumettre cette premiere ville. Cet exemple devoit encore influer sur la conduite des chefs de l'armée turke, que les cheykhs du Kaire pressoient de capituler.

Tout moyen de conciliation ayant donc été vainement épuisé, l'attaque fut ordonnée pour le lendemain.

En conséquence, le 25, à la pointe du jour, le

général Friant fit cerner Boulac avec la vingt-unieme demi-brigade légere, deux compagnies de grenadiers de la trente-deuxieme, un détachement de sapeurs, et l'artillerie légere de la division commandée par le général Belliard. On bombarda vivement la ville, afin d'essayer encore le moyen de la soumettre avant de la livrer au désordre d'une prise de vive force; mais les rebelles, continuant leur résistance, faisoient un feu très vif des maisons où ils étoient retranchés, et des créneaux de leurs barricades qui défendoient les approches et fermoient toutes les issues. Alors le canon bat en breche, le pas de charge se fait entendre; les soldats s'élancent à la fois sur tous les retranchements; la plupart sont emportés d'assaut; quelques uns résistent; les ennemis se défendent avec la plus grande opiniâtreté; chaque maison est pour eux une nouvelle citadelle que le feu seul peut réduire. Ce moyen n'échappe pas à l'acharnement des soldats, ils embrasent celles qu'ils ne peuvent forcer; les cris de fureur et de désespoir se font entendre de toutes parts; au milieu de ce désordre un nouveau pardon est proposé à ce peuple de furieux, qui le rejette encore.

Le sac recommence, le sang coule de nouveau, et les flammes dévorent une partie de cette populeuse cité, jusqu'à ce qu'enfin les vaincus vinssent implorer la clémence des vainqueurs. Les chefs de chaque corporation se rendent près du général

Friant, pour lui demander à se soumettre. Au même instant les désordres s'arrêtent, les hostilités cessent, et le pardon est proclamé du haut des minarets, et dans toutes les places de la ville : le général en chef le confirma immédiatement après.

L'artillerie, le génie, la marine, et les hôpitaux, se partagerent les ressources précieuses que cette ville fournit.

L'adjudant-général Almeraz, qui commandoit une des colonnes d'attaque, y reçut deux blessures. Le courage des troupes et la conduite des chefs sont dignes des plus grands éloges.

Une fois maître de Boulac, et voulant presser continuellement l'ennemi, le général en chef fit préparer pour le lendemain l'attaque générale du Kaire; elle ne put cependant avoir lieu que le vingt-huit.

Une pluie aussi violente qu'extraordinaire dans ce climat en empêcha l'exécution plutôt; il falloit un temps sec afin de pouvoir facilement mettre le feu aux maisons dans lesquelles l'ennemi s'étoit fortifié, celles où il avoit ses batteries, et lui causer par ce moyen le plus de mal en exposant le moins de monde possible.

Les Turks étoient fortement retranchés dans la maison de Svittié Fatmé, qui flanquoit leur gauche sur la place de l'Ezbékyéh.

L'explosion de la mine, que nous y avions pratiquée depuis quelques jours, devoit être le signal de l'attaque; elle se fit à l'entrée de la nuit avec un succès complet. Les osmanlis et mamloùks, qui défendoient ce poste nombreux, furent ensevelis sous ses ruines : à l'instant le combat s'engagea de toutes parts; la division du général Friant formoit la droite et le centre; le général Donzelot dirigeoit l'attaque de droite où se tenoit le général Friant; elle étoit composée de détachements des soixante-unieme, soixante-quinzieme, et quatre-vingt-huitieme demi-brigades.

Le général Belliard commandoit l'attaque du centre, formée de la vingt-unieme légere et d'un détachement de la vingt-cinquieme de ligne, sous les ordres de l'adjudant-général Duranteau.

Le général Régnier attaquoit en même temps par la gauche avec le plus grand succès; les troupes que commandoit sur ce point le général Robin étoient détachées des vingt-deuxieme demi-brigade légere, neuvieme, treizieme, et quatre-vingt-cinquieme de bataille. Par-tout on se battoit avec un acharnement extrême.

La division du général Régnier, qui pénétra fort avant dans la ville par la porte dite Babel-Charich, incendia une partie des maisons de ce quartier, et tua beaucoup d'ennemis; la troisieme compagnie de carabiniers de la vingt-deuxieme demi-brigade légere avoit ordre de s'emparer d'une piece de canon de l'ennemi, placée sur une tour d'où elle battoit le poste du Santon.

En traversant, pour y arriver, les maisons de terrasses en terrasses, elle rencontra sur sa route, au débouché d'une rue, Nasif pâchâ et Assan-bey gedaoni, avec un grand nombre de mamloùks et d'osmanlis qui fuyoient devant la neuvieme demi-brigade. Cette compagnie se forme aussitôt pour recevoir la charge, et fait éprouver une perte considérable à l'ennemi; la rue étoit comblée de cadavres: quelques chefs réussirent à se soustraire à la mort en abandonnant leurs chevaux et se jetant dans les maisons voisines du canal qui traverse la ville, et par où ils se sauverent. Voulant exécuter le premier ordre qu'elle avoit reçu, cette troupe de braves alla enclouer la piece qu'elle ne put enlever. On ne sauroit trop louer son courage et son audace.

Il y eut dans cette expédition au moins 400 maisons de brûlées, et plus de 800 osmanlis et mamloùks y périrent, parmi lesquels beaucoup de chefs; notre perte fut beaucoup moindre.

Le général Belliard fut blessé, ainsi que le chef de brigade Brun, de la douzieme légere; le chef de bataillon Mastin, de la treizieme, reçut un coup de poignard en enlevant la tranchée de l'ennemi au bas du Santon.

Le jour fit cesser le combat, et nous prîmes les postes d'où l'ennemi avoit été chassé.

Cependant la lassitude des assiégés succédoit au fanatisme, que chacun de nos succès refroidissoit.

Les cheykhs, avec lesquels le général en chef avoit conservé des relations secretes, portoient les réclamations du peuple aux chefs de l'armée turke, et leur représentoient qu'une plus longue résistance entraîneroit la ruine totale de la ville, sans avantages pour le grand-vizir.

Mourâd-bey avoit, dans le même temps, fait entrer dans le Kaire Osman bey Bardissi, pour offrir à Ibrâhim-bey et Nasif pâchâ sa médiation, et les engager à capituler. Ceux-ci firent de telles propositions, qu'il ne voulut pas en parler lui-même au général en chef; mais il lui envoya Osman-bey Bardissi, avec Osman-bey Laskar, de la maison d'Ibrâhim, et Osman agha, de la maison du grand-vizir; ils se trouverent au quartier-général pendant l'attaque du 28.

Le général en chef leur donna le lendemain 29, en présence de tous les généraux et officiers de l'état-major, une audience publique pour entendre les propositions qu'il savoit devoir lui être faites.

Après les avoir écartées, il les rejeta avec dédain, disant que, si elles étoient connues de toute l'armée, elles souleveroient son indignation, et éloigneroient pour toujours les moyens de conciliation.

Pour terminer cette conférence, le général en chef conduisit les trois parlementaires dans un appartement d'où l'on pouvoit voir le Kaire et Boulac, et, leur montrant cette derniere ville qui brûloit encore, il leur fit bientôt comprendre, sans avoir besoin d'interprete, que tel seroit bientôt l'état de la capitale, si elle ne se soumettoit à l'armée française.

Il fit ensuite voir au bey d'Ibrâhim le traité de paix conclu avec Mourâd-bey, et qu'il ne connoissoit pas encore. Il produisit l'effet qu'il en avoit attendu; et l'étonnement de ce bey lui fit présager que lorsqu'il seroit connu il pourroit contribuer à rendre les chefs turks plus traitables.

Les envoyés retournerent immédiatement après dans le Kaire, et revinrent, le lendemain 30, apporter des conditions plus modérées que celles de la veille; le général en chef n'y souscrivit pas, mais il y fit des modifications.

Leur ayant refusé la suspension d'armes qu'ils proposoient, ils demanderent qu'au moins on ne fît pas d'attaques aussi fortes que celles du 28, assurant que l'évacuation du Kaire s'effectueroit définitivement.

Le général en chef leur fit avoir ensuite une entrevue avec les officiers turks, faits prisonniers à Damiette, par le général Belliard, afin de les convaincre que nous étions maîtres de cette place, de celle de Lisbé, et de toute la basse Egypte, ce qu'ils paroissoient ignorer ; il les envoya le même jour porter aux chefs de l'armée turke les articles rédigés par écrit de la capitulation qu'il leur accordoit.

On fit le soir une nouvelle attaque, dans laquelle on enleva à l'ennemi plusieurs postes qu'il défendit avec peu de résistance.

Osman, agha du vizir, rapporta, le premier floréal, la capitulation signée de Nasif pâchâ, dont copie ci-jointe.

En conséquence de son exécution, l'échange des otages se fit le 2 floréal sur la place d'Ezbékyéh, et nous plaçâmes aussitôt des postes sur tout le canal qui traverse la ville, depuis la prise d'eau de l'aqueduc, jusqu'à la porte dite Babel-Chariéh, près le fort Shulkouski.

L'adjudant-général René, et le capitaine Tioche, son adjudant, qui furent en otage près les osmanlis, coururent dans cette journée les plus grands dangers. En sortant de la maison où étoient des chefs de l'armée turke, sur la place Ezbékyéh, pour aller dans celle qu'occupoit Mohammhed-bey-l'Eth, ils furent assaillis par la populace, qui les eût assassinés sans la conduite ferme de ce bey. Il les renferma dans une mosquée, dont il défendit l'entrée avec ses mamlouks le sabre à la main, jusqu'à ce que la nuit leur permît de se rendre à sa maison.

Le 3 et le 4 furent employés par les deux armées aux préparatifs de l'évacuation de la ville par les ennemis. Ils l'effectuèrent entièrement le 5 avant midi, après que les otages eurent été réciproquement rendus.

Les Turks emmenerent avec eux les principaux chefs de l'insurrection du Kaire, et trois à quatre mille habitants les suivirent pour se cacher dans les villages, et fuir la vengeance des Français, qu'ils redoutoient extrêmement.

Le général en chef avoit cependant promis de n'en exercer aucune, et de donner également protection à tous ceux qui auroient confiance dans la parole qu'il avoit solennellement engagée à ce sujet; il se réservoit d'exiger des gens riches et du commerce une satisfaction qui fût grandement profitable à toute l'armée.

Le général Régnier escorta avec sa division les Turks jusqu'à Salêhié, d'où ils prirent dans le désert la route de Ghazah. Ils s'y rendirent sans s'arrêter.

Les ennemis avoient été fort effrayés, en sortant du Kaire, de se voir suivis par notre infanterie qu'ils redoutent extrêmement; mais ils prirent bientôt confiance en éprouvant que nos soldats étoient aussi généreux après la victoire que terribles dans le combat; le plus grand ordre régna dans la marche.

Nasif pâchâ et Ibrâhim-bey en exprimoient chaque jour leur étonnement et leur reconnoissance au général Régnier.

Ils avoient peine à concevoir cette subordination qui fait la force des armées, en préparant leur gloire, et qui est si étrangere aux troupes ottomanes.

Le général Kléber ayant voulu s'assurer à la fois la possession de toute l'Egypte, avoit disposé une expédition pour Suez aussitôt après la prise de Boulac: Mourâd-bey s'étoit empressé de l'informer que depuis le premier jour de germinal les Anglais y avoient débarqué des troupes et de l'artillerie; il desiroit autant que nous qu'ils ne restassent pas long-temps maîtres de ce point.

Le chef de brigade Lambert, commandant le quatorzieme régiment de dragons, et l'adjudant-général Macsechi, partirent du Kaire le 29, avec un détachement de la vingt-unieme légere, d'une compagnie de grenadiers de la trente-deuxieme de ligne, cent dromadaires, un détachement de dragons du quatorzième, quelques sapeurs et trois pieces d'artillerie légere.

L'adjudant-général Macsechi, qui avoit déja commandé plusieurs mois à Suez, avoit ordre d'en reprendre le commandement, et le chef de brigade Lambert de revenir au Kaire aussitôt après l'expédition avec les troupes qui ne seroient pas nécessaires à la défense de cette place. Le 30, vers dix heures du soir, cette colonne rencontra, près le fort d'Algiroud, Osman bey Hassan, avec plusieurs kyachefs, des mamloùks, et des Arabes, au nombre de 200 environ. Ce bey venoit de Ghazah, et avoit passé à Suez pour conférer avec les Anglais et les engager à marcher avec lui sur le Kaire, où il venoit rejoindre Ibrâhim-bey, pour l'aider, disoit-il, à délivrer totalement cette capitale des Français.

Après une courte fusillade, dans laquelle on leur tua quinze à vingt hommes, ils échapperent à la faveur de la nuit, l'extrême obscurité empêchant de les poursuivre sans s'exposer à de grands inconvénients.

Dans les premiers jours de germinal les Anglais avoient commencé leur établissement à Suez; ils y avoient débarqué 4 à 500 hommes, dont partie étoit de leur quatre-vingt-quatrieme régiment; quatre pieces de douze et deux mortiers, 6 à 800 habitants de la Mekke et d'Yamb'o augmentoient leur garnison.

Le lieutenant-colonel Murray, qui commandoit dans cette place, avoit été prévenu de nos succès par le commodore sir Smith, et avoit déja commencé à prendre ses précautions de sûreté; il avoit fait rembarquer son artillerie et une partie de ses troupes quelques jours avant l'arrivée des nôtres.

Quatre mamloùks de l'escorte d'Osman-bey Hassan, qui retournerent à Suez aussitôt après la rencontre d'Algiroud, avertirent cet officier de notre approche. Lorsqu'il eut la certitude que les Français n'étoient plus qu'à une lieue de Suez, il regagna son vaisseau avec presque toute sa troupe de débarquement : le colonel Murray laissa la défense de la place à 50 Anglais réunis avec les gens de la Mekke et d'Yamb'o, auxquels il avoit dit que les Français qui venoient à Suez n'étoient qu'un reste de l'armée, totalement mise en déroute, et qu'ils les détruiroient aisément.

Le colonel Murray regardoit sans doute la défaite de ces fuyards comme indigne de sa valeur.

Cependant, le premier floréal, au commencement du jour, la colonne se présente devant Suez, qu'elle attaque de vive force. Après avoir tiré quelques coups de canon, la montagne fortifiée de Kalsanié fut emportée par les dromadaires, en même temps que les grenadiers de la trente-deuxieme et un détachement de la vingt-unieme tournoient la place du côté de la grande redoute, pour couper à l'ennemi la retraite de la mer, et empêcher que les bâtiments marchands ne sortissent du port.

L'attaque fut impétueuse : nos soldats, après avoir culbuté l'ennemi, entrerent pêle-mêle avec lui dans la ville, dont ils furent bientôt maîtres. Ce jour fut témoin, sur la mer Rouge et le Nil, des derniers triomphes qui nous assurèrent la possession entiere de l'Egypte.

L'ennemi laissa cent hommes morts sur le

champ de bataille, parmi lesquels quinze Anglais.

Nous n'eûmes qu'un homme tué, et trois blessés.

Les Anglais voulant empêcher les bâtiments de commerce de rester dans le port, d'où le combat les avoit éloignés, mirent aussitôt le feu à l'un d'eux, qui en sortant avoit échoué dans le canal hors de la portée du canon de la place. Le lendemain et les jours suivants ils en brûlerent huit autres qui cherchoient à revenir dans le port.

En détruisant ainsi toute la fortune des hommes qu'ils faisoient battre pour eux la veille, en les abandonnant, les Anglais nous rallierent bientôt des habitants, surpris de trouver autant de générosité dans les procédés de leurs vainqueurs qu'ils avoient éprouvé de perfidies de la part de leurs alliés.

Cette expédition terminée avec tous le succès qu'on pouvoit en attendre, le chef de brigade Lambert ramena au Kaire une partie des troupes qui y avoient été employées. Il y arriva le 5, au moment où les osmanlis l'évacuoient.

Le général Kleber fut très satisfait de la bravoure des troupes, et de la conduite de leurs chefs.

Deux jours furent employés à détruire les barricades et fortifications de l'ennemi dans l'intérieur de la ville.

Le 7, le général en chef fit réunir dans la plaine

de la Coubé les troupes de toutes armes qui restoient au Kaire.

Il s'y rendit, suivi des beys Osman-Bardissi, et Osman-Ascar, qui virent avec admiration les différentes manœuvres que le général fit exécuter aux troupes après les avoir passées en revue, et leur avoir donné les éloges que leur avoit mérité leur conduite courageuse.

Nous fîmes ensuite une entrée victorieuse dans la ville au bruit des décharges répétées de l'artillerie de l'armée et des forts, pour célébrer les succès qui nous assuroient entièrement la possession du pays. Cette entrée triomphante eut plus de deux cent mille témoins.

Il manque à la valeur des troupes, à la bravoure et à l'habileté des généraux le juste tribut d'éloges que leur réservoit le chef illustre dont l'énergie et les talents ont si rapidement terminé cette conquête célebre.

Les états ci-joints de promotions méritées que fit le général en chef, et de ceux qui ont eu des récompenses particulieres, ne feront connoître au gouvernement que ceux auxquels il a été possible de donner des témoignages ostensibles de satisfaction.

Ce qui pourroit être dit des autres suppléeroit trop foiblement aux citations honorables que le général Kleber avoit intention de faire dans son rapport de tous ceux dont il avoit lui-même apprécié le mérite et les actions dans cette mémorable campagne.

Les finances faisoient l'objet des plus vives sollicitudes du général en chef. La soumission entiere du pays lui permit d'y donner ses soins : il sentit la nécessité de prendre lui-même connoissance de toutes les sources des revenus publics, recueillit des instructions de ceux qui avoient fait une étude particuliere du pays, et donna la plus grande attention au premier travail. Il ne tarda pas à reconnoître que plusieurs branches de revenu avoient été ignorées, et qu'on pouvoit tirer le parti le plus avantageux de ces nouvelles ressources. Mais il ne suffisoit point d'assurer les fonds des dépenses ordinaires, on avoit des dettes considérables à acquitter, et les besoins de l'armée étoient pressants et immenses.

Les villes de Boulac et du Kaire, effrayées de nos conquêtes, attendoient dans la consternation le châtiment du vainqueur. Les circonstances étoient favorables pour leur faire payer une contribution extraordinaire qui pût combler le déficit.

Douze millions, payables moitié en nature et moitié en numéraire, furent imposés sur le commerce de cette ville et les riches habitants qui avoient pris le plus de part à l'insurrection.

Cette ressource fournissoit le moyen de mettre la solde au courant, et d'acquitter la dette arriérée en donnant le temps d'effectuer successivement la rentrée des contributions.

La situation politique et militaire de l'armée devint tout autre dès ce moment; de deux puissants ennemis que nous avions eu à combattre, l'un étoit totalement détruit, et il ne restoit assez de forces à l'autre que pour les employer à notre avantage. Nous venions de former avec ce dernier une alliance d'autant plus solide qu'elle étoit à la fois utile pour nous par l'effet moral qu'elle produisit sur les habitants, et nécessaire à notre allié par l'existence tranquille qu'elle lui assuroit dans son pays, où, depuis deux ans d'une guerre continue, il n'avoit pas joui du moindre repos.

Le peuple d'Egypte, qui peu de temps avant croyoit notre perte certaine, nous regardoit alors comme les maîtres absolus d'un pays dont aucune puissance ne pouvoit plus nous forcer à sortir.

Mourâd-bey, qui s'honoroit par-tout du titre de notre ami, en se disant un général français, contribuoit beaucoup à fortifier cette opinion.

L'état des finances étant amélioré tout-à-coup, le général en chef commença aussitôt à faire acquitter la solde de l'armée, et les dettes arriérées de tous les services, pour les dépenses desquels il restoit encore d'assez grandes ressources; il fit travailler aussi avec la plus grande activité aux fortifications du Kaire, des places et des côtes de l'Egypte, dont il avoit arrêté le système général de défense.

Avant le départ de Mourâd-bey pour la haute Egypte, le général Kleber qui vouloit avoir avec lui un entretien dans lequel il pût apprécier ses intentions et lui faire connoître les siennes sur les intérêts qui les lioient contre leurs ennemis communs, eut, le 10 floréal, une entrevue avec ce bey dans la maison Gaziret. Ils conférerent longuement sur leur situation respective, l'avantage de leur alliance, et finirent par se donner les témoignages de l'union la plus franche.

Après avoir assuré Mourâd-bey de sa bienveillance et de son amitié, le général en chef en reçut les promesses les plus expressives d'attachement et de fidélité à l'exécution du traité : les preuves répétées qu'il en a données attesterent assez depuis sa bonne foi.

Ici se termine le rapport des faits antérieurs à la mort du général Kleber. Telle étoit la situation dans laquelle il avoit rétabli l'armée, lorsqu'un coup aussi affreux qu'inattendu l'enleva aux braves dont il étoit chéri.

Pour copie conforme.
Le général en chef,
Signé Ab. J. Menou.

OBSERVATIONS

SUR

LA CONVENTION D'ÊL-A'RYCH.

La mauvaise foi et la perfidie, quels que puissent être leurs succès, échappent rarement à la réprobation publique; mais comme le malheur de s'être trompé à son préjudice est en même temps un objet de censure et un sujet de honte, et comme les revers éclatants sont singulièrement propres à exciter et à fixer l'attention générale, on peut être assuré que quand les hommes sont appelés à juger des actions que la morale a proscrites et que la fortune a punies, ou des entreprises qui portent dans leurs motifs et dans leurs résultats le double caractere de la mal-adresse et de la déloyauté, rien ne peut soustraire leurs auteurs à l'opprobre qu'ils ont mérité.

Le gouvernement anglais a violé la convention d'êl-A'rych. Les suites de cet évènement ont fourni à l'armée d'Egypte l'occasion de se montrer supérieure à elle-même, et ont affermi dans les mains des Français la possession d'une intéressante colonie. Les Anglais vouloient porter un coup mortel au commerce extérieur de la France, et ils n'ont fait qu'intéresser de plus en plus la France à conserver une possession qui est le prix de deux honorables conquêtes, et qui peut compenser pour elle le désordre et la perte de ses autres colonies. Ils vouloient humilier une des plus braves armées de l'univers, et ils l'ont mise à portée de se couvrir de gloire. Ils vouloient se soustraire à l'obligation d'entretenir dans les mers du Levant des croisieres dispendieuses, et le Levant est devenu plus que jamais pour eux l'objet de leur jalouse sollicitude. Ils vouloient se faire un mérite auprès de la Porte de lui livrer sans défense une armée de vainqueurs, et ils ont livré au fer de ces vainqueurs l'armée innombrable de leur allié.

Un tel contraste entre les vues et les résultats seroit à lui seul un sujet amer de confusion et de douleur. Quelle doit en être l'impression, quand à la mortification d'avoir manqué de prévoyance et de discernement, se joint le regret humiliant de s'être rendu coupable d'une bassesse sans succès?

Les ministres anglais ne cessent de faire retentir les tribunes du parlement de vaines dénégations et de frivoles apologies. Les journaux qui leur sont dévoués, les notes officielles de leurs ministres, les proclamations royales enfin, sont remplies d'explications, de justifications, de récriminations contre la France. Ce n'est pas la France qui accuse le gouvernement anglais, c'est l'Europe entiere; ce n'est pas à la France à rendre compte de la violation de la convention d'él-A'rych; cette violation avoit pour objet de faire périr une de ses armées; cette violation a surpris l'armée française au moment où elle achevoit d'évacuer l'Egypte, et quand elle n'avoit plus ni places fortes ni choix de positions militaires, quand elle étoit enfin réduite à l'espace qui renfermoit son camp pour se défendre.

Tel est le véritable aspect de la question. La convention d'él-A'rych n'étoit-elle pas violée, quand les Français ont repris les armes? A cette époque cette convention n'étoit-elle pas devenue, par la conduite de l'amiral Keith, un piege tendu à la loyauté des Français? A la faveur de ce piege l'armée française n'avoit-elle pas livré à ses ennemis tous les puits du désert, toutes les places fortes qui en défendent les débouchés, Cathiéh, Saléhié, Belbeys, Damiette? Ne devoit-elle pas remettre aux Turks dans deux jours la citadelle du Kaire, qu'elle avoit déja désarmée, dont les canons avoient déja descendu le Nil pour être embarqués avec elle? Pouvoit-elle donner des preuves plus franches, plus généreuses de sa confiance et de sa bonne foi? devoit-elle s'attendre que, près du moment où toutes les obligations qu'elle avoit contractées seroient accomplies, l'ennemi débuteroit par refuser de remplir les siennes? ce refus n'étoit-il pas aux yeux de l'armée française la démonstration manifeste de la perfidie du gouvernement anglais? ne signaloit-il pas la rupture d'une convention qui avoit été sacrée pour elle? et quel que fût le motif de ce refus, n'imposoit-il pas tout à la fois aux Anglais et aux Turks de rétablir les choses dans l'état où elles étoient avant la convention? L'armée française n'a-t-elle pas été forcée de reprendre par des prodiges de valeur et de bonne conduite militaire les avantages que sa bonne foi lui avoit fait perdre? Enfin, si la bataille livrée sous les murs du Kaire avoit été donnée à Cathiéh, un seul ennemi se seroit-il échappé du combat? ou, s'il avoit cherché son salut dans la fuite, auroit-il, dans cette position, trouvé près du champ de bataille un asyle tel que celui que lui a ouvert le Kaire, dont il s'est emparé, dont il a soulevé l'immense population, et où l'armée française a été forcée de faire le siege de chaque quartier, de chaque maison, de chaque rue ?

La question présentée sous ces divers points de vue ne laisse certainement lieu à aucun doute; mais, sous quelque point de vue qu'on la discute, on arrive nécessairement aux mêmes résultats. Aussi les ministres anglais ont-ils soin de mettre cette question hors de discussion. Leur demande-t-on des explications ? ils déclament. Leur adresse-t-on de vifs reproches sur les conséquences du refus absolu de l'amiral anglais de laisser embarquer l'armée française ? ils injurient l'armée française. Sont-ils pressés sur les pouvoirs donnés au commodore Sydney-Smith, sur ses instructions, sur les ordres expédiés au commandant des forces navales de la Méditerranée ? ils se renferment dans le privilege de leur office.

Assurément, si l'opinion générale étoit aussi passive, et l'histoire aussi crédule que les membres du parlement d'Angleterre, il seroit extrêmement facile aux ministres de cette nation de manquer impunément de prudence, de bienséance, et de loyauté. Mais il en est autrement : l'opinion générale et l'histoire n'établissent leurs jugements que sur des raisonnements et sur des faits. Nous allons leur en fournir.

Nous croyons, avant tout, devoir faire précéder ce développement de la transcription d'une lettre de sir Sydney Smith, à bord du vaisseau le Tigre, devant

Damiette, au général Kleber. Elle est datée du 26 octobre 1799.

N° PREMIER.

A bord du vaisseau de S. M. britannique le Tigre. Devant Damiette, le 26 octobre 1799; reçue le 5 brumaire.

Monsieur le général,

La lettre que le général Bonaparte a écrite à son excellence le suprême vizir, en date du 17 août (30 thermidor), ainsi que celle que vous lui avez adressée, en date du 17 septembre (premier jour complémentaire), demandent une réponse; et comme la Grande-Bretagne n'est pas auxiliaire, mais bien puissance principale dans la question à laquelle ces lettres ont rapport, depuis que les cours alliées ont stipulé entre elles de faire cause commune dans cette guerre, je puis y répondre sans hésitation dans les termes du traité d'alliance signé le 5 janvier dernier.

« Par l'article premier, sa majesté britannique, déjà liée
« à sa majesté l'empereur de Russie par les liens de la plus
« stricte alliance, accede, par le présent traité, à l'alliance
« défensive qui vient d'être conclue entre S. M. l'empe-
« reur ottoman et celui de Russie. Les deux hautes par-
« ties contractantes promettent et s'engagent de s'en-
« tendre franchement dans toutes les affaires qui intéresse-
« ront leur tranquillité et leur sûreté réciproque, et de
« prendre d'un commun accord les mesures nécessaires
« pour s'opposer à tous les projets hostiles contre elles-
« mêmes, et pour effectuer la tranquillité générale. Par

« l'article II, elles se garantissent mutuellement leurs pos-
« sessions, sans exception. S. M. britannique garantit toutes
« les possessions de l'empire ottoman, sans exceptions,
« telles qu'elles étoient immédiatement avant l'invasion des
« Français en Egypte, et réciproquement. Par l'art. V,
« une des parties ne fera ni paix ni treve durable, sans y
« comprendre l'autre et sans pourvoir à sa sûreté; et en cas
« d'attaque contre l'une des deux parties, en haine des sti-
« pulations de ce traité, ou de leur exécution fidele, l'autre
« partie viendra à son secours de la maniere la plus utile, la
« plus efficace, et la plus conforme à l'intérêt commun,
« suivant l'urgence du cas. Par les articles VIII et IX, les
« deux hautes parties contractantes se trouvant actuelle-
« ment en guerre avec l'ennemi commun, elles sont con-
« venues de faire cause commune, et de ne faire ni paix ni
« treve que d'un commun accord; promettant de se faire
« part l'une à l'autre de leurs intentions relativement à la
« durée de la guerre et aux conditions de la paix, et de
« s'entendre à cet égard entre elles. »

D'après cet arrangement, monsieur le général, vous pouvez croire que le gouvernement ottoman, célebre de tout
temps par sa bonne foi, ne manquera pas d'agir de concert
avec la puissance que j'ai l'honneur de représenter.

L'offre faite de laisser le chemin libre à l'armée française
pour l'évacuation de l'Egypte a été méconnue jusqu'ici.

Cette proclamation vient de m'être confirmée par son
excellence le reys effendy, par le nouvel envoi qu'il m'a fait
d'un paquet de sa main et de celle du premier drogman de
la Porte, comme vous le verrez par quelques exemplaires
que vous trouverez ci-inclus. On est encore à temps de profiter de cette offre générale; mais que l'on n'oublie pas que
si cette évacuation du territoire ottoman n'étoit pas per-
mise par l'Angleterre, le retour des Français dans leur patrie seroit impossible. Comment peut-on espérer de trouver

des moyens de transporter une armée dont la flotte est détruite, sans le secours et le consentement des puissances alliées, et cela dans un temps où des insultes et des provocations multipliées du gouvernement français laissent à peine une puissance neutre en Europe?

Cependant on ne doit pas inférer de là que je sollicite l'armée française d'accepter un bienfait. Le commerce britannique aux Indes, comme partout ailleurs, est à l'abri de toute tentative funeste de la part de la république française; et la mort de Tipoo sultan, qui a eu le malheur de céder aux insinuations du directoire et de ses émissaires, a été le terme de ses cruautés et de son empire. L'armée d'Orient reste dans le point de communication entre les deux mers dont nous sommes les maîtres.

Notre seule raison de desirer l'évacuation de l'Egypte par les Français, est que nous sommes *garants de l'intégrité de l'empire ottoman*; car si les forces employées aujourd'hui ne suffisoient pas pour exécuter cet article du traité, les puissances alliées ont promis d'employer des moyens suffisants. On leur prête gratuitement les principes envahisseurs du directoire; mais elles prouveront aux Français en Egypte, comme elles l'ont appris à ceux de l'Italie, que leur bonne foi et leurs moyens vont de pair, quand il s'agit de se venger mutuellement lorsqu'elles sont outragées.

L'armée française ne peut tirer aucun parti de l'Egypte, sans commerce; son séjour ne fera qu'aggraver ses propres maux, prolonger les souffrances des nombreuses familles françaises réparties dans les diverses échelles du Levant, tandis que, d'un autre côté, *l'état de guerre avec la Porte ottomane* répand le discrédit et la misere sur tout le midi de la France.

L'humanité seule dicte cette offre renouvelée aujourd'hui : la politique actuelle de l'Europe sembleroit peut-être exiger sa rétractation; *mais la politique des Anglais est* de tenir leur parole, quand même cette tenacité pourroit nuire à leurs intérêts du jour.

La paix générale ne peut jamais avoir lieu avant l'évacuation de l'Egypte : elle pourroit être accélérée par la prompte exécution de ce préliminaire à toute négociation ; mais vous devez sentir, monsieur le général, que ce n'est pas *dans un endroit aussi éloigné du siege des gouvernements respectifs, qu'une affaire de cette nature et de cette importance peut être même entamée.*

Je me félicite, monsieur le général, de ce que cette occasion me met à même de vous témoigner l'estime que j'ai pour un officier aussi distingué que vous, et de me flatter que nos *communications officielles*, basées sur la franchise du caractere militaire, n'auront rien de cette aigreur et de ce ton de dépit qui ne doivent pas entrer dans des rapprochements de ce genre.

J'ai l'honneur d'être avec une haute considération,
monsieur le général,
votre très humble et très obéissant serviteur,

SIDNEY SMITH,
ministre plénipotentiaire de S. M. britannique, près la Porte ottomane, commandant son escadre dans les mers du Levant.

Cette lettre est un fait que les ministres anglais n'ont pas cru devoir offrir à la curiosité exigeante des membres de l'opposition.

Les raisonnements qui se présentent naturellement à la lecture de cette piece sont simples.

D'abord le commodore Sidney Smith s'intitule *ministre plénipotentiaire de sa majesté britannique*; dans une autre de ses lettres (nous la publions ici ; elle forme le n° 23 de la collection) il cite en preuve de ses pouvoirs le traité de la triple alliance du 5 janvier, *qu'il a été*, dit-il, *autorisé à faire*. Un ministre qui a été chargé d'unir trois grands empires dans un concert de mesures hostiles, qui a eu la mission d'effectuer l'association monstrueuse de la Porte et de l'Angleterre contre la France, peut-il être supposé avoir manqué de pouvoirs nécessaires pour traiter de l'évacuation d'une province et du transport libre d'une armée? une telle supposition est hors de vraisemblance.

Dans la lettre que nous venons de transcrire, Sidney-Smith dit positivement que la Porte ne manquera pas d'agir de concert avec la *puissance qu'il a l'honneur de représenter*. Il établit le droit qu'a l'Angleterre d'intervenir dans la négociation relative à l'évacuation, droit fondé d'abord sur ce qu'il prétend qu'elle n'est pas *puissance auxiliaire*, mais *puissance maritime*, dans la question de la possession de l'Egypte, et ensuite sur le fait de la faculté que sa marine lui donne d'empêcher le transport de l'armée française, si elle juge nécessaire de s'y opposer.

Il est impossible de mieux établir tout à la fois, et le fond de la discussion, et les intérêts respectifs des parties, et le caractere des agents diplomatiques chargés de stipuler pour leurs gouvernements respectifs.

Ces déclarations se reproduisent dans toute la suite de la correspondance des négociateurs. Nous en publierons la plus grande partie, pour que l'Europe et la postérité puissent juger sur ce point avec connoissance de cause entre les accusations qui sont portées contre le ministere anglais et ses dénégations. Nous donnerions cette correspondance tout entiere, si les pieces que nous en extrairons ne suffisoient pas pour remplir cet objet.

On verra dans ces pieces que le ministre plénipotentiaire anglais a tout fait pour inspirer la confiance que l'on ne pouvoit refuser à son caractere officiel ; qu'il a fourni et discuté lui-même ses titres ; qu'il a indiqué les bornes précises de ses pouvoirs, qui étoient sans limites dans ce qui avoit rapport à l'Egypte et à la Porte, qui n'étoient restreints que pour ce qui étoit relatif au traité du 5 janvier et à la paix générale. (Voyez les pieces n° 1, 14 et 28.)

On verra en même temps que sa confiance sur sa double position comme militaire et comme négociateur paroissoit entiere ; que celle des Turks et des Français sur ce point dut être et fut en effet sans réserve, et que le gouvernement anglais, en désabusant tout à la fois ses alliés, ses ennemis, ses propres agents, par la violation des engagements contractés en son nom, a manqué à tous les devoirs que les lois de la guerre, le droit public, et le droit des gens imposent à tous les gouvernements des nations civilisées. Tel est l'objet de cette publication.

Après cette lecture, tout homme impartial ne trouvera-t-il pas étrange que M. Dundas ait osé dire au parlement, le 8 juillet 1799 (voyez la piece n° 47) que « sir
« Sidney Smith n'étoit en Turkie qu'un officier subor-
« donné et sans instructions pour traiter avec un géné-
« ral français ; que l'Angleterre n'avoit pas été partie
« dans ce traité, et que le gouvernement anglais ayant
« eu la nouvelle des premieres négociations ouvertes
« entre le grand-vizir et le général français ; (ces nou-

« velles n'avoient pas fait mention de Sidney Smith),
« dût juger qu'il ne falloit pas permettre à l'armée déli-
« vrée de tenter quelque autre invasion en Europe. »

Comment accorder le titre donné par M. Dundas à sir Sidney Smith avec la signature de ce négociateur, avec des pouvoirs pour négocier la triple alliance, avec le traité du 5 janvier ?

Comment, avant la convention, sir Sidney Smith étoit-il ministre plénipotentiaire de la puissance principale, ardent promoteur de la négociation, et comment, après la violation de la convention, l'Angleterre est-elle devenue étrangere à la négociation et au traité, et le ministre plénipotentiaire de l'Angleterre un officier subordonné, sans instructions et sans pouvoirs ?

Mais, dans le même discours, M. Dundas n'est pas seulement en contradiction avec les actes de Sidney Smith, il l'est encore avec lui-même. Il dit plus loin : *Je remarquerai que jamais personne n'a été autorisé à traiter avec Kleber à d'autres conditions que celles qui sont énoncées dans la lettre du lord Keith.* Sir Sidney Smith a donc été autorisé à traiter avec le général Kleber ; l'Angleterre n'a donc pas été étrangere à la convention ; sir Sidney Smith est donc quelque chose de plus qu'un officier subordonné. Mais, ce qui suit est remarquable ! « Cependant, dit M. Dundas, dès qu'il
« fut connu dans ce pays qu'un officier anglais avoit
« accordé protection à l'armée française, qu'avec les
« moyens de l'écraser, il avoit bien voulu s'interposer
« pour sa délivrance, le gouvernement, sans tenir à ses
« propres intérêts ni à ses opinions, a envoyé des or-
« dres pour acquiescer au traité conclu avec la Porte ;

« et il est probable que, dans ce moment, l'armée fran-
« çaise recueille les fruits de cette condescendance. »

Pour que le véritable sens des pensées qui occupoient M. Dundas quand il a prononcé son discours soit bien rendu, il faut que ces phrases arrogantes soient ainsi traduites :

« Cependant, dès qu'il fut connu dans ce pays que sir
« Sidney Smith avoit réussi à engager le général Kleber
« et la Porte dans une négociation ; dès qu'on eut lieu
« de présumer que le résultat de cette négociation seroit
« l'évacuation volontaire de l'Egypte par l'armée fran-
« çaise ; dès qu'on put croire que cette armée, avec les
« moyens d'écraser ses ennemis, entraînée par la con-
« fiance dans la loyauté des négociateurs anglais et dans
« le droit des nations, avoit repassé le désert, avoit
« ouvert aux Turks les portes de l'Egypte, leur avoit
« livré les places fortes, avoit évacué la presque totalité
« du territoire, et s'étoit laissée traquer dans le Delta;
« enfin dès qu'il parut vraisemblable que cette malheu-
« reuse armée, affoiblie par les Turks et cantonnée par
« les vaisseaux anglais, se laisseroit forcer dans de foi-
« bles et derniers retranchements, ou s'exposeroit à être
« exterminée sur le rivage ensanglanté de la mer d'E-
« gypte ! alors le gouvernements ne crut pas devoir à ses
« intérêts ni à ses opinions de défendre à son amiral de
« laisser passer les deux ou trois cents malheureux qui,
« dans les horreurs d'un massacre prémédité, pour-
« roient échapper au feu de nos vaisseaux et au fer des
« Ottomans, des mamloùks, et des Arabes. »

Cette interprétation de la pensée des ministres anglais se trouve parfaitement expliquée par la mission de Morier, secrétaire de lord Elgin, ambassadeur anglais près la Porte. Cet agent a laissé dans ses papiers l'aveu de cette mission. Il s'agissoit de porter sir Sidney Smith à favoriser l'exécution de ce qu'il appelle naïvement une *ruse de guerre relativement à l'évacuation de l'Egypte, par les Français*. Après une convention solennelle et dans le cours de cette exécution, que pouvoit être cette ruse de guerre, qui devoit naturellement répugner à la loyauté d'un militaire, sous quelque gouvernement qu'il serve, et qui répugna en effet à celle de sir Sidney Smith; que pouvoit-elle être, dis-je, sinon la *destruction de cette perfide armée qui*, selon M. Dundas, *devoit servir d'exemple*, et que ce ministre auroit reproché à lord Elgin *d'avoir laissé revenir sur le rivage où elle s'embarqua?*

Du reste la correspondance interceptée de cet agent ajoute aux preuves déja acquises des pouvoirs donnés à Sidney Smith. Le commodore explique lui-même à Morier les motifs *du titre qu'il a reçu de lord Grenville, et du droit qu'il lui a conféré de représenter son gouvernement*, et l'agent du lord Elgin nous apprend que ces pouvoirs étoient l'objet de la jalousie secrète de l'ambassadeur, et donne à conclure que la *ruse de guerre* projetée par celui-ci avoit pour but de se remettre en mesure auprès de son gouvernement, d'effacer par un service plus signalé la gloire que l'évacuation tranquille de l'Egypte par l'armée française avoit acquise au négociateur d'él-A'rych, et de se rendre enfin recommandable aux yeux des ministres par la violation d'un traité et l'extermination d'une armée ennemie.

Sir Sidney Smith, il faut le dire, a fait preuve de plus de bonne foi dans cette circonstance qu'il n'en montra quand, par une intrigue peu digne d'un militaire qui se respecte, il écrivit au général Dugua, commandant alors en Egypte, pour lui proposer de repasser en France avec ses troupes pendant que le général en chef étoit en Syrie. Au moins est-il incontestable qu'ici il montre plus de discernement et de sagacité. Dans la discussion qui eut lieu entre cet officier et l'agent de lord Elgin, le commodore ne dissimule pas que la ruse de guerre *n'aboutiroit qu'à remettre en Egypte les choses dans l'état où elles étoient précédemment.* Il connoissoit mieux que M. Dundas, et les lords Elgin et Keith, la bravoure de l'armée française; il savoit que, dans quelque lieu qu'elle fût resserrée, son courage indomtable lui serviroit de retranchement; que toutes les armées de l'Orient viendroient échouer contre sa résistance; qu'elle repousseroit la foule de ses ennemis; et qu'elle feroit une seconde fois la conquête d'un pays que la perfidie seule pouvoit lui ravir. Le caractere personnel de sir Sidney Smith sert ici à expliquer les vils et sinistres projets de ses supérieurs, en même temps qu'il offre un contraste frappant avec leur caractere.

Ils ont répété à toutes les séances du parlement que sir Sidney Smith n'avoit ni pouvoirs, ni instructions, ni caractere. Qu'ils relisent donc ses lettres; ils verront, sous la date du 9 janvier, qu'il parle de l'impossibilité où il est, *comme militaire, de consentir,* etc. et de *son inclination d'aller aussi loin que l'étendue de ses pouvoirs peut le permettre.* Ailleurs, sous la même date, il dit que *ses instructions l'ont autorisé à faire et à exécuter le traité du 5 janvier.* Il détaille les motifs qui rendent impossible *son acquiescement aux premieres propositions du général Kleber*, qui en effet ne s'accordoient pas avec les clauses du traité. Ailleurs, sous la date du 30 janvier, il annonce qu'il *prévient l'amiral Blanket, commandant les forces britanniques dans la mer Rouge, de la convention conclue et échangée, pour qu'elle serve de regle à sa conduite.* Ailleurs enfin il cherche à prévenir toute inquiétude, et il déclare, sous la même date, qu'on *ne peut supposer nulle surprise dans cette affaire.* (Voyez les pieces ci-après.)

On étoit loin en effet de supposer une surprise (voyez ci-après les lettres des généraux et des négociateurs français) ; et l'étonnement et l'indignation de l'armée française durent être portés à leur comble quand le lord Keith fit connoître les ordres qu'il avoit reçus. La lettre que sir Sidney Smith écrivit à cette occasion le 8 mars (voyez ci-après le n° 45) montre quelle impression la publication de ces ordres fit sur son esprit. Dans cette lettre on trouve une preuve surabondante, non seulement de ses pouvoirs, mais même des instructions qu'il avoit reçues pour traiter. « Je me suis rendu, dit-il au citoyen Poussielgue, de-
« vant Alexandrie pour vous faire part, d'une maniere
« détaillée, des obstacles que mes supérieurs ont mis
« à l'exécution de toute convention de la nature de
« celle que j'ai cru devoir admettre, n'ayant pas alors

« reçu les *instructions contraires* qui me sont parvenues
« en Chipre le 22 février, en date du 10 janvier. »

Cette derniere citation nous semble expliquer irrécusablement et les desseins du ministre anglais et les principes politiques qui lui ont servi de regle.

Il est évident, 1° que de premieres instructions ont autorisé sir Sidney Smith à traiter avant qu'il reçût des *instructions contraires* le 10 janvier. M. Dundas, en restreignant l'aveu de leur étendue, sans prouver cette restriction par l'exhibition matérielle des pieces, a au moins suffisamment constaté l'existence des premieres instructions.

2° Qu'à l'époque du 10 janvier le gouvernement anglais ayant intercepté des lettres d'Egypte, et s'étant fait, sur les récits et les plaintes de quelques mécontents, une fausse idée de la foiblesse de l'armée française, crut convenable de restreindre les premieres instructions données à sir Sidney Smith par des *instructions contraires*.

Cette correspondance a été publiée à Londres par l'ordre exprès du gouvernement anglais, le 13 janvier, et forme une brochure de 48 pages.

3° Qu'alors M. Dundas se flatta que *cette armée, dont l'intérêt du genre humain demandoit la destruction, harcelée sur tous les points, luttant contre les maladies et l'influence du climat, seroit réduite enfin à implorer la protection d'un officier anglais, et qu'il ne resteroit plus qu'à décider s'il falloit condescendre à l'interposition de cet officier pour la délivrance de l'armée française.*

(Séance du parlement du 8 juillet 1800.)

4° Que les ministres anglais ont pensé qu'en supposant que sir Sidney Smith eût fait usage de ses premieres instructions, et qu'un traité en eût été la suite, il étoit extrêmement simple d'en désavouer la part qu'il y avoit eue, de ne plus voir en lui un négociateur, mais un officier subordonné, et de dire qu'il avoit agi sans instructions et sans pouvoirs.

5° Que, dans cette supposition, il leur a paru cependant convenable de tirer un parti avantageux des circonstances; qu'avec une double ambassade il leur a semblé utile d'avoir une double foi; que l'agence de sir Sidney Smith étant propre à faire évacuer l'Egypte par l'armée française, ils ont cru pouvoir faire servir l'agence de lord Elgin à un autre usage; que le droit acquis aux Turks par la convention d'él-A'rych devoit être respecté jusqu'à ce qu'ils eussent passé le désert et se fussent rendus maîtres de l'Egypte; mais que l'armée française étant une fois hors du Kaire, *la ruse de guerre* des lords Elgin et Keith devoit remplacer le droit politique de la convention d'él-A'rych, et qu'il falloit que cette convention, et la foi publique, et le droit des nations, et l'armée française, fussent immolés à la fois par les efforts combinés des soldats du grand-vizir et de la marine anglaise.

Cette question nous paroît épuisée. Nous l'avons traitée dans la supposition bien prouvée que Sidney Smith étoit négociateur autorisé à stipuler pour l'Angleterre avec le chef de l'armée française. Il nous reste à la discuter dans la fausse hypothese que cet officier n'eut aucun pouvoir spécial, et qu'il ait négocié indépendamment de toute instruction ministérielle.

Dans cette hypothese même le ministre anglais seroit sans excuse ; rien ne pourroit le disculper du crime d'avoir fait verser tout le sang qui a été répandu en Egypte par une suite des ordres qu'il a donnés à l'amiral Keith.

Il y a sur ce point deux vérités de théorie politique à établir : la premiere, c'est que, dans la position où s'est trouvé Sidney Smith, commandant les troupes de débarquement, dirigeant par ses officiers l'attaque et la défense des places, concourant avec ses soldats à toutes les mesures militaires de l'armée turke, il avoit le droit de traiter pour les intérêts des corps qui étoient sous ses ordres, sans autre autorisation que celle de son grade, et celle des circonstances de son éloignement du siege de son gouvernement.

La deuxieme, c'est que, dans les rapports que le traité du 5 janvier avoit établis entre la Porte, la Russie, et l'Angleterre, le grand-vizir combattant sur son territoire et pour l'objet de réintégrer dans l'empire ottoman une de ses provinces conquises par l'armée française, avoit le droit de traiter seul, dans l'absence et contre le gré même de ses alliés, et que les conditions convenues devenoient une loi que l'Angleterre et la Russie ne pouvoient violer sans injustice.

Tel est le double aspect de la question dégagée de la discussion des pouvoirs diplomatiques de sir Sidney Smith, que nous ne considérons plus ici que comme un simple incident. Discutons d'abord la premiere de ces deux propositions : elle peut se présenter ici sous la forme d'une proposition générale. Deux officiers chargés du commandement, et combattant dans un pays éloigné du siege de leur gouvernement, doivent-ils attaquer ou se défendre jusqu'à extinction de forces? Faut-il que l'une ou l'autre armée se rende à discrétion ou soit exterminée? Et si des autorisations spéciales ne viennent pas mettre des deux côtés un terme aux efforts qu'ils font pour se détruire, le droit public n'assure-t-il pas une garantie à un accord que des dispositions plus humaines doivent naturellement inspirer à l'un et l'autre pour arrêter une effusion inutile du sang humain?

Énoncer ainsi la question, c'est la résoudre : il faut le dire, le droit public n'est pas un code écrit. Quand on parle de ses regles, on entend par là des principes qui sont aussi obligatoires que les lois écrites, et qu'il est aussi facile de reconnoître et de confronter avec les faits que si ces principes étoient textuellement proclamés dans une langue, et traduits dans toutes les autres; la notoriété de ces regles est aussi-bien établie que leur justice, parcequ'elles sont fondées sur toutes les idées de l'équité naturelle et sur tous les sentiments de l'humanité.

Un de ces principes est que, dans une position donnée, *tout ce qui est nécessaire pour atteindre au but qu'on se propose dans la guerre sans répandre inutilement le sang des hommes, est juste*, et que méconnoître la force obligatoire des engagements contractés dans cette vue est non seulement une injustice, mais un acte inhumain et barbare.

Sans doute, si les nations se concertoient jamais pour rédiger un code général des principes du droit public, elles ne manqueroient pas d'insérer dans ce code le principe élémentaire et fondamental que nous venons d'énoncer ; mais parceque ce concert n'a jamais eu et n'aura jamais lieu, s'ensuit-il que les principes qu'il consacreroit n'ont point d'empire sur les gouvernements et sur les peuples ; et la sanction de la morale, de la nature, et de l'intérêt général, qui sont les bases du droit politique, ne les a-t-elle pas suffisamment consacrés ?

Dans ces sortes de discussions, la regle pour juger de l'autorité morale et politique d'un principe se prend d'abord des idées de bon sens et d'équité qui lui servent de motifs et de base, et ensuite de l'examen des conséquences que sa violation peut entraîner. Or examinez quelle suite peut avoir la violation de celui que nous avons exprimé ; et, pour venir au point de la discussion, examinez la conduite qu'au mépris de ce principe le gouvernement anglais a tenue dans cette circonstance, et jugez-la par ses conséquences.

Une conséquence inévitable de la conduite du gouvernement anglais relativement à l'armée d'Egypte est qu'à l'avenir, dans toutes les parties éloignées de l'Europe où l'Angleterre portera ses armes, aucun commandant ennemi de l'Angleterre ne pourra se confier à des engagements contractés avec ses officiers. Dans l'incertitude de l'exécution de ces engagements, sa sûreté personnelle, celle de ses soldats, l'honneur et le devoir lui feront une loi de s'obstiner à la plus opiniâtre défense, de fermer l'oreille à toute proposition modérée, et de porter les efforts de la résistance jusqu'au dernier terme.

Il ne sert de rien d'objecter que, dans une position d'infériorité de forces bien constatée par de constants revers, le devoir d'un commandant est de céder à la loi de la nécessité, et de se rendre prisonnier avec les soldats qu'il a sous ses ordres. Ici la perspective même du sort réservé aux prisonniers est enlevée au courage du vaincu; car la maxime, inouie jusqu'à ce jour, qui a servi de regle au gouvernement d'Angleterre, ne subordonne pas tel ou tel traité consenti par un officier anglais, mais toute espece de convention, quelle qu'elle soit, aux déterminations subséquentes de son gouvernement; ensorte que si un jour un corps de troupes françaises, ou allemandes ou russes, stipuloit et obtenoit le libre passage en vertu d'une convention signée par les commandants respectifs, il auroit, comme l'armée de Kleber, tout lieu de craindre que le gouvernement anglais ne le fît arrêter comme prisonnier de guerre; et si la convention portoit que ces troupes fussent prisonnieres de guerre, mais renvoyées avec armes et bagage pour rester inactives dans leur patrie jusqu'au cartel d'échange, elles seroient fondées à craindre d'être retenues dans leur route, privées de leurs armes, et confinées dans les cachots des colonies ou des forteresses éloignées de l'Angleterre. Enfin, si elles partoient sur des transports anglais pour aller attendre dans les prisons d'Angleterre le terme de leur échange, qui peut répondre que le gouvernement anglais ne trouvât trop douces les conditions qui leur auroient été imposées, et ne les considérât et ne les traitât comme des troupes que ses commandants n'étoient autorisés à recevoir qu'à discrétion?

Ces conséquences sont rigoureuses: du moment qu'il est reconnu que le gouvernement anglais s'attribue le droit de refuser ou de donner son aveu à l'exécution d'une convention militaire, il ne peut plus y avoir désormais de sûreté à traiter avec ses officiers. L'exemple de l'évacuation de l'Egypte sera éternellement présent aux yeux de quiconque auroit à négocier avec un commandant anglais ; il faudra qu'il combatte jusqu'à la derniere extrémité, et il n'aura pas même la ressource de compter sur les droits d'une captivité honorable ; il n'aura pas même celle de se rendre à discrétion ; car dans cette hypothese extrême, le vaincu calcule sur ce qu'il doit attendre du caractere personnel de l'ennemi qu'il a combattu. Mais ici les dispositions humaines du vainqueur laissent encore à encourir la chance incertaine de rester à la disposition des amiraux qu'on rencontrera sur son passage, des geoliers auxquels on sera livré, et définitivement à celles des ministres à qui, dans l'enchaînement des principes de cette inique théorie, appartient la sanction des actes de ses commandants, de ses amiraux, et de ses geôliers.

Il faut que l'Europe y prenne garde : le gouvernement anglais a déja porté tant et de si graves atteintes au droit public maritime, qu'il n'en reste plus de traces en Europe. Ce gouvernement a calqué sur ses prétentions un code de lois de la mer, et il l'a ensuite imposé aux neutres comme un système de servitude auquel il a pensé que leur foiblesse et leurs discordes leur feroient une nécessité de souscrire. Cette entreprise est scandaleuse sans doute autant qu'outrageante et injuste ; mais elle est si ancienne, que ses progrès et ses succès n'ont rien qui doive étonner.

Cependant il faut espérer que les gouvernements de

l'Europe se réveilleront, et que les nations guerrieres du continent trouveront étrange que le gouvernement de la nation la moins militaire de l'Europe, qui, depuis long-temps, ne contribue pour sa part aux guerres continentales que par des subsides, par des recrutements d'étrangers soudoyés, et par des défaites signalées, s'arroge le privilege d'établir un nouveau droit de la guerre, s'affranchisse des obligations que les principes reconnus par toutes les nations imposent, et prétende se faire un droit des gens limité selon ses vues, des principes restreints au gré de ses caprices, tandis que toutes les nations se croient liées par un droit et des principes universels, et par des lois que les usages de tous les pays et de tous les temps ont consacrés.

Si la théorie mise en avant par les ministres anglais n'étoit qu'un scandale, comme la conduite à laquelle ils ont cru qu'elle devoit servir de justification, il ne faudroit la combattre que par le blâme et la réprobation de l'opinion publique : mais nous avons dit quelles étoient les conséquences de cette théorie; ces conséquences doivent ouvrir les yeux de tous les peuples et de tous les gouvernements. Il ne s'agit point ici d'un simple acte de déloyauté envers une nation ennemie, et d'une offense faite à une puissance alliée ; il s'agit du droit de la guerre, dont les principes ne sont ignorés que des peuples barbares, et n'ont encore jamais été méconnus des peuples civilisés, parceque ces principes tiennent par de si intimes liens aux lois de l'humanité, à l'honneur des nations, et à cette générosité de sentiments qui caractérisent éminemment la profession militaire, que l'histoire des guerres européennes n'avoit pas offert d'exemple de leur violation, avant celui que le gouvernement d'Angleterre vient d'en donner.

Il nous reste à discuter la seconde proposition que nous avons énoncée. Elle porte que, dans les rapports établis entre la Porte et l'Angleterre par le traité du 5 janvier, le grand-vizir avoit le droit de stipuler seul pour l'évacuation de l'Egypte, et que les Anglais et les Russes ne pouvoient s'opposer à des engagements que le gouvernement ottoman avoit jugé convenable de contracter avec le général français pour l'évacuation de l'Egypte.

On peut voir d'abord dans la citation des articles du traité du 5 janvier, communiqués par sir Sidney Smith au général Kleber, et que nous avons transcrits plus haut, que l'alliance conclue entre la Porte et l'Angleterre est d'un genre spécial. Elle differe de celle précédemment existante entre la Russie et l'Angleterre. Celle-ci, dans le traité du 5 janvier, porte le nom de la plus *stricte alliance*; l'union nouvelle entre la Turkie et l'Angleterre ne porte que le simple nom *d'alliance défensive*. Sir Sidney en fait d'ailleurs la déclaration positive dans une lettre subséquente. (Voyez n° 34.)

En suivant la citation, on voit que les hautes parties contractantes s'engagent à *s'entendre franchement dans les affaires qui intéressent leur sûreté réciproque ;* qu'elles prendront d'un *commun accord* les mesures nécessaires pour s'opposer à *tous les projets hostiles contre elles ; qu'elles se garantissent leurs possessions*, et que l'Angleterre garantit *spécialement* toutes les possessions de l'empire ottoman, etc.

Que signifient cette distinction entre *la plus stricte*

alliance et l'alliance défensive, et cette explication des cas où *la sûreté et la tranquillité* des deux états seroient compromises, et cette insistance de l'Angleterre sur la *garantie expresse* qu'elle promet à l'empire ottoman, après qu'elle s'est déja généralement exprimée deux lignes plus haut sur la garantie réciproque? Il est évident que dans le sens de l'Angleterre, comme dans celui de la Porte, l'objet de l'alliance étoit uniquement relatif au territoire de l'empire ottoman; que le gouvernement anglais n'avoit d'autres vues que de porter les Turks à faire la guerre à la France; que les Turks ne s'engageoient à combattre avec et pour les Anglais que dans cette position particuliere où les deux états avoient un intérêt commun à défendre; que l'Egypte, la Syrie, et peut-être les côtes et les isles de la Dalmatie étant les seuls points de l'univers où les intérêts des deux puissances étoient en contact, tout ce qui s'étendoit au-delà de l'objet de faire sortir les armées françaises de ce pays étoit étranger aux obligations contractées par les Turks, et que dès-lors l'évacuation de l'Egypte étoit l'intérêt fondamental auquel toutes les considérations tirées des obligations et des droits de l'alliance devoient céder.

La Porte avoit le droit d'attendre que les Anglais uniroient leurs efforts aux siens pour arracher l'Egypte aux Français. Elle devoit compter sur une puissante et sincere coopération de leur part; et rien de ce qui étoit relatif à des intérêts distants et particuliers à l'Angleterre ne devoit entrer dans la combinaison de ses mesures. Que l'armée française allât porter son invasion dans d'autres pays, ou qu'elle fût mise hors d'état de rien entreprendre en Europe contre les alliés continentaux de l'Angleterre, cette alternative devoit être indifférente au grand-vizir. Il n'avoit pas garanti au nom de son souverain la Sicile au roi de Naples, l'isle de Malte à l'ordre de ce nom, la Toscane à la maison d'Autriche, et l'Europe entiere à l'influence du gouvernement anglais : le concert auquel il s'étoit engagé ne s'appliquoit ni à la guerre d'Allemagne ni à la guerre d'Italie, mais à la guerre de la Syrie et de l'Egypte. Le grand-vizir enfin remplissoit son objet, celui de la guerre qu'il avoit entreprise, et celui de l'alliance qu'il avoit contractée en rentrant en possession de l'Egypte; et ses obligations ne pouvoient s'étendre au-delà de cet objet.

Il seroit beau de voir que le gouvernement anglais voulût étendre à toutes ses vues les droits qu'il prétend tirer de l'interprétation justificative qu'il donne au traité du 5 janvier. Dans le sens dans lequel il explique l'alliance défensive, la garantie qu'il se croit fondé à exiger de la Porte mettroit sur la même ligne la sûreté des provinces perdues par la Turkie, et celle des colonies envahies par l'Angleterre, toutes les parties menacées de l'empire ottoman, et toutes les parties de l'univers sur lesquelles l'Angleterre peut craindre d'être attaquée par les armées de la France. A ce compte il faudroit que la Porte se vouât à la conservation des trois royaumes, du Canada, des isles de l'Amérique, des Indes orientales, des comptoirs d'Afrique, et des colonies anglaises dans la mer Pacifique : et comme il étoit dans l'ordre des choses possibles que des troupes françaises, en évacuant l'Egypte, pussent être ultérieurement destinées à une entreprise contre quelques unes de ces possessions ; à cette époque et à aucun prix les Turks ne pouvoient, sans l'agrément spécial de l'Angleterre, acheter la remise en possession d'aucune de leurs provinces conquises par les soldats français, à moins qu'ils ne fussent en mesure de faire mettre bas les armes à ces soldats, et de les livrer pieds et poings liés à la merci des amiraux anglais.

Nous avons discuté la question dans toute son étendue et sous tous les points de vue qu'elle présente ; nous avons exposé les principes et cité les faits. Il résulte de tout ce que nous avons dit :

1° Que sir Sidney Smith avoit des instructions pour traiter ;

2° Que la simple qualité d'officier commandant des soldats et des marins de sa nation lui donnoit les pouvoirs nécessaires ;

3° Que par la nature, l'objet et le texte du traité du 5 janvier, le grand-vizir étoit suffisamment autorisé à traiter seul sans l'intervention d'aucun agent des puissances alliées de la Porte, et que les engagemens contractés par lui dans la vue commune aux parties intéressées de faire évacuer l'Egypte aux Français les lioient également toutes, soit qu'elles fussent présentes au traité, soit qu'il fût négocié en leur absence.

Il resteroit à prouver que, sous les rapports mixtes du droit politique et de l'autorité militaire, un général en chef commandant toutes les forces de son pays et combattant sur son territoire, n'a pas besoin de l'aveu et de l'adhésion de la puissance qui lui a fourni le secours de quelques soldats de marine et de quelques matelots pour conclure des engagements qui doivent être sacrés pour les alliés de son gouvernement comme pour le sien.

Mais une telle proposition a-t-elle besoin d'être prouvée ? Ne seroit-ce pas le comble de l'absurdité et de l'arrogance de la part d'un auxiliaire de prétendre que celui qui dispose des forces de tout un empire, qui les fait servir à se remettre en possession d'une de ses provinces, et qui n'est aidé dans cette entreprise, que par les conseils de quelques officiers étrangers, le secours de quelques artilleurs, et l'adjonction à sa marine de quelques vaisseaux en croisiere, a besoin de l'agrément de celui qui commande ces forces pour que des stipulations de la plus haute importance pour la sûreté de l'armée et de l'empire qu'il est chargé de conserver puissent être exécutées sans obstacles ? A ce compte un général en chef, dans la position que nous venons d'indiquer, seroit fondé à regarder les alliés de son pays, non pas comme des auxiliaires, mais comme des ennemis ; les secours qu'il en recevroit lui seroient cent fois plus funestes qu'utiles ; et le mot d'alliance, qui ne fait naître que des idées de concours, de concert et d'assistance, ne présenteroit à son esprit que des dangers, des inconvénients, et des obstacles.

Dans toutes les guerres où les associations de puissance ont présenté les forces de plusieurs états réunies sous le même commandement, toutes les fois que le général en chef a reçu de son gouvernement le droit d'exercer l'autorité politique et l'autorité militaire, il a toujours eu la faculté entiere de diriger les mouvements militaires, et de stipuler pour le sort des troupes qu'il commandoit, et de celles que la victoire mettoit à sa disposition.

Ce droit est consacré dans les fastes de toutes les nations, et on le retrouve jusque dans les temps héroïques, dont les évènements mémorables sont souvent aussi instructifs qu'attachants, et nous apprennent que les regles du droit militaire, dont nous invoquons l'autorité, ont été pratiquées dans tous les siecles.

Nous défierions sans peine le gouvernement anglais de trouver dans l'histoire un seul exemple d'un général d'armée à qui ce droit ait été contesté. Toutes les fois que l'autorité d'un général en chef a été limitée relativement à la direction des forces, à l'étendue du commandement, au droit de traiter, de transiger, de conclure, elle n'a pu l'être que par les ordres de son gouvernement, ou par des conventions antérieures et spéciales entre son gouvernement et ses alliés : à défaut d'une semblable convention, le droit existant donne sur ce point au général en chef les facultés les plus illimitées.

Les guerres d'Allemagne et de l'Italie pendant le cours des deux derniers siecles présentent sans cesse des exemples de l'exercice de ce droit. Qu'on nous cite un fait qui le contredise ! La guerre présente en offre un grand nombre du même genre. Il n'y a pas une campagne où les généraux de la maison d'Autriche n'aient stipulé pour la coalition, où les généraux de la République n'aient stipulé pour ses alliés, où des places appartenantes à des princes de l'Empire n'aient été livrées par l'empereur en vertu d'une convention militaire; et jamais, de part et d'autre, les troupes, retournant dans leur pays, après une capitulation militaire, avec ou sans les honneurs de la guerre, n'ont été contrariées par les alliés de la puissance dont le général en chef avoit signé la convention en vertu de laquelle elles marchoient.

Concluons : Les ministres du roi d'Angleterre ont trompé le parlement, le peuple anglais, et l'Europe entiere, en déniant les pouvoirs dont ils avoient investi leur agent diplomatique, le titre qu'ils lui avoient conféré, les instructions qu'ils lui avoient données, et en le présentant comme un simple officier subordonné.

Ils ont manqué à la foi qu'ils avoient promise à leur allié, en forçant l'armée française de reconquérir l'Egypte, et de dissiper l'armée du grand-vizir, qui ne s'étoit laissée engager dans leur alliance que par l'espoir de cette réintégration, et par la promesse solennelle que les Anglais lui avoient faite de faire tous leurs efforts pour l'en remettre en possession.

Ils ont montré que, dans leur participation aux efforts que demande le soutien d'une cause commune, leur conduite se détermine toujours par l'unique regle de leurs intérêts ; que les résultats de la plus haute importance pour leurs alliés ne sont rien à leurs yeux ; et que ceux de l'intérêt le plus secondaire sont tout, quand ils les concernent.

Ils ont enfreint le droit des nations, en restreignant des pouvoirs, en limitant des instructions, en rétractant des autorisations que des négociations terminées et un traité conclu avoient mis hors de leur portée et placé sous la sauve-garde du droit public.

Ils ont violé le droit de la guerre, en voulant traiter

comme prisonniere une armée qui les avoit vaincus, en suppléant par la plus basse perfidie à l'impuissance des efforts de leurs alliés et des leurs, en refusant de remplir envers elle des engagements sacrés au moment même où elle venoit de remplir tous les siens.

Enfin ils ont insulté à la raison humaine et à la morale publique, en présentant comme un acte de condescendance et un effet de la protection accordée par un de leurs officiers à une armée victorieuse, une transaction à laquelle leur manque de foi a su donner le caractere d'une entreprise atroce et perfide, dont le but de leur part ne pouvoit être que la spoliation de l'Egypte par une armée indisciplinée, l'assassinat des Français, et l'extermination de leur armée.

Nous ne porterons pas plus loin ce développement; les résultats de la conduite mal habile autant que perverse des ministres anglais sont connus. L'Egypte est restée aux Français, et la honte que les projets connus du gouvernement d'Angleterre tendoient à imprimer au nom des nations occidentales, aux yeux des peuples de l'Orient, est retombée tout entiere sur les coupables.

Cependant, en honorant le courage des soldats français, et en applaudissant à leurs triomphes, il restera toujours à regretter que quelques hommes aient reçu de la destinée le pouvoir d'abuser à un tel point des trésors et de la puissance d'une nation aussi éclairée que la nation anglaise, et si recommandable à tant d'autres égards.

N° II.

Kleber, général en chef, à monsieur le général Sidney Smith, commandant l'escadre anglaise dans les mers du Levant. — Du Kaire, le 8 brumaire, an 8.

Monsieur le général,

Je reçois votre lettre au sujet de celles que le général Bonaparte et moi avons écrites au grand-vizir les 30 thermidor et premier jour complémentaire derniers.

Je n'ignorois pas l'alliance contractée entre la Grande-Bretagne et l'empire ottoman ; mais je crois inutile de vous expliquer les motifs d'après lesquels je me suis expliqué directement au grand-vizir. Vous sentez comme moi que la république française ne doit à aucune des puissances avec lesquelles elle étoit en guerre, quand nous sommes venus en Égypte, compte des motifs qui nous y ont amenés.

Au reste, dans les dernieres conférences que j'ai eues avec Mohhammed Rachdy effendy, j'ai demandé moi-même votre intervention dans ces négociations, persuadé, comme je le suis, qu'elles peuvent devenir les préliminaires d'une paix générale, que vous desirez sans doute autant que moi.

Je ne m'arrête pas à tout ce qui, dans votre lettre, est étranger à cet objet : vous n'avez jamais pensé sérieusement, monsieur le général, qu'une armée française et chacun des individus qui la composent pussent écouter des propositions incompatibles avec la gloire et l'honneur.

Par-tout où l'on sert son pays on est bien ; et certes l'Egypte, le pays le plus fertile de la terre, n'est pas plus un exil que les mers orageuses que vous êtes contraints d'habiter.

Les Français n'ont jamais demandé à quitter l'Egypte uniquement pour retourner dans leur patrie; ils le demanderoient encore moins aujourd'hui qu'ils ont vaincu tous les obstacles intérieurs, et multiplié les moyens de défense à l'extérieur.

Les évènements d'Europe et des Indes n'ont rien de commun avec ma position en Egypte. Que les armées françaises aient éprouvé des revers au-delà des Alpes, c'est une bataille perdue qui nous a ôté l'Italie; une bataille gagnée nous la rendroit: et l'Europe a déja vu que la république française savoit se relever avec éclat de ses revers.

Les forces que je commande peuvent me suffire encore long-temps; et, quelque actives que soient les croisieres ennemies dans la Méditerranée, elles n'empêcheront pas plus un secours d'arriver, qu'elles n'ont pu empêcher l'escadre française de passer de Brest à Toulon, et de sortir ensuite de Toulon pour se réunir à l'escadre espagnole.

Avant deux mois je n'ai rien à craindre de l'armée du grand-vizir; avec deux cents hommes je garde les défilés inondés des pays cultivés; et si cette armée est retenue dans les déserts, elle est forcée d'y périr de misere.

J'ai une cavalerie et une artillerie nombreuses pour garder les côtes, qui, dans deux mois, et quand il seroit possible de faire une attaque combinée, seront inabordables. En attendant, la Nubie et l'Abyssinie me fournissent de nombreuses recrues; une poudriere, une fonderie et des manufactures d'armes sont établies en activité, et me mettent insensiblement en état de me passer des secours de l'Europe. Il est donc indifférent à la sûreté de l'armée que vous soyez les maîtres des deux mers avec lesquelles nous communiquons.

Mais comme le but auquel en définitif il faut atteindre est la paix; qu'on peut, en s'entendant, la faire dès à présent comme on le feroit plus tard ; qu'on épargneroit ainsi l'effusion de beaucoup de sang ; qu'enfin je ne connois pas de gloire au-dessus de celle que l'histoire reconnoissante distribuera aux précurseurs d'un si grand bienfait, j'ai fait les avances convenables pour commencer cet ouvrage ; et la *place honorable que vous occupez dans la carriere politique* m'assure, monsieur le général, que votre ame ne peut concevoir d'ambition plus noble que celle de concourir à l'achever.

L'intégrité de l'empire ottoman, qui est la base de l'alliance de l'Angleterre avec la sublime Porte, est aussi l'objet des sollicitudes de la république française : je l'ai écrit au grand-vizir, et je vous le répete.

Je me féliciterai, monsieur le général, d'avoir avec vous l'avantage d'arriver à cet heureux résultat ; j'en trouve un augure favorable dans le desir qui nous est commun de baser nos communications officielles sur la franchise du caractere militaire : il me sera naturel d'écarter tout sentiment étranger à la plus parfaite estime.

J'ai écrit au grand-vizir d'envoyer deux personnes de marque pour entamer les conférences dans un lieu qu'il indiquera ; de mon côté, j'enverrai le général de division Desaix, et l'administrateur général des finances, Poussielgue. Si vous desirez que ces conférences se tiennent à bord de votre vaisseau, j'y consentirai volontiers.

J'ai l'honneur d'être avec une haute considération.

KLEBER.

(205)

N° III.

Lettre du commodore Sidney Smith au général en chef Kleber, arrivée au Kaire le 14 frimaire, an 8. — Au camp de S. A. le suprême vizir, à Jaffa, le 8 novembre 1799, 17 brumaire, an 8.

Monsieur le général,

La lettre que vous m'avez fait l'honneur de m'écrire le 8 brumaire m'a été remise hier à mon bord, en rade de Jaffa, par monsieur l'adjudant-général Morand.

Le trésorier de S. E. Mustapha pâchâ m'a accompagné au camp de S. A. le suprême vizir, et il a eu occasion de présenter pendant ma première audience les lettres dont il étoit porteur.

Le tout fut lu et discuté de suite, l'agent de Russie y ayant assisté; et comme vous proposez d'envoyer deux personnes de marque pour tenir des conférences, il a été décidé que je dois accepter votre offre à cet égard, et écouter les propositions qu'elles pourront faire en votre nom et celui de l'armée française, pourvu toutefois que ces ouvertures n'aient rien de contraire à la dignité, la loyauté et la bonne foi des cours alliées: et puisque vous voulez bien consentir que ces conférences aient lieu à mon bord, je me rendrai à cet effet devant Alexandrie. De mon côté, monsieur le général, je ne saurai jamais faire une proposition déshonorante pour l'armée française, dont la bravoure m'est si bien connue, considérant que celui qui n'est pas délicat sur ce point se déshonore lui-même.

La réputation du général Desaix m'est un garant que nos conférences seront basées sur les qualités qui le distinguent.

Le choix que vous faites de l'administrateur Poussielgue ne peut que m'être agréable ; et je regarde comme un compliment très flatteur pour moi que vous ayez cru que le caractere de l'adjudant-général Morand le rendoit propre à commencer le degré de rapprochement qui existe si heureusement entre nous.

J'ai l'honneur d'être, etc.

SIDNEY SMITH.

N° IV.

Sommation de John Douglas, colonel au service de S. M. britannique, à l'officier commandant la garnison d'él-A'rych. — Au quartier-général du camp turk, à Ghazah, le 8 décembre 1799, 17 frimaire, an 8.

MONSIEUR,

J'ai l'honneur de vous informer que je suis destiné à diriger les opérations de l'armée ottomane contre votre garnison. La force est si considérable, que je suis convaincu que vous trouverez juste, pour l'amour de l'humanité et pour sauver l'effusion du sang, que je vous requiere d'accepter les conditions offertes, qui certainement ne peuvent être contraires à votre honneur; et je n'ai pas besoin de vous dire combien il me sera difficile de préserver la vie des braves soldats que vous commandez, en cas que vous refusiez, et que nous soyons obligés de vous attaquer.

J'ai l'honneur d'être, etc.

JOHN DOUGLAS.

N° V.

Lettre du même au même, même lieu, même date.

Monsieur,

Cette lettre vous sera délivrée par le lieutenant-colonel Bromley, qui expliquera plus particulièrement les nombreuses raisons qui m'induisent à demander votre attention aux sommations faites pour rendre la garnison sous votre commandement. Soyez assuré, monsieur, que la préservation de la vie de braves hommes est mon principal objet, et que je suis avec la plus haute considération,

votre très humble et obéissant serviteur,
John Douglas.

N° VI.

Réponse du chef de brigade du génie Cazals, commandant le fort d'él-A'rych, à M. John Douglas. — A él-A'rych, le 18 frimaire, an 8.

Monsieur,

Je viens de recevoir la lettre que vous m'avez fait l'honneur de m'écrire pour m'apprendre que vous êtes destiné à diriger les opérations de l'armée ottomane contre la garnison que je commande, et pour m'engager à accepter les conditions que vous m'offrez.

J'ai l'honneur de vous répondre, monsieur le général, qu'ayant l'ordre du général en chef de l'armée française, de défendre la place qu'il m'a confiée, jusqu'à la dernière extrémité, les lois de l'honneur et du devoir m'empêchent d'accepter vos propositions.

Je ne puis vous dissimuler, monsieur le général, que j'ai été surpris de recevoir votre sommation dans un moment où le général en chef traite de la paix avec le grand-vizir et avec monsieur le commodore Smith, *plénipotentiaire de la cour de Londres*.

J'ajouterai, monsieur le général, que, d'après les lois de la guerre, je ne puis recevoir de sommation, l'armée ottomane ne s'étant pas présentée devant êl-A'rych. Du reste, puisqu'il y a des conférences établies en Egypte pour un accommodement, c'est au général en chef lui-même à qui il faut s'adresser, lui seul ayant l'autorité nécessaire pour satisfaire à vos demandes.

J'ai l'honneur d'être, etc.

CAZALS.

N° VII.

Kleber, général en chef, au général Desaix et au cit. Poussielgue, plénipotentiaires près le grand-vizir.— Au quartier général du Kaire, le 29 frimaire, an 8 de la république française.

JE vous envoie ci-joint, citoyens, le sauf-conduit du grand-vizir, que vous avez oublié. Je présume que M. Sidney Smith aura reparu depuis votre dernière; car dans le cas contraire, et la mer continuant à être bonne, son absence auroit lieu d'étonner. Quoi qu'il en soit il faut attendre.

J'ajouterai un mot à vos instructions; c'est qu'avant de rompre les négociations il faudra me faire connoître l'ultimatum de sir Sidney Smith.

Je vous salue.

KLEBER.

N° VIII.

Kleber, général en chef, au grand-vizir. — *Au quartier-général du Kaire, le 29 frimaire, an 8 de la république française.*

L'OFFICIER parlementaire que j'avois envoyé à sir Sidney Smith n'a été de retour au Kaire que le 15 de ce mois, répondant au 9 de ragel. Cependant, le lendemain 16, M. le commodore se trouva déja devant Damiette, et paroissoit étonné de ce que mes plénipotentiaires n'étoient point encore arrivés; ils eussent eu des ailes, qu'ils ne l'auroient pu : dès-lors, le vaisseau a disparu, et, depuis le 20, mes envoyés sont à l'attendre. J'ai cru devoir prévenir votre excellence de ces particularités, afin que ce retard ni aucune mauvaise intention ne puissent m'être imputés.

Je ne parlerai pas à V. E. de la sommation qui a été faite à la garnison d'êl-A'rych de la part de M. le colonel Douglas, en même temps que mes plénipotentiaires se sont rendus au lieu indiqué pour les conférences, parceque je suis convaincu que déja elle aura désapprouvé cette démarche.

Je prie V. E. de croire à la haute considération que j'ai pour elle.

KLEBER.

N° IX.

Lettre du commodore Sidney Smith au général Desaix, et au citoyen Poussielgue. — *A bord du Tigre, devant Damiette, le 21 décembre 1799 (30 frimaire, an 8).*

MESSIEURS,

J'ai été forcé, par le mauvais temps, de m'éloigner de ces parages; et, désespérant de trouver la mer praticable sur la barre de Damiette de sitôt, j'ai cru devoir écrire au général en chef Kleber, de Jaffa, pour vous donner un autre rendez-vous à Alexandrie, où vous pourriez vous embarquer avec moins de délai et d'inconvénient. Cependant, le temps me permettant de m'approcher de Damiette de nouveau, où je calculois que vous pourriez être encore, j'y suis venu en passant, et je viens d'apprendre, à ma grande satisfaction, par mon officier commandant la polacre, que vous y êtes. Ainsi je puis espérer, messieurs, avoir l'honneur de vous recevoir, et d'envoyer mon bateau pour vous transporter une heure plutôt, crainte que la houle n'interrompe de nouveau nos communications.

Je desire cependant que nous puissions dès à présent entamer nos conférences; et comme notre but est d'épargner l'effusion du sang, j'ai suggéré à S. A. le suprême vizir de vous proposer d'abord une treve par terre, ce à quoi il a consenti, sous des conditions indispensables pour lui, comme une preuve de la sincérité du général Kleber dans ses propositions; savoir, que les postes d'él-A'rych et de Cathiéh soient remis provisoirement entre les mains de l'armée ottomane, *sous la promesse formelle que je suis autorisé à faire pour son altesse qu'elle les rendra dans le même état, si les conférences entre nous sont rompues sans en venir à un arrangement.* Cette reddition lui coûtera d'autant moins à faire, que ce ne sont pas des postes tenables ni à craindre, en les laissant derriere lui dans sa marche à travers le désert. Cette considération doit encore vous disposer à faire moins de difficultés à donner cette preuve de la sincérité de vos propositions. Dans le cas contraire, *la grande armée ottomane,* arrivée déja sur la lisiere du désert, ne peut pas faire autrement que de pousser toujours en avant; et nous aurions la douleur d'apprendre que le sang coule encore, pendant que nous sommes occupés à l'arrêter. Si vous trouvez bon d'agréer ces propositions de suite, ou bien d'en référer au général en chef, la réponse peut être envoyée directement au camp de S. A. le suprême vizir, à Ghazah. *Quant à ce qui regarde la mer, nous nous entendrons là-dessus lors de notre conférence.*

En attendant la satisfaction de vous voir,

j'ai l'honneur d'être, etc.

SIDNEY SMITH.

N° X.

Lettre du commodore Sidney Smith au général Desaix, et au citoyen Poussielgue, à Damiette. — A bord du Tigre, devant Damiette, le 21 décembre 1799 (30 frimaire, an 8,) huit heures du soir.

MESSIEURS,

Au moment que mon parlementaire alloit débarquer aujourd'hui, avec la lettre qui accompagne la présente, il rencontra M. le chef d'escadron Savary, et votre secrétaire M. Peyrusse, venant à mon bord, où il les a conduits.

En réponse à votre lettre du 28 frimaire, que ces messieurs viennent de me remettre, j'ai l'honneur de vous prévenir que je resterai devant le boghaz de Damiette pour vous attendre, si le temps me le permet, jusqu'après demain, M. Savary m'ayant signifié votre intention de vous embarquer ce jour-là; mais que, si le mauvais temps ou la houle venoient à empêcher les bateaux de passer, je me verrois forcé de me rendre devant Alexandrie.

Vous deux, messieurs, avec une suite de cinq ou six personnes, pourrez être commodément placés sur le *Tigre*, non compris les domestiques.

Je vous prie de croire aux sentiments, etc.

SIDNEY SMITH.

N°. XI.

Réponse à la note concernant le transport des blessés en France. — A bord du Tigre, le 24 décembre 1799 (3 nivose, an 8).

L<small>E</small> soussigné, en réponse à la note remise aujourd'hui par M. le général Desaix et M. Poussielgue, demandant des passe-ports pour faire transporter les blessés en France, a l'honneur de les prévenir que cette proposition ne souffre aucune difficulté, quant au fond.

L'exécution peut exiger quelque examen sur les lieux, pour constater l'identité et l'état des personnes que l'on propose de faire passer; ce qui sera fait devant Alexandrie, où l'officier commandant le blocus, pendant mon absence temporaire, sera muni de passe-ports signés, pour être remplis d'après les instructions que je lui donnerai à cet égard.

S<small>IDNEY</small> S<small>MITH</small>.

N°. XII.

Traduction de la lettre du grand-vizir au général en chef Kleber, arrivée au Kaire par un Tartare, le 3 nivose, an 8, à dix heures du soir (répondue le 4 dit.) — Au quartier-général de Ghazah (sans date).

Au modele des princes de la nation du messie, etc.

J'<small>AI</small> reçu et j'ai compris le contenu de la lettre que vous m'avez dernièrement envoyée par Mousa, Tartare, en réponse à celles que je vous ai précédemment écrites. Je pense que les dépêches que j'ai fait remettre à l'officier que vous aviez envoyé à bord du vaisseau du commandant anglais Smith, mon honoré ami, vous sont parvenues.

Vous m'avez écrit que vous voulez évacuer l'Egypte, et que les arrangements qui seroient proposés et pris pour effectuer cette évacuation seroient conformes à la dignité et à l'équité de la sublime Porte, ainsi qu'aux devoirs de l'alliance qu'elle a contractée et au droit des gens, afin d'épargner, par ce moyen, l'effusion du sang. Vous m'avez fait savoir plusieurs fois que vous desiriez ouvrir des conférences pour traiter de l'évacuation de l'Egypte, et que si, malgré ces avances, la sublime Porte ne secondoit pas de pareilles dispositions, vous n'étiez plus responsable devant Dieu, ni devant les hommes, du sang qui seroit répandu. Préférant alors moi-même de traiter avec vous sur des propositions aussi raisonnables, j'ai consenti à l'ouverture des conférences.

Le commandant Smith, mon ami, vient de m'écrire qu'il s'étoit tout récemment rendu avec son vaisseau devant Damiette, et qu'il n'y avoit pas trouvé les délégués que vous avez consenti d'envoyer à son bord, mais que le mauvais temps l'a forcé à quitter les parages de Damiette, et à aller jusqu'à Jaffa, d'où il se rendroit de nouveau devant Damiette, avec l'espérance d'y trouver vos délégués, et que, s'ils n'y sont pas encore arrivés, il se portera devant Alexandrie. Cependant une aile de mon armée se trouve déja devant êl-A'rych; et les troupes musulmanes commençant à détruire par des escarmouches les Français qui s'y trouvent, il est impossible qu'il n'y ait pas de sang répandu. Les circonstances ne me permettant pas de retarder la marche de mon armée, nous ne pourrions pas en conséquence prendre des arrangements conciliatoires, si nous ne profitions pas du temps qui s'écoule. Si donc vous êtes toujours dans les dispositions que vous avez manifestées, il importe que vous vous hâtiez de faire arriver vos délégués à bord du vaisseau de mon ami Smith; mais comme les vents contraires et les mauvais temps ont été cause du retard qui a eu lieu jusqu'à présent, j'ai écrit au commandant Smith que, dans le cas où les délégués seroient à son bord, il les conduisît à mon quartier-général de Ghazah, où ils seront à l'abri de pareils accidents et des orages. Mais si vous n'avez pas encore envoyé vos délégués à bord du commandant Smith, et que vous soyez toujours disposé à terminer l'affaire de l'évacuation de l'Egypte, sans effusion de sang, je vous engage à envoyer par terre vos délégués à Ghazah; et dès qu'ils y seront rendus, il n'y aura plus d'hostilités de part et d'autre. Dès que vos envoyés seront arrivés à Ghazah, j'inviterai le commandant Smith à s'y rendre, et l'on s'occupera d'arranger et de consolider l'affaire de l'évacuation de l'Egypte, dans l'endroit qui sera désigné à cet effet sur le rivage de cette ville.

Comme vous me mandez dans toutes vos dépêches que votre volonté n'est point de répandre du sang, et que le succès de l'affaire dont il s'agit seroit un moyen pour rétablir l'ancienne amitié entre la sublime Porte et les Français, je vous fais savoir par la présente, dont Mousa, Tartare, est porteur, que de pareilles dispositions ne peuvent jamais être rejetées par la sublime Porte, parcequ'une semblable conduite seroit contraire à son équité et à notre loi.

J'espere que lorsque vous aurez reçu cette lettre, et que vous en aurez compris le contenu, vous agirez ainsi que vous l'annoncez dans vos lettres précédentes, et d'une maniere conforme à votre intelligence et à la connoissance supérieure que vous avez des affaires.

Yousef pâchâ.

N° XIII.

Lettre du général Desaix et du citoyen Poussielgue au général en chef Kleber. — A bord du Tigre, le 3 nivose, an 8, cinq heures du soir. Arrivée le 11 dudit avec les dépêches du commodore Sidney Smith, 24 décembre 1799 (3 nivose, an 8).

Citoyen général,

M. le commodore Sidney Smith répond aux lettres que vous nous aviez remises pour lui.

Nous vous envoyons en même temps la copie de sa réponse à la note que nous avons faite pour le transport des blessés en France.

Le citoyen Damas vous mettra au courant des détails. Il n'est point arrivé de nouvelles depuis le départ du citoyen Morand.

Nous ne savons bien encore sur quoi compter; cependant voilà l'armistice, ainsi que le départ de nos blessés, à-peu-près convenus. Il paroît que nous allons nous rendre du côté d'Alexandrie. Ce sera probablement par la voie de ce port que vous recevrez nos premieres nouvelles et que vous pourrez nous écrire.

Nous espérons que quelques jours de séjour à bord du Tigre adouciront infiniment les préventions réciproques, et qu'enfin on pourra parler raison.

Nous avons demandé deux bâtiments pour le transport de la commission des arts; cet article n'a paru souffrir aucune espece de difficulté : toutefois M. Smith desire qu'on y emploie des bâtiments neutres par préférence, et il veut s'assurer que ces bâtiments n'aient aucune autre destination, ce qui sera facile à lui démontrer. Nous ne voyons pas d'inconvénient à ce que le bâtiment des citoyens Livron et Amelin soit l'un des deux, en y mettant une partie des membres de la commission des arts.

Salut et respect.

DESAIX, POUSSIELGUE.

N° XIV.

Lettre du commodore Sidney Smith, au général en chef Kleber. — A bord du Tigre, devant Damiette, le 24 décembre 1799 (3 nivose, an 8).

MONSIEUR LE GÉNÉRAL,

Le temps m'ayant permis d'approcher le boghaz de Damiette avant de me rendre à Alexandrie, comme je vous en annonçois l'intention dans ma derniere lettre, j'ai eu la satisfaction d'y trouver le général Desaix et M. Poussielgue; et hier j'ai eu l'honneur de les recevoir à mon bord. Nous n'avons pas eu le temps encore d'entrer beaucoup en matiere; mais un de nos premiers soins a été d'arrêter l'effusion du sang pendant que nous conférerons. Ces messieurs n'ayant pas agréé les conditions proposées par S. A. le grand-vizir, de la reddition temporaire des avant-postes spécifiés, j'enverrai leur réponse à S. A.; et je ne doute pas qu'elle soit d'accord avec moi de faire une treve par terre, jusqu'à la fin du mois commençant à la nouvelle lune du 27 septembre, sujette à une prolongation, en cas que nous le jugions convenable, et en s'avertissant réciproquement quinze jours avant cette rupture, cette treve étant pure et simple.

Comme vous, monsieur le général, je desire que notre

rapprochement nous conduise aux préliminaires d'une paix générale et stable, *quoique nous ne puissions pas, à la distance où nous sommes des sieges des gouvernements respectifs, et sans pouvoirs* ad hoc, *entrer très loin dans des combinaisons aussi étendues, autrement qu'en nous témoignant mutuellement nos espérances là-dessus*, qui peuvent se réaliser d'autant plus vîte si nous ôtons un grand obstacle avant de nous séparer.

J'ai l'honneur d'être, etc.

SIDNEY SMITH.

N° XV.

Lettre du commodore Sidney Smith au général en chef Kleber. — A bord du Tigre, devant Damiette, 24 décembre 1799 (3 nivose, an 8).

MONSIEUR LE GÉNÉRAL,

J'ai reçu la lettre que vous m'avez fait l'honneur de m'écrire, par laquelle vous me demandez un passe-port pour les hommes de lettres et artistes qui ont accompagné l'armée sous vos ordres, et qui desirent retourner en France avec les fruits de leurs recherches dans l'Egypte. Je me prête volontiers à leurs desirs et aux vôtres à cet égard, en vous transmettant ci-joint un passe-port avec lequel ils pourront se présenter, à leur sortie d'Alexandrie, à l'officier commandant le blocus de ce port pendant mon absence, qui, en reconnoissant le nombre et l'identité des personnes composant ce cortege, leur donnera le passe-port nécessaire pour poursuivre leur voyage, d'après les ordres que je lui donnerai à cet effet.

Comme je ne puis permettre leur passage que sur un navire neutre, et au cas que vous auriez jugé convenable de faire droit aux demandes du capitaine impérial Janowich, qui m'est connu, ainsi que de toute l'escadre, il me seroit agréable qu'il eût la préférence.

Je me félicite, monsieur le général, de trouver cette occasion de remplir les intentions du roi mon maître, qui a été de tout temps l'ami et le protecteur des arts et des artistes.

J'ai l'honneur d'être, etc.

SIDNEY SMITH.

N° XVI.

Lettre du commodore Sidney Smith au général en chef Kleber. — A bord du Tigre, devant Damiette, le 24 décembre 1799 (3 nivose an 8).

MONSIEUR LE GÉNÉRAL,

J'ai la satisfaction de savoir, par votre dernière lettre, que l'opération de l'échange des prisonniers devient familière à ceux qui n'avoient point cet usage, par la promptitude que vous avez mise à renvoyer les six prisonniers que vous m'annoncez. Je ne suis pas encore à même de savoir le nom de l'individu pour lequel on s'intéresse.

Je ne me suis jamais proposé d'autre récompense que la sensation d'avoir fait mon devoir comme homme et comme chrétien, dans le peu que j'ai pu faire jusqu'ici pour soulager les maux dont la connoissance m'affligeoit; mais, monsieur le général, vous m'avez donné une satisfaction bien sensible par vos expressions délicates à ce sujet.

Je ne doute pas que les prisonniers anglais ne soient rendus sur le Thésée, devant Alexandrie, peut-être même avant la réception de ma lettre du 6 novembre à ce sujet, puisqu'il ne pouvoit être éloigné de ce port. Il ne me reste donc qu'à vous demander une réponse sur la partie de cette même lettre regardant les prisonniers marins débarqués en Egypte, sur parole d'honneur de ne pas servir contre nous ni nos alliés. Or, les Russes étoient nos alliés, si les Turks ne l'étoient pas alors, et il importe beaucoup, dans l'état actuel des choses, que nous ne traitions pas de nouveau sur un pied égal avec des hommes armés qui ne devroient pas l'être contre nous. Je desire que votre réponse me parvienne devant Alexandrie, afin que l'envoi que j'en ferai à lord Nelson, duc de Bronte, et à l'amiral russe, les engage à quitter toute idée de justes représailles ou de recherches sur des individus, qui doit nécessairement causer de l'inconvénient à tous.

J'ai l'honneur d'être, etc.

SIDNEY SMITH.

N° XVII.

Kleber, général en chef, au grand-vizir. — Au quartier-général du Kaire, le 4 nivose, an 8 de la république française.

Le courrier de V. E. m'a remis sa derniere dépêche le 3 de ce mois, à dix heures du soir.

J'allois expédier le lendemain à mes plénipotentiaires, qui se trouvoient à Damiette depuis quinze jours, l'ordre de se rendre par terre à Ghazah, lorsque j'ai reçu d'eux la nouvelle que le vaisseau de sir Sidney Smith avoit paru, et qu'ils alloient se rendre à son bord. Je présume qu'en ce moment ils seront près de V. E., et que les négociations sont en bon train.

L'approche de l'armée de V. E. n'a rien dû ajouter ni diminuer à mes instructions : mes intentions, mes vœux sont toujours les mêmes; ils sont conformes *aux intérêts de la France, de la sublime Porte, et de l'Angleterre.* V. E. seroit encore à Damas, que je ne changerois pas de langage. J'offre la paix, l'amitié, et l'évacuation de l'Egypte d'une main, et j'accepte la bataille de l'autre; V. E. choisira dans sa sagesse.

Conformément aux usages de la guerre, et à ce que dicte la saine raison, je fais suspendre les hostilités, et je compte bien que V. E. en agira de même pour ce qui la regarde. Si depuis long-temps on avoit pu s'entendre, il y auroit eu beaucoup moins de sang répandu. Puissions-nous enfin voir le terme de nos différents, qui jamais n'auroient dû exister!

Je prie V. E. de croire à la haute considération et à l'amitié bien sincere que j'ai pour elle.

KLEBER.

N° XVIII.

Lettre du général Desaix et du citoyen Poussielgue au général en chef Kleber. — A bord du Tigre, le 5 nivose, an 8, six heures du soir; arrivée au Kaire le 12 dit.

CITOYEN GÉNÉRAL,

M. le commodore Smith se dirige vers Ghazah, au lieu d'aller vers Alexandrie, comme il en avoit d'abord le projet; mais il laisse, et du côté d'Alexandrie et du côté de Damiette, des moyens de recevoir vos dépêches et de nous les apporter.

Nos conférences vont lentement; mais nous commençons à nous entendre; et plus nous tarderons, mieux nous nous entendrons. M. Smith nous paroît avoir personnellement des idées libérales. Nous avons aujourd'hui abordé la question de neutraliser l'alliance, si nous évacuons l'Egypte; et cette premiere ouverture n'a pas semblé l'effaroucher trop: elle a été suivie d'une longue discussion politique qui n'a eu aucune conclusion; nous en sommes restés là.

Il est arrivé hier un courrier qui a apporté des nouvelles jusqu'au 10 octobre. Vous en recevrez toutes les gazettes françaises qui se réduisent au courrier de Francfort. Vous y verrez que les succès en Europe ont été divers; que nous avons été victorieux en Hollande, mais que décidément l'escadre hollandaise s'est rendue; que nous occupons encore Ancône, Civita-Vecchia, Gênes et Coni en Italie; que les autres affaires sont à-peu-près compensées; que l'intérieur, après avoir été assez agité, étoit devenu assez calme; que le roi d'Espagne paroît décidé à soutenir très vigoureusement son alliance avec nous, etc.

Ce courrier n'a donné aucune nouvelle de Bonaparte.

M. Smith va à Ghazah pour faire entendre raison au grand-vizir sur l'armistice: il sera utile que vous entreteniez aussi directement vos communications avec lui.

Du reste, il faut ne compter sur rien, et que nous nous tenions toujours sur nos gardes; car, de l'aveu même de M. Smith, il n'est pas aisé de conduire les Turks, ni de leur faire entendre raison; ils sont très capables de faire des sottises contre leurs propres intérêts.

Salut et respect.

DESAIX, POUSSIELGUE.

N° XIX.

Lettre du commodore Sidney Smith au général en chef Kleber. — A bord du Tigre, devant Damiette, le 26 décembre 1799 (5 nivose).

Monsieur le général,

Au moment de faire voile pour les parages d'Alexandrie, je reçois une lettre de S. A. le suprême vizir, qui me témoigne le desir de me voir auprès de lui ; et comme des cas peuvent naître dans les conférences exigeant à être référés à S. A., pour avoir une prompte réponse, pour achever *un arrangement définitif,* je crois devoir me rendre au rendez-vous qu'il me donne à Ghazah, et je vais me porter de ce côté-là : en conséquence, le général Desaix et M. Poussielgue consentent de s'y rendre avec moi. J'espere, par ce moyen, donner plus d'étendue aux raisonnements qui m'ont engagé à suggérer une treve par terre, pure et simple, comme je vous l'ai annoncé, M. le général, dans ma derniere, et à laquelle je vois de la répugnance.

J'ai l'honneur d'être, etc.

Sidney Smith.

N° XX.

Kleber, général en chef, au grand-vizir. — Au quartier-général du Kaire, le 8 nivose, an 8 de la république française.

J'apprends que les escarmouches continuent devant êl-A'rych ; et en conséquence je déclare à V. E. que, tant qu'elle n'aura pas fait retirer ses troupes à une bonne marche de ce fort, aucune treve, aucun arrangement, ne sauroient avoir lieu. Si les intérêts même confiés à V. E. ne lui prescrivoient point la plus grande loyauté dans les circonstances actuelles, elle auroit dû y être déterminée par la franchise avec laquelle j'ai parlé et agi depuis nos relations.

J'ai aussi à me plaindre de la non-exécution du cartel d'échange arrêté entre le général français Marmont et Patronn-bey devant Aboùqyr. D'après ce cartel, qui doit avoir obtenu l'approbation de V. E., puisque sir Sidney Smith le rappelle souvent dans ses écrits, il lui seroit sans doute difficile de justifier l'arrestation des Français tombés en son pouvoir, lorsqu'il lui est connu que j'ai peut-être cinquante fois plus d'osmanlis à offrir en échange. Je prie V. E. de vouloir bien également s'expliquer à ce sujet, et de croire à la haute considération que j'ai pour elle.

KLEBER.

N° XXI.

Réponse de M. Smith à la note des plénipotentiaires français.

Le soussigné a beaucoup réfléchi sur la note de MM. les commissaires français ; et considérant qu'elle renferme des propositions d'une extension au-delà de ce qui fut prévu et convenu entre S. A. le suprême vizir et lui, se réserve d'y répondre d'une maniere définitive après la conférence qu'il se propose d'avoir avec S. A., lors de son arrivée au camp impérial à Ghazah, et pour où il dirige sa route en ce moment. Il croit ne pouvoir mieux répondre à la franchise que MM. les commissaires lui ont témoignée, que de leur communiquer le projet de la réponse qu'il se propose de soumettre à la considération de S. A., avant de la leur présenter en due forme, et cela afin qu'ils suggerent telle modification ou changement qu'ils pourront juger convenable. Le soussigné se sentant disposé à l'écouter favorablement, pour faciliter *un arrangement définitif*, en autant que cela ne sera *pas contraire aux obligations contractées par le traité du 5 janvier*. Le général en chef Kleber a insisté avec beaucoup de raison, sur ce que rien ne fût proposé à l'armée française contre son honneur et celui de sa nation. Or, le soussigné, en reconnoissant ce principe, a le droit de s'attendre à la réciprocité; et comme rien n'est plus contraire à l'honneur que de ne pas remplir strictement les obligations contractées par un engagement formel, il croit devoir mettre MM. les commissaires français à même de juger de l'étendue de ses liaisons, par la communication de l'article du traité dont il est fait mention dans le projet.

A bord du Tigre, devant le cap Carmel, ce 30 décembre 1799 (9 nivose, an 8).

SIDNEY SMITH.

N° XXII.

Projet de note pour être remise à MM. les commissaires français, en réponse à la leur, en date du 8 nivose, ou 29 décembre, si son altesse le grand-vizir l'approuve. — A bord du Tigre, devant le cap Carmel, 30 décembre 1799 (9 nivose, an 8).

1°. La sublime Porte n'étant pas l'agresseur dans cette guerre, et n'ayant par conséquent aucun projet d'agrandissement ou de continuer la guerre, une fois qu'elle aura acquis la sécurité nécessaire pour son existence, son indépendance et sa tranquillité, conforme à l'article 8 du traité d'alliance signé le 5 janvier, ne pourra avoir d'objection à remettre les choses sur l'ancien pied où elles étoient avant le premier acte d'aggression des Français contre elle.

2°. Les commissaires français envoyés par le général en chef Kleber, n'étant pas munis de pleins pouvoirs du gouvernement français pour faire la paix, ne peuvent rien stipuler en son nom, ni par conséquent faire un traité définitif d'un seul article. Cependant la sublime Porte, pour répondre à cette première ouverture de la part de l'armée française, et en considération des anciennes liaisons avec la France, n'hésite pas de témoigner le regret qu'elle a éprouvé d'avoir été forcée, par des actes d'aggression, à s'armer pour sa propre défense; et l'occupation de l'Egypte étant aujourd'hui un obstacle à la pacification générale, son évacuation doit nécessairement y conduire. En conséquence la sublime Porte, de son côté, s'empressera à y contribuer de tous ses moyens en envoyant son ministre plénipotentiaire au congrès qui sera établi pour cet objet important; et le monde entier sera par autant redevable à la modération du général Kleber et de l'armée qu'il commande.

3°. La garantie du territoire ottoman par l'Angleterre semble n'avoir pas besoin de renouvellement formel, puisque le traité du 5 janvier n'est que la manifestation d'une ancienne communauté d'intérêts qui a depuis long-temps réglé la conduite des deux puissances l'une envers l'autre, et qui, continuant de subsister, doit nécessairement fortifier leurs relations et leur sûreté mutuelle.

4°. *L'armée française, quoique près d'être investie de toutes parts, n'étant pas vaincue, sa bravoure, sa fortitude et sa renommée, lui donnent tout droit à croire qu'elle pourroit encore résister; ainsi elle n'est pas dans le cas de capituler, et ses armes et ses bagages doivent lui rester de plein droit. Les moyens d'évacuation lui seront fournis; les ports de sa destination ne peuvent être autres que ceux de France, et choisis selon les facultés locales de faire une* quarantaine, qu'exige la sûreté de la France et de l'Europe entière.

N° XXIII.

Lettre du commodore Sidney Smith au général en chef Kleber.— Au camp impérial ottoman, sous él-A'rych, 9 janvier 1800 (19 nivose, an 8).

Monsieur le général,

J'ai l'honneur de vous prévenir de mon arrivée au camp de S. A. le grand-vizir, que je trouve à él-A'rych au lieu de Ghazah, où je suis débarqué le 5 janvier. Une tempête nous a beaucoup retardés, et je vois avec une peine inexprimable que le bâtiment que j'avois dépêché de Damiette pour annoncer la treve n'a pas pu aborder la côte; et votre parlementaire n'arrivant que deux jours après la prise d'él-A'rych, il y a eu malheureusement beaucoup de sang répandu de part et d'autre.

J'ai précédé M. le général Desaix et M. Poussielgue, pour tout arranger convenablement pour leur réception dans le camp ottoman. La mer grossissant, mon bateau fut jeté à la côte; et voyant que ces messieurs ne pourroient pas débarquer avec sûreté sur cette plage exposée, je leur fis proposer de débarquer plutôt à Jaffa, venant moi-même ici pour gagner du temps, en exposant à S. A. le grand-vizir ce qui s'est passé entre MM. vos commissaires et moi. Leurs chevaux et leur escorte sont allés à Jaffa à leur rencontre. Je calcule, comme le temps a été favorable, qu'ils y auront débarqué hier, et par conséquent ils doivent être ici en peu de jours.

En attendant, comme il paroît que ces messieurs ont besoin de nouvelles instructions avant de pouvoir retirer leurs propositions inexécutables, je dois vous instruire, monsieur le général, jusqu'où nous en sommes, en vous envoyant les copies des notes qui ont été échangées entre nous. Vous y verrez, j'espere, la franchise que je vous ai promise, *et mon inclination d'aller aussi loin que l'étendue de mes pouvoirs dans la place que j'occupe peut me le permettre.* Je ne marchande pas sur la question ; je ne prie pas l'armée française de sortir de l'Egypte, où elle ne fait pas diversion par rapport aux opérations militaires en Europe : il nous est parfaitement égal qu'elle y reste jusqu'à ce que les moyens suffisants soient assemblés autour d'elle pour la rendre nulle par rapport à l'Afrique et à l'Asie, excepté par autant que nous sentons, comme vous, M. le général, de la répugnance à verser du sang inutilement pour un objet qui doit nécessairement avoir lieu tôt ou tard.

On ne rassemble pas une armée pour la laisser fondre par le temps. Si les hostilités deviennent inévitables, il y a toute apparence que l'armée ottomane doit prévaloir. Ne réussît-elle pas, du moins elle affoiblira votre armée davantage; et des attaques consécutives doivent anéantir une armée quelconque, telle brave qu'elle soit. Dans les combinaisons qu'on a faites en rassemblant des moyens nécessaires, on a naturellement calculé votre force, votre position et vos ressources au plus haut point, pour ne pas se tromper. Je sens bien, M. le général, que tout cela ne doit pas effrayer des hommes comme vous, et les braves troupes que vous commandez; mais le cœur sensible qui modere votre ambition doit vous demander à quoi bon verser tant de sang sur les sables de l'Egypte ; et le jugement sain que vous manifestez doit vous faire voir *que les Français serviroient mieux leur patrie par-tout ailleurs.*

De mon côté, je ne peux pas céder des objets qui ne sont pas à ma disposition. Je vous envoie, M. le général, une copie *du traité du 5 janvier, que mes instructions m'auto-*

risoient *à faire et à exécuter*. Je ne peux pas avoir l'autorité de le rompre ; je détaille les motifs qui rendent impossible mon acquiescement à vos propositions dans la note ci-incluse, en date d'aujourd'hui. *Si je le donnois, ayant la conviction qu'elles sont inexécutables, ce seroit vous tendre un piege*, et me rendre indigne de votre estime, que je desire conserver, ayant l'honneur d'être avec un sincere respect et la considération la plus distinguée,

votre très humble, etc.

SIDNEY SMITH.

N° XXIV.

Traduction de la lettre du grand-vizir au général en chef Kleber. — Du quartier-général d'él-A'rych, (sans date) arrivée le 26 nivose au soir.

AU MODELE DES PRINCES, etc.

J'ai reçu et j'ai compris le contenu de la lettre que vous m'avez dernièrement adressée. Vous m'écrivez que vous vous êtes mis ces jours-ci en marche, accompagné d'une légere escorte, pour être ainsi à portée de donner les réponses nécessaires aux conditions que je vous avois proposées relativement à l'heureuse affaire de *l'évacuation de l'Egypte* par vous desirée, ou bien à la bataille, et que vous vous êtes acheminé vers Belbeys et Salêhié, pour y attendre les réponses à vos dernieres dépêches. Vous me dites aussi que si vos délégués n'étoient pas encore arrivés à mon quartier-général, il étoit convenable de vous envoyer deux grands de la Porte pour conférer sur l'affaire en question, et pour la déterminer le plutôt possible.

Votre loyauté ne croit pas convenable de verser le sang ;

et comme vous desirez l'heureuse réussite de la bonne affaire concernant *l'évacuation de l'Egypte*, qui est un prélude à la paix, et que vous avez marché dans le sentier de la justice, ainsi que vous me l'avez écrit par le passé, il est clair que, d'après mon zele et ma loyauté, je ne consentirai pas non plus à l'effusion du sang. Il est évident aussi que votre départ du Kaire, et votre marche vers ces contrées n'a pour but que de faire croire à votre justice et à votre loyauté, et d'accélérer, d'une maniere avantageuse pour la sublime Porte, le terme de l'heureuse affaire de *l'évacuation de l'Egypte*, qui doit être le prélude de la paix et de la tranquillité.

Je dois seulement vous prévenir que vos délégués, qui sont arrivés à mon quartier-général, ont déja ouvert les conférences, et que, malgré vos assurances concernant le prochain succès de *l'affaire dont il s'agit*, conformément à la loyauté et au zele qui vous sont innés, ils rendent difficile la réussite de *cette affaire si bonne*.

La sublime Porte est depuis trois cents ans amie de la France : mais ayant été destiné par mon souverain à m'emparer et *à délivrer*, par la voie des armes ou sans me battre, *l'Egypte* dont les Français se sont emparés à l'imprévu, il est certain qu'avec le secours du Très-Haut je dois faire mon possible pour y parvenir. Votre desir étant réellement d'*évacuer l'Egypte* sans vous battre, loin de vouloir l'effusion du sang, mon desir est conforme au vôtre.

Je vous ai écrit cette lettre pour vous dire qu'il dépend de votre volonté de vous conformer d'après la préférence que vous avez donnée à l'un des deux partis, de vous battre ou de ne vous pas battre.

Quand vous aurez reçu la présente, et que vous en aurez compris le contenu, j'espere que vous vous comporterez toujours suivant votre loyauté et votre franchise.

Yousef pâchâ.

Traduit par le citoyen Bracevich, secrétaire interprete du général en chef.

DAMIEN BRACEVICH.

N° XXV.

Kleber, général en chef, au général Desaix et au citoyen Poussielgue, plénipotentiaires près le grand-vizir.— Au quartier-général du Kaire, le 13 nivose, an 8 de la république française.

J'AI reçu les lettres, citoyens, que vous m'avez adressées du bord du *Tigre*, et je vous présume actuellement sur la place de Ghazah.

J'ai reçu aussi les journaux de Francfort jusqu'au 10 octobre; ils ont particulièrement fixé mon attention.

Vous trouverez ci-joint copie de la lettre que j'écris à sir Sidney Smith, et du duplicata de celle que je vous écrivis il y a quelques jours, et qui peut-être ne vous sera pas parvenue; enfin, copie de mes deux dernieres au grand-vizir, relativement au blocus d'êl-A'rych et à l'armistice. Ces pieces sont suffisantes pour vous dicter la conduite que vous avez à tenir relativement aux objets qu'elles contiennent, me rapportant sans cesse autant à votre prudence qu'à votre zele et à votre sagacité.

Je vous salue.

KLEBER.

N° XXVI.

Kleber, général en chef, au général Desaix et au citoyen Poussielgue, plénipotentiaires près le grand-vizir.— Au quartier-général du Kaire, le 13 nivose, an 8 de la république française.

JE vous préviens, citoyens, que je fais partir demain mon aide-de-camp Baudot avec une dépêche pour sir Sidney

Smith, et une autre contenant un supplément d'instruction qu'il est chargé de vous remettre en main propre, ou au moins à un de vos officiers, qu'à cet effet vous pourriez expédier à Jaffa, si c'est là le point de mouillage. Le citoyen Baudot est aussi porteur de différents exemplaires de la *Décade égyptienne* et de quelques almanachs. Vous voudrez bien profiter de son retour pour me faire connoître où en sont vos conférences.

Je vous prie de vous occuper vivement du déblocus d'èl-A'rych, sans lequel il seroit difficile qu'un armistice pût avoir lieu; et sans cet armistice je ne vois pas comment l'on pourroit asseoir avec calme les bases des négociations dont vous êtes chargés. Ci-joint copies et duplicata de différentes lettres que j'ai adressées à sir Sidney Smith, au grand-vizir, ainsi qu'à vous, auxquelles vous voudrez bien vous conformer.

Je vous salue.

KLEBER.

N° XXVII.

Note remise par les plénipotentiaires français à M. Sidney Smith.

PAR leur précédente note les soussignés ont mis sous les yeux de M. le ministre plénipotentiaire Sidney Smith les raisons politiques qui déterminent le général en chef Kleber à consentir à l'évacuation de l'Egypte, moyennant une compensation convenable. M. Smith y a vu que la principale de ces raisons étoit la conservation de l'empire ottoman, qui intéresse réellement la république française autant que l'Angleterre; que cet intérêt politique pouvoit seul être assez grand pour déterminer la France à abandonner le fruit déja consolidé d'un armement dispendieux, et de tous les sacrifices qui en ont été les suites.

Cependant, d'après le projet de réponse à cette note, que M. Smith a bien voulu communiquer aux soussignés, il sembleroit n'admettre qu'une évacuation pure et simple de l'Egypte, ce qui n'est jamais entré dans les intentions du général en chef Kleber, comme il l'a clairement manifesté dans ses diverses relations directes tant avec S. A. le grand-vizir qu'avec M. Smith.

Les soussignés croient en conséquence devoir donner quelques développements aux quatre articles qui sont la base de leur note du 8 nivose courant, afin que M. Smith les fasse entrer en considération dans la réponse qu'il se propose de concerter avec S. A. le grand-vizir.

Ainsi, 1°. en demandant la restitution des possessions que l'empire ottoman peut avoir enlevées à la république française pendant la présente guerre, cela s'entend des isles de Corfou, Zante et Céphalonie, et autres qui pourroient être dans le même cas.

Non seulement cette restitution est de toute justice, comme compensation, mais elle est aussi de l'intérêt commun des parties; car, s'il est vrai, ainsi qu'il en résulte du projet de note de M. Smith, que la sublime Porte n'a aucun projet d'agrandissement, ces isles ne peuvent demeurer, sans danger pour elle, en d'autres mains que celles de la France; et certes il ne peut convenir à aucune des puissances qui ont des intérêts dans la Méditerranée qu'elles soient occupées par la Russie.

2°. L'Angleterre retirant un grand avantage de l'évacuation volontaire de l'Egypte, les soussignés demandent que cette puissance, ainsi que la sublime Porte, garantissent à la république française, pendant la durée de la guerre actuelle, la possession des isles susdites, ainsi que de celles de Malte et de Gozo, et procurent à l'armée française d'Egypte des sauf-conduits pour transporter dans les isles les troupes, munitions et approvisionnements dont elles pourroient avoir besoin.

3°. En rétablissant les relations entre la France et la sublime Porte comme elles étoient avant la guerre, il s'ensuit que la dissolution de la triple alliance est indispensable, puisque cette alliance est diamétralement contradictoire avec tout état de paix; cette dissolution doit avoir lieu simultanément avec l'évacuation de l'Egypte. Les soussignés ne sont pas à la vérité munis de pleins pouvoirs, de la part du gouvernement français pour signer la paix avec l'empire ottoman, mais ils ont pleins pouvoirs pour consentir l'évacuation de l'Egypte, et pour en stipuler les conditions. Or cette évacuation est une chose de fait; c'est la seule condition onéreuse à la république française. Les soussignés insistent donc pour la dissolution de la triple alliance, et pour que l'Angleterre signe une nouvelle garantie de l'intégrité de l'empire ottoman, principal objet des grands intérêts politiques dans les circonstances présentes.

4°. D'après les explications ci-dessus, l'évacuation de l'Egypte auroit lieu tant sur les isles qui seront restituées à la république française que sur les ports de France.

Les soussignés sont convaincus que M. Smith, ainsi que S. A. le grand-vizir, ne verront dans ces propositions que le desir sincere d'arriver au but si désiré d'une paix générale.

A bord du Tigre, le 14 nivose an 8 (4 janvier 1800).

DESAIX, POUSSIELGUE.

N° XXVIII.

Réponse de M. Smith à la note des plénipotentiaires français, du 14 nivose.

La note remise hier par les commissaires français, contenant des propositions d'une étendue qui exigeroit une discussion entre les ministres plénipotentiaires de tous les gouvernements respectifs avant de pouvoir les admettre, et de plus la ratification avant de pouvoir exécuter les conditions; et M. l'agent de Russie au camp impérial ottoman n'étant pas muni de pleins pouvoirs de son gouvernement, non plus que MM. les commissaires français du leur, le soussigné ne voit pas la possibilité de faire un arrangement définitif sur cette base dans le camp ottoman. Il s'empressera cependant de mettre les propositions de MM. les commissaires français sous les yeux de S. A. le suprême vizir. Quant au soussigné, il ne peut donner d'autre conseil à S. A. que celui qu'il a développé dans le projet qui leur a été communiqué, et il manqueroit à la franchise qu'il a promise au général en chef Kleber et à MM. les commissaires s'il leur cachoit que son devoir le portera à avertir S. A. du danger qui doit nécessairement résulter pour l'empire ottoman, si un intérêt local et immédiat l'inclinoit à écouter favorablement une proposition tendant directement à rompre les engagements contractés pour le préserver, soit des armes, soit de l'influence de la France, dans l'état actuel des choses, essentiellement différent de celui où elle se trouvoit avant la paix de Yassy, auquel le raisonnement de MM. les commissaires français seroit applicable.

A l'égard de la Grande-Bretagne elle-même, le soussigné n'hésite pas de répondre en termes précis qu'elle restera fidele à ses engagements; et les circonstances qui ont donné lieu au traité de la triple alliance existant toujours, sa confiance dans la sagesse, l'énergie, et la bonne foi des alliés, le porte à croire que les liens récemment formés entre les trois puissances ne peuvent qu'être resserrés par tous les efforts qui tendroient à les rompre.

A bord du Tigre, devant Ghazah, le 5 janvier 1800.

SIDNEY SMITH.

N° XXIX.

Kleber, général en chef, au général Desaix et au citoyen Poussielgue, plénipotentiaires près le grand-vizir. — Au quartier-général du Kaire, le 15 nivose, an 8 de la république française.

Hier, à dix heures du soir, citoyens, c'est-à-dire long-temps après le départ du citoyen Baudot, j'ai reçu une lettre qui m'annonce que l'ennemi, ayant profité du caractere sacré d'un parlementaire, a surpris le 9 êl-A'rych, et, après un grand carnage essuyé de part et d'autre, a réussi dans ses entreprises. Vous devez naturellement être mieux que moi instruits de cet évènement et de ses détails, et vous aurez pu déja faire vos réclamations à cet égard. Si cependant vos négociations prennent la tournure que j'en espere, il seroit inutile d'insister sur la restitution de ce fort; mais qu'au moins l'armistice proposé par le grand-vizir et sir Sidney Smith, et qui doit être connu maintenant de toute l'armée ottomane, soit à l'avenir respecté et garanti, si faire se peut, par des otages. J'aime d'ailleurs à croire que ni le grand-vizir ni sir Sidney Smith ne sont en rien et pour rien dans une entreprise aussi contraire au droit des gens; c'est à vous à m'en instruire. Je pars demain avec toute l'armée pour occuper toute la lisiere du désert et me tenir prêt à tout autre évènement.

Ne voulant point écrire au grand-vizir lui-même, ni à sir Sidney Smith sur cet objet, j'en fais dire un mot au premier par Mustapha pâchâ.

Je vous salue.

Kleber.

N° XXX.

Lettre du commodore Sidney Smith au général Desaix et au citoyen Poussielgue. — Au camp de Ghazah, le 6 janvier 1800 (16 nivose, an 8).

Messieurs,

S. A. le suprême vizir se trouvant à êl-A'rych, je vais m'y rendre pour tâcher d'arrêter l'effusion du sang pendant que nous sommes en négociation, les Turks ne voulant pas absolument entendre parler d'une treve qui les forceroit à rester dans l'inaction sur la lisiere du désert. Je pars sur un dromadaire pour aller plus vîte. Le bâtiment que j'avois expédié avec le développement des motifs qui me faisoient engager le suprême vizir à cet armistice, que la saine raison et l'usage commandoient, n'a pu s'approcher de la côte à cause du mauvais temps, et le parlementaire qu'envoya le général en chef Kleber à ce même sujet n'est arrivé que le lendemain de l'évènement fâcheux du massacre d'une partie de la garnison d'êl-A'rych. Les hommes composant cette garnison n'ayant pas voulu écouter les sommations qui leur étoient faites avant l'approche de la troupe effrénée qui devoit les attaquer sont entrés en pour-parlers quand il étoit trop tard ; car, pendant que l'on capituloit à la grande porte du fossé, ils y ont pénétré, et ils ont fait comme à leur ordinaire, de la maniere la plus horrible. Le colonel Douglas, qui est accouru pour contenir cette horde de furieux, a manqué vingt fois d'avoir la tête coupée ; de maniere qu'un garde marine, qu'un mouvement naturel d'humanité et d'indignation avoit engagé à suivre le colonel, a été renversé, et le couteau déja sur le cou, quand il fut délivré par les janissaires. Le vizir n'a pu arrêter la troupe, ni l'empêcher d'entrer dans le château. Cependant le colonel Douglas, aidé par Rajeb pâchâ, a arrêté le torrent dans le fort tant qu'il a pu, et a réussi à sauver le commandant et près de la moitié de la garnison.

M. Keith se concertera avec vous sur notre réunion, la treve m'ayant été annoncée par l'agent de la Russie, qui est venu du camp.

J'ai l'honneur, etc.

SIDNEY SMITH.

N° XXXI.

Extrait des ordres donnés par M. le commodore Smith à M. Keith, datés de Ghazah, le 6 janvier 1800 (16 nivose, an 8).

LES récits de l'affaire d'êl-A'rych font frémir, et me font hésiter à prendre sur moi la terrible responsabilité d'inviter le général Desaix et M. Poussielgue à aller au camp d'êl-A'rych, où se trouve le suprême vizir, quoiqu'ils y soient invités de la part de S. A.

Tous les arrangements sont faits pour le voyage de la manière la plus convenable : l'escorte est ordonnée; notre petit camp est séparé du grand, près celui du reys-effendy, et les assurances les plus formelles sont données par l'officier turk commandant ici (Ghazah), qu'aucun mal ne peut point leur arriver.

Le fait est qu'aucun de nous, en habit bleu et en chapeau, n'est sûr de sa vie dans une foule pareille; une émeute, une confusion quelconque, nous compromettroient tous; et l'autorité ne pouvant pas nous protéger, nous n'aurions d'autre ressource que nos sabres, et nous péririons peut-être jusqu'au dernier. C'est ce qu'il ne faut pas laisser ignorer à MM. les commissaires français, en leur disant clairement que je ne peux répondre de rien, puisque personne ne peut répondre d'un autre parmi de pareils hommes. Cependant, s'ils se décident à me suivre, je desire que vous les accompagniez, ayant avec vous l'officier turk que le suprême vizir m'a envoyé devant Damiette, et qui, les ayant vus pendant le trajet, sera le plus propre à leur servir de mikmandar.

Je porte avec moi les papiers qui ont passé entre MM. les commissaires et moi ; je conférerai avec le suprême vizir sur leur contenu, pour nous mettre à même de leur donner la réponse détaillée lors de leur arrivée au camp ; et à défaut de les y rencontrer, je correspondrai directement avec le général en chef Kleber pour accélérer autant que possible la fin de nos discussions.

Sidney Smith.

N° XXXII.

Kleber, général en chef, au général de division Desaix et au citoyen Poussielgue, plénipotentiaires près le grand-vizir. — *Au quartier-général du Kaire, le 17 nivose, an 8 de la république française.*

Vous trouverez ci-joint, citoyens, ma derniere lettre au grand-vizir. Sa teneur doit vous servir de regle dans votre conduite. J'ai voulu d'un coup trancher les difficultés pour arriver promptement à un but qui me paroît autant conforme aux intérêts de la France qu'à ceux de la Porte.

Trois objets principaux doivent fixer votre attention. Le premier, que les troupes ottomanes ne puissent entrer en Egypte que lorsque les bâtimens de transport, qui doivent nous être fournis par le vizir, seront arrivés dans les différens ports ou mouillages de l'Egypte ; 2°. que, pour la scrupuleuse observation du traité et de l'armistice qui doit s'ensuivre, il soit donné des otages et autres moyens de garantie; 3°. qu'il ne soit mis aucune entrave à la faculté que nous nous réservons de pouvoir agir envers et contre tous nos ennemis après notre rentrée en France; tout cela, avec les modifications que vous jugerez nécessaires, et que les circonstances pourront exiger. La lettre dont est porteur le citoyen Baudot, qui s'est embarqué à Damiette pour vous joindre, est conforme aux présentes dispositions.

Je vous salue.

KLEBER.

N° XXXIII.

Kleber, général en chef, au grand-vizir. — Au quartier-général du Kaire, le 17 nivose, an 8 de la république française.

VOTRE derniere m'a été remise hier par le Tartare Mousa. Ce même jour j'ai expédié vers le quartier-général de V. E. un homme de confiance du très honoré Mustapha pâchâ, portant des dépêches à mes plénipotentiaires, que je croyois arrivés à Ghazah, et je vous ai fait connoître par cette occasion, et par ledit Mustapha pâchâ, mon opinion sur l'évènement d'êl-A'rych, ainsi que les voies de rapprochement que j'ai à vous proposer pour arriver à un accommodement également desirable pour les deux parties. Ce que j'ai dit hier, je vous le répéterai ici, afin que le gouvernement français ne puisse un jour m'accuser de n'avoir pas employé tous les moyens pour arrêter l'effusion du sang entre deux nations qui, plus que jamais, ont le plus grand intérêt de se réunir étroitement; et pour qu'en cas que mes propositions ne soient pas écoutées, V. E. demeure seule comptable, non seulement envers son souverain Selim II, mais encore envers l'Europe entière de celui qui pourroit couler encore; qu'elle demeure comptable envers la sublime Porte d'avoir donné au hasard d'une bataille ce qu'elle auroit pu obtenir avec certitude de la maniere la plus conforme aux intérêts de l'empire ottoman: je parle de l'évacuation de l'Egypte, et je m'explique.

V. E. m'a proposé dans ses lettres précédentes, 1°. notre libre sortie de l'Egypte, avec armes, bagages, et toutes autres propriétés; 2°. qu'il seroit fourni à cet effet à l'armée de la part de la sublime Porte tous les bâtiments nécessaires et pourvus de vivres pour retourner en France. J'accepte ces deux propositions, à la simple condition qui suit, savoir, qu'aussitôt que les Français auront évacué l'Egypte, la sublime Porte se retirera de la triple alliance, dans laquelle elle ne s'est et n'a pu s'engager que pour maintenir l'intégrité de son empire, qui alors, et au moyen de cette évacuation, seroit rétablie.

D'accord sur ces points capitaux, rien ne sera plus aisé que de s'entendre sur les différents détails d'exécution: et je propose pour cela trois moyens; le premier seroit d'abandonner ce travail aux plénipotentiaires actuellement à bord du *Tigre* ou à Ghazah; le second, infiniment plus simple et plus prompt, seroit d'envoyer votre reys-effendy, accompagné d'un autre grand de votre armée, à Cathiéh ou à Saléhié, où j'enverrai de mon côté un officier-général chargé de mes pouvoirs, si, alors que V. E. recevroit cette lettre, mes envoyés n'eussent pas encore paru à son quartier-général; le troisieme enfin seroit d'autoriser et de donner pleins pouvoirs pour cet objet au très honoré Mustapha pâchâ, actuellement au Kaire : en six heures de temps tout pourroit être terminé. Je demande à V. E. une réponse catégorique, en lui observant que de toutes les manieres une suspension d'armes, garantie par des otages, est aussi indispensable que conforme aux droits de la guerre. Sans cette suspension, nos négociations ne deviendroient que le prétexte d'un affreux brigandage et de lâches assassinats. Je dois aussi vous prévenir que j'ai reçu la nouvelle officielle que déjà le 3 de ce mois, répondant au 26 du mois de rageb, il a été conclu à bord du *Tigre*, entre sir Sidney Smith et mes plénipotentiaires, un armistice d'un mois, sauf prolongation s'il y a lieu. J'y ai souscrit, et il me semble qu'il est obligatoire que V. E. y consente. On ne s'est jamais joué de choses aussi sacrées et aussi importantes.

Je prie V. E. de croire à la haute considération que j'ai pour elle.

KLEBER.

N° XXXIV.

Note remise par sir Smith aux plénipotentiaires français. — Au camp impérial à él-A'rych, 9 janvier 1800 (19 nivose an 8).

MESSIEURS les commissaires français ayant témoigné le désir d'avoir une réponse plus détaillée sur chaque article de leurs propositions, après sa conférence avec le grand-vizir, le soussigné s'empresse d'y satisfaire.

1°. Les troupes ottomanes n'étant pas les seules qui occupent les isles vénitiennes, et l'Angleterre, qui n'a pas contribué directement à leur prise, n'y ayant pas de garnison, ces puissances ne peuvent pas en disposer directement. Ce ne sera qu'au congrès pour la paix générale que leur destination ultérieure pourra être décidée.

2°. Les troupes napolitaines et anglaises assiégeoient le seul point de l'isle de Malte occupé par les troupes françaises lors des derniers avis de ce côté. Si l'isle est aujourd'hui en leur pouvoir, il est évident que Naples doit avoir sa voix dans la destination ultérieure d'une isle dont il a été de tout temps suzerain, et pour ainsi dire à sa porte. Dans tous les cas, cette destination ne peut être arrangée en Egypte.

3°. La triple alliance est *défensive*, et non *offensive*, comme MM. les commissaires français le supposent, comme base de leur argument, de la nécessité de sa dissolution.

4°. Le soussigné n'a pas déguisé, dès le commencement des conférences, l'impossibilité où il se trouvoit, comme militaire, de consentir que l'armée française (à laquelle il est opposé, de concert avec un allié de la Grande-Bretagne,) puisse se transporter librement pour attaquer les autres. Elle est moins nuisible en Egypte qu'elle ne seroit ailleurs. Cependant son transport pour la France, avec armes et bagages, a été promis, *et cette promesse sera tenue*.

Sidney Smith.

N° XXXV.

Lettre de M. Smith, au général en chef Kleber. — Au camp impérial ottoman, à él-A'rych, le 9 janvier 1800 (19 nivose an 8). — Arrivée au camp de Saléhié, le 24 nivose.

Monsieur le général,

J'ai l'honneur de vous prévenir que les vents ayant régné à l'ouest, il est impossible que les passe-ports que vous avez demandés pour les hommes de lettres, artistes, et blessés, que j'ai envoyés signés en blanc au capitaine Stiles, devant Alexandrie, puissent y être arrivés; ainsi, pour éviter tout inconvénient à ces messieurs, je desire qu'ils ne s'exposent pas sur mer, jusqu'à ce qu'ils aient la certitude que le capitaine Stiles les aura reçus; et alors je desirerois, pour leur plus grande sûreté, qu'il soit arrangé d'avance que le Thésée soit le premier vaisseau auquel ils abordent en sortant du port. J'envoie ci-incluse une lettre pour ce capitaine à ce sujet. J'enverrois d'autres passe-ports, mais je n'en ai pas de blancs ici.

J'ai l'honneur, etc.

Sidney Smith.

N° XXXVI.

Lettre de M. Smith, au général en chef Kleber. — Au camp impérial ottoman à él-A'rych, le 12 janvier 1800 (22 nivose an 8). — Arrivée au camp de Saléhié, le 24 nivose.

Monsieur le général,

Au moment du départ de ma lettre du 9 janvier, votre lettre datée du 17 nivose, adressée à S. A. le grand-vizir, est arrivée au camp ottoman, et une conférence générale des ministres de la sublime Porte a eu lieu immédiatement, à laquelle j'assistai. Le résultat a été la décision promulguée par S. A. le grand-vizir, que la sublime Porte ne pouvoit accéder à aucune proposition tendant à rompre les engagements contractés par ses traités, et que je devois donner cette réponse, au nom de S. A., à MM. vos commissaires, lors de leur arrivée. Je crois de mon devoir de vous en prévenir une heure plus tôt, afin que vous preniez en votre considération si vous ne pouvez pas accepter la seule offre qui peut vous être faite en réponse à vos propositions, de signer une convention pour l'évacuation du territoire ottoman, avec armes et bagages et tous les honneurs de la guerre, sur les bâtiments que le gouvernement ottoman s'engage à fournir. Je vous avoue que c'est avec peine que j'ai pu, dès l'origine, faire adopter cette mesure si nouvelle pour les usages ottomans.

Je dois vous dire aussi, M. le général, qu'elle est définitive; elle sera communiquée à MM. vos commissaires, et la rupture de la négociation ou la prolongation de la treve dépendra de leur décision. Ce sera bien à regret que je les verrai s'éloigner, si nous nous séparons sans en venir à l'arrangement tant à desirer pour l'humanité; mais il faut remplir ses devoirs, tels pénibles qu'ils soient.

Dans tous les cas, j'ai l'honneur d'être, etc.

Sidney Smith.

N° XXXVII.

Lettre de M. Smith, au général en chef Kleber. — Au camp impérial ottoman, à él-A'rych, le 12 janvier 1800 (22 nivose an 8). — Arrivée à Saléhié le 24 nivose.

Monsieur le général,

J'ai l'honneur de vous prévenir que je viens de recevoir une lettre du général Desaix et de M. Poussielgue, me prévenant de leur arrivée à Ghazah, le 21 nivose (11 janvier), comptant se rendre de suite. D'après ce qu'ils me marquent, je les attends demain au soir. Vous trouverez ci-incluses deux lettres que ces messieurs m'ont chargé de vous faire passer.

J'ai l'honneur, etc.

Sidney Smith.

N° XXXVIII.

Lettre de M. Smith au général en chef Kleber. — Au camp impérial à él-A'rych, le 12 janvier 1800 (22 nivose an 8). Arrivée le 26 nivose au soir.

Monsieur le général,

Je vous envoie ci-inclus les noms des prisonniers turks pour lesquels on s'intéresse.

J'ai engagé la Porte à renvoyer le seul officier et deux soldats qui se trouvent dans le camp ottoman en échange, puisque l'échange des six déja rendus est complété par le renvoi de six Turks de votre part. Je ne sais pas les grades des Turks; mais s'ils ne correspondent pas, vous aurez la bonté de le signifier par une lettre accompagnant ces prisonniers. Je fais mon possible pour presser l'échange général que l'humanité commande, mais qui souffre des retards par l'éloignement de Constantinople, où la question doit être décidée, comme dépendant des arrangements définitifs, à ce que je vois.

J'ai l'honneur, etc.

Sidney Smith.

N° XXXIX.

Lettre de M. Smith au général Desaix et au citoyen Poussielgue. — Au camp impérial ottoman, à él-A'rych, le 13 janvier 1800 (23 nivose an 8).

Messieurs,

Votre lettre du 11 courant m'a tiré de mes inquiétudes sur votre compte, en me donnant la nouvelle agréable de votre décision de venir ici, et de votre approche. J'ai cru devoir ne pas vous laisser ignorer mes inquiétudes sur votre sûreté, parmi une foule de troupes indisciplinées et acharnées contre l'ennemi qu'elles sont venues combattre, disent-elles, et non pour végéter sur la lisiere. C'est sur moi que tombe maintenant tout l'odieux de leur inaction, puisque j'insiste sur la treve, ne déguisant pas mon regret sur ce qu'elle n'a pas eu lieu plutôt; des triomphes de ce genre n'étant pas ceux qui puissent me donner de la satisfaction. Je me trouve donc entre vous et les murmures de l'armée, de ce qu'il ne lui est pas permis de marcher en avant; et je m'en tirerai comme à l'ordinaire. Je dois cependant vous rassurer, autant que je le suis moi-même, sur ce qui regarde votre sûreté personnelle. Le dernier parlementaire a été fort bien reçu et traité convenablement; il est parti hier. J'ai envoyé hier, par cette occasion, deux dépêches pour le général en chef Kleber, remettant les paquets entre les mains de l'officier moi-même, afin que la même chose n'arrive plus à leurs cachets qu'à celui de la lettre ci-incluse que je viens de trouver ouverte, comme vous le voyez, dans un paquet que le reys-effendy avoit envoyé à Jaffa, et qu'on m'a rapporté.

Vous avez desiré que j'envoyasse au général Kleber ma réponse détaillée à votre derniere note; je l'ai fait: en conséquence, je vous l'envoie ci-incluse. Les premiere, deuxieme et quatrieme propositions se trouvent déja retirées par le général Kleber, dans sa derniere lettre en date du 17 nivose au grand-vizir. L'ultimatum de S. A. sur la troisieme, la seule restante, vous sera communiqué dans la premiere conférence générale, immédiatement après votre arrivée au camp.

J'ai fait placer une tente attenant à la vôtre, afin que nous courions les mêmes chances en cas de désordre, dont je ne prévois pas la moindre probabilité, quoique le vif intérêt que je prends à votre sûreté m'en ait suggéré la possibilité parmi des gens désordonnés.

Vous trouverez les ministres et officiers supérieurs disposés à vous montrer cette urbanité qui distingue les classes supérieures de toutes les nations.

En attendant le plaisir de vous voir, je me dis votre très humble.

Sidney Smith.

N° XL.

Lettre de sir Smith, au général en chef Kleber. — Au camp des conférences près d'él-A'rych, 19 janvier 1800 (29 nivose an 8). — Arrivée à Saléhié, le 2 pluviose.

Monsieur le général,

Votre lettre, datée du 13 nivose, ne m'a été remise qu'hier, les vents ayant contrarié le parlementaire que montoit l'adjudant-général Baudot.

J'ai senti comme vous, M. le général, la convenance d'un armistice pendant nos conférences : vous aurez déja vu que ma note, en appui de la proposition à cet effet, n'arriva pas à temps aux mains du grand-vizir, non plus que la vôtre qui la notifioit. Je regrette vivement ce contre-temps; mais qu'une treve n'ait pas été observée pendant que l'on ignoroit si vous, de votre côté, étiez d'accord là-dessus, cela ne doit point étonner; il est plus étonnant pour ceux qui connoissent les élémens d'une armée turke, que nous ayons pu réussir jusqu'ici à arrêter ce torrent depuis, et à l'empêcher de faire des pas plus propres à aigrir qu'à ramener les esprits, comme vous dites bien, M. le général, parceque les considérations qui sont toutes naturelles aux hommes accoutumés à la guerre européenne, trouvent difficilement accès dans l'esprit de ceux qui ont une maniere toute différente de voir, comme MM. vos envoyés ont été à même d'observer. La même difficulté existant par rapport à l'exécution de l'échange des prisonniers, que j'ai influé Patrona-bey à arrêter avec le général Marmont, je me repose sur la libéralité manifestée dans votre correspondance, pour que vous me croyiez quand je vous assure, M. le général, de mes efforts continuels pour m'acquitter du devoir que je me suis imposé à cet égard, dans l'espérance de tirer beaucoup d'hommes du malheur le plus réel que je connoisse. J'ai avoué formellement ce cartel d'échange dans ma correspondance, afin que si quelques malheurs sont arrivés dans l'état périlleux que nous exerçons, il ne porte pas un malheur plus grand à nos confreres de part et d'autre; et, pour vous prouver que de mon côté je n'élude pas une question de droit et de justice, vous pouvez être assuré, M. le général, que ces malheureux ont et auront toujours en moi un avocat zélé; et l'article que nous avons inséré dans la convention de l'évacuation déja avancée me donne droit d'espérer que leurs malheurs vont cesser. Votre derniere lettre du 26 nivose encourage et facilite nos travaux, et je vois déja le moment où j'aurai la satisfaction de vous témoigner personnellement le respect, l'estime, et la considération parfaite avec lesquels j'ai l'honneur, etc.

SIDNEY SMITH.

N° XLI.

Lettre du général Desaix et du citoyen Poussielgue, au général en chef Kleber. — Au camp des conférences, à él-A'rych, le 3 pluviose, an 8.

Citoyen général,

Nous avons enfin terminé ce soir les débats de la convention pour l'évacuation de l'Egypte. Les articles en sont convenus et arrêtés au nombre de vingt-deux : ils sont écrits en turk, et traduits en mauvais français ; ce qui nous empêche de vous les envoyer aujourd'hui. Ce soir ils seront rédigés d'une maniere un peu plus claire, et demain nous comptons les signer, les échanger, et vous envoyer l'original turk pour être ratifié. Nous y joindrons une copie du français que nous aurons remis aux plénipotentiaires turks.

Nous avons tiré tout ce que nous avons pu de cette négociation ; et en raison de la méfiance des personnes avec qui nous traitions, et de leurs préjugés, nous sommes nous-mêmes étonnés d'être encore venus à bout de cet ouvrage, tout mauvais qu'il est. Les articles 15, 16 et 17 surtout, ont été extrêmement difficiles à obtenir. Les Turks ont été étonnés qu'on leur demandât de l'argent ; ils regardoient cette demande comme une offense pour la sublime Porte, qui, disoient-ils, n'en avoit jamais donné de cette maniere, et ne devoit pas ainsi se racheter. Il étoit plaisant de voir M. Smith, et M. Frankini agent de Russie, se réunir à nous pour leur faire entendre raison sur une chose si simple. Enfin, pour avoir de l'argent, il a fallu en passer par la maniere sous laquelle ils se sont expliqués à eux les moyens de justifier cette remise.

Nous vous envoyons un passe-port pour que vous puissiez

tout de suite expédier un aviso en France, afin de prévenir le gouvernement de l'évacuation, et qu'elle soit annoncée à temps en France pour qu'aucun bâtiment ne se mette en route pour venir nous joindre. (Voyez l'art. 14.)

L'aide-de-camp Neterwood est arrivé à midi aujourd'hui, et nous a remis votre dépêche du 30, dont nous avons lu avec plaisir le contenu.

Nous n'avons aucune nouvelle depuis le 11 novembre, époque jusqu'à laquelle nous vous avons envoyé les gazettes de Francfort. On dit seulement que le général Bonaparte est parti pour Berlin; on ne dit pas pourquoi.

Comme nous présumons combien vous devez être impatient de savoir à quoi vous en tenir, nous vous envoyons copie des articles arrêtés, sauf rédaction: tâchez de les deviner dans le mauvais style dans lequel ils sont rédigés.

Vos lettres au grand-vizir ont eu toutes besoin d'être traduites par le drogman de la Porte; le turk dans lequel elles étoient écrites étoit inintelligible.

Salut et respect.

DESAIX, POUSSIELGUE.

N° XLII.

Lettre du général Desaix et du citoyen Poussielgue, au général en chef Kleber. — Au camp des conférences, près d'él-A'rych, le 4 pluviose an 8.

CITOYEN GÉNÉRAL,

Nous vous envoyons la convention pour l'évacuation de l'Egypte, telle que nous vous en avons fait passer hier une copie. Vous y verrez que les ratifications doivent être échangées dans les huit jours. Nous vous prions, en conséquence, de nous renvoyer l'original turk, avec votre ratification au bas, et scellée de votre cachet, assez tôt pour qu'elle nous parvienne avant l'expiration du terme.

Déja le grand-vizir a expédié un courrier pour en porter la nouvelle à Constantinople : on a aussi envoyé quelqu'un pour faire préparer les bâtiments dont nous aurons besoin : enfin, le grand-vizir va expédier des firmans aux mamloûks, aux habitants de l'Egypte, et aux Arabes pour faire cesser toute hostilité.

Dès l'instant que vous aurez signé la ratification, il sera nécessaire de donner des ordres pour l'évacuation des premiers points convenus, que sans doute les Turks seront empressés d'occuper à l'expiration du terme.

Comme le temps est court, vous n'aurez pas un instant à perdre pour mettre en activité l'exécution de toutes les dispositions prévues dans la convention.

Nous n'avons pas demandé d'otages, parceque les otages que donneroient les Turks ne seroient d'aucune garantie pour nous, et nous compromettrions inutilement ceux que nous leur donnerions. Notre meilleure garantie est dans nos forces, quand elles seront réunies, et dans l'ancienne habitude qu'ont les Turks de nous regarder comme leurs amis. Ainsi il faut toujours bien se tenir sur ses gardes, sans cesser un instant de veiller, et sur-tout éviter toute occasion de querelle avec les habitants du pays et les Turks.

On nous témoigne beaucoup de bienveillance depuis la signature du traité, et les Turks se réjouissent; ce qui prouve qu'ils en sont bien-aises.

Nous retournerons auprès de vous aussitôt après l'échange des ratifications.

Vous jugerez sans doute nécessaire de faire prendre une copie en turk du traité, avant de nous le renvoyer. Il ne sera peut-être pas moins utile que vous le fassiez traduire en arabe et imprimer en cette langue, ainsi qu'en français. Les habitants de l'Egypte verront que nous avons pensé à eux, que nous sommes bien avec les Turks, et ils demeureront tranquilles.

Il faut aussi envoyer approuvé par vous l'état joint au traité concernant l'article 15.

Salut et respect.

DESAIX, POUSSIELGUE.

N° XLIII.

Lettre du commodore Sidney Smith au général en chef Kleber. — Au camp ottoman, près d'él-A'rych, le 30 janvier 1800 (10 pluviose an 8).

MONSIEUR LE GÉNÉRAL,

J'ai reçu avec une vive satisfaction la lettre dont vous m'avez honoré par les mains de l'adjudant-général Morand. Je desire témoigner ma sensibilité de la maniere obligeante dont vous vous exprimez sur ce qui me regarde personnellement; et je repete, M. le général, que votre bonne opinion m'est acceptable par autant que celle des hommes comme vous a seule du prix dans mon esprit.

Ma satisfaction *sur la conclusion définitive d'un arrangement* que la saine raison a dicté pour le bien de l'humanité souffre une diminution sensible, en réfléchissant sur les difficultés que nous éprouverons avant son entiere exécution, et ne sera complete qu'à ce moment-là.

La crainte d'une insurrection au Kaire a été la cause du vif desir que l'on a témoigné de voir en éloigner l'armée française avant les jours des fêtes tumultueuses. J'ai cru pouvoir répondre qu'une fois l'évacuation décidée l'armée seroit aussi empressée de partir qu'on pourroit l'être de la voir partir; et comme ce départ dépend principalement de l'arrivée du nombre suffisant de bâtiments de transport à Alexandrie, je crois devoir différer la satisfaction que je me suis promise en faisant personnellement votre connoissance, jusqu'à ce que j'aie mis cette partie qui regarde la marine en mouvement. Je viendrai alors devant Alexandrie, et notre plus grand rapprochement dépendra alors de vous, M. le général. Je ne prétends pas répondre du *bon ordre* parmi des gens que je ne puis pas influer sans l'entremise d'un drogman; mais si je ne prends pas cette responsabilité sur moi, *je prends l'engagement le plus formel de faire mon possible* pour que tout se passe loyalement, et de maniere à éviter des discussions ultérieures dans l'exécution. J'ai choisi, pour remplir les fonctions de commissaire prescrit par l'article 3 de la convention, le capitaine Canes, actuellement commandant le *Tigre*, et dans son absence le lieutenant Wright.

Je viens de recevoir de retour les passe-ports que j'avois signés en blanc, et envoyés devant Alexandrie; j'en envoie ci-inclus onze. Si vous trouvez quelque changement nécessaire, vous aurez la bonté de me l'indiquer.

J'envoie le duplicata d'un ordre déja envoyé au capitaine Stiles, pour mieux assurer son exécution, crainte que l'original ne soit retardé en route par mer.

Je crois devoir prévenir l'amiral Blanket, commandant les forces navales britanniques dans la mer Rouge, de la convention échangée ici aujourd'hui, en lui envoyant une copie pour son information, et celle du commandant des forces militaires à Socotora. J'envoie à cet effet le lieutenant de la marine Sauverin, ne doutant pas que vous lui permettiez de passer et de revenir ici selon le but de son voyage.

Vous pouvez continuer à correspondre avec moi par l'entremise de S. A. le grand-vizir, jusqu'à ce que vous appreniez mon arrivée devant Alexandrie. En attendant l'honneur et la satisfaction de faire personnellement votre connoissance, j'ai l'honneur d'être, etc.

Sidney Smith.

N° XLIV.

Lettre du commodore Sidney Smith, au général en chef Kleber. — Au camp ottoman à êl-A'rych, le 30 janvier 1800 (10 pluviose, an 8).

Monsieur le général,

La restriction que vous avez mise à votre ratification de la convention a été très juste, et le reys-effendy m'a assuré aujourd'hui que les deux variantes que vous avez fait remarquer dans les deux traductions sont admises et corrigées.

On ne peut, comme vous dites, M. le général, supposer nulle intention de surprise dans une pareille affaire; mais les subalternes, dans aucun pays, n'ayant la même exactitude ni les mêmes sentiments que les supérieurs, l'attention la plus scrupuleuse est nécessaire. Il seroit superflu de recommander au général Kleber d'être sur ses gardes dans tous les cas.

J'ai l'honneur, etc,

Sidney Smith.

N° XLV.

Sidney Smith au citoyen Poussielgue, administrateur-général des finances, à bord du Tigre, le 8 mars 1800 (17 ventose, an 8).

Je me suis empressé de me rendre devant Alexandrie à l'instant que j'ai pu compléter l'approvisionnement de mon vaisseau, pour vous faire part d'une maniere détaillée des obstacles que mes supérieurs ont mis à l'éxécution de toute convention de la nature de celle que j'ai cru devoir admettre, n'ayant pas alors reçu *les instructions contraires* qui me sont parvenues en Chipre le 22 février, en date du 10 janvier.

Quant à moi-même, je n'hésiterois pas de passer pardessus tout arrangement d'ancienne date pour soutenir ce qui a été fait le 24 et le 31 janvier; mais ce seroit tendre un piege à mes braves, antagonistes si je les encourageois à s'embarquer; je dois à l'armée française et à moi-même de ne pas lui laisser ignorer cet état actuel des choses que je travaille cependant à changer. En tout cas, je me trouve entre elle et les fausses impressions qui ont dicté une mesure de cette nature : et comme je connois la libéralité de mes supérieurs, je ne doute pas de pouvoir produire sur leur esprit la même conviction que j'ai moi-même en faveur de la mesure que nous avons adoptée ensemble. Un entretien avec vous me mettroit à même de vous communiquer l'origine et la nature de cette restriction, et je vous propose de faire le voyage sur une frégate anglaise, jusqu'au commandant en chef de la flotte nouvellement arrivée dans la Méditerranée, pour conférer avec lui là-dessus.

Je compte beaucoup sur vos lumieres et l'esprit conciliateur qui a facilité les moyens de nous entendre pour appuyer mes raisonnements sur l'impossibilité de revenir sur ce qui a été si formellement fait. Après une discussion détaillée et une mûre délibération, je vous propose donc, monsieur, de venir encore une fois à mon bord pour conférer sur ce qu'il y a à faire dans les circonstances difficiles où nous nous trouvons.

J'ai l'honneur d'être, avec une parfaite considération et une haute estime,

MONSIEUR,

votre très humble serviteur,
SIDNEY SMITH.

N° XLVI.

Lettre de l'ambassadeur de Russie à M. Smith. — Constantinople, le 2 novembre 1799 (brumaire, an 8).

MONSIEUR LE COMMODORE,

Les lettres des généraux français en Egypte au grand-vizir ayant donné à celui-ci l'idée de tenter d'obtenir l'évacuation de l'Egypte par capitulation, le ministre d'ici m'a demandé les passe-ports nécessaires pour la sûreté du retour des troupes françaises en France, si cette capitulation venoit réellement à s'effectuer. J'ai cru devoir accéder au desir de la Porte, et j'ai l'honneur de vous transmettre ci-inclus un de ces passe-ports tel que je l'ai imaginé. J'ai prévenu en même temps le drogman Frankini, en le chargeant de remplir ces passe-ports, que la capitulation, ainsi que son exécution, ne pourroient avoir leur entier effet qu'autant qu'elles auroient votre concours et votre approbation, et que si mon passe-port présentoit quelques difficultés, il pourroit être mis de côté, vu que les vôtres seuls seront également respectés par les armements de S. M. l'empereur mon souverain.

U. Tamara.

N° XLVII.

Discours de M. Dundas, prononcé dans la séance du 8 juillet 1800 (19 messidor, an 8) de la chambre des communes d'Angleterre.

L'honorable membre (M. Jones) se fonde sur une fausse supposition, en posant pour fait qu'une convention ait été conclue entre ce pays et le général français. Un traité qui n'a point existé n'a pu être enfreint. Une négociation partielle pouvoit avoir été entamée entre un officier subordonné et le général ennemi sans que des instructions eussent été envoyées pour une convention réguliere. L'Angleterre n'a point été partie dans ce traité; et l'on peut dire qu'elle a toujours observé ses engagements avec une bonne foi surabondante. Lorsque les Français envahirent l'Egypte, l'effroi fut général; l'Europe et l'Orient tremblerent; nos possessions dans l'Inde ne couroient pas moins de dangers que l'empire ottoman. C'est alors que l'activité, le courage héroïque de nos marins, frustrerent, par la plus brillante des victoires, l'espérance que l'ennemi s'étoit formée dans son entreprise gigantesque.

Cette armée perfide doit servir d'exemple ; l'intérêt du genre humain demande sa destruction : nous devons espérer que, harcelée sur tous les points, luttant contre les maladies et l'influence du climat, elle ne retournera point tranquille sur le rivage où elle s'embarqua. Quand la nouvelle des premieres négociations ouvertes entre le vizir et le général français parvint dans ce pays, le gouvernement ne jugea point qu'il dût permettre à l'armée délivrée de venir tenter en Europe quelque autre invasion. Peut-être la Porte, méconnoissant ses véritables intérêts, s'inquiétoit-elle peu que les Français allassent tourmenter ses alliés.

Le gouvernement ignoroit qu'un officier anglais fût intervenu dans le traité de la part de l'Angleterre. La substance des instructions de lord Keith étant communiquée au général français, il s'établit entre lui et le grand-vizir une correspondance. Celui-ci, pressé de prendre possession du Kaire, refusa d'écouter ses remontrances, et, après un intervalle de six heures seulement, l'armée ottomane fut attaquée et défaite. Je remarquerai, ajoute M. Dundas, *que jamais personne n'avoit été autorisé à traiter avec Kleber à d'autres conditions que celles qui sont énoncées dans la lettre du lord Keith*. Ce qui s'est passé avant cette transaction ne peut être réputé obligatoire par la loi des nations; mais dès qu'il fut connu dans ce pays qu'un officier anglais avoit accordé protection à l'armée française, et qu'avec les moyens de l'écraser, il avoit bien voulu s'interposer pour sa délivrance, le gouvernement, sans tenir à ses propres intérêts ni à ses opinions, a envoyé des ordres pour acquiescer au traité conclu par la Porte, et il est probable qu'en ce moment l'armée française recueille les fruits de cette condescendance.

EXTRAIT

DU N° 70, DU COURRIER D'ÉGYPTE.

21 prairial, an 8.

Extrait du journal de M. Morier, secrétaire de S. E. le lord Elgin, ambassadeur extraordinaire, et ministre plénipotentiaire de S. M. B. près la sublime Porte.

AVERTISSEMENT.

M. Morier étoit venu du camp du grand-vizir au quartier-général de l'armée française, pour y entamer des négociations au moment où éclata la rupture de la convention d'êl-A'rych. Quand il apprit la victoire d'Héliopolis, il s'éclipsa avec une rapidité incroyable; et, dans le désordre que cet évènement avoit jeté dans sa tête, il oublia à Damiette une partie de ses papiers, et notamment son journal ou Pocket-Book.

En faisant connoître ce recueil de notes, nous n'imiterons point l'exemple, plus qu'indiscret et souvent odieux, donné par les compatriotes de M. Morier, en publiant des lettres particulieres, et qui ne contenoient que des affaires domestiques, sans avoir le moindre rapport avec les intérêts publics et respectifs des nations belligérantes.

Nous croyons cependant devoir annoncer que si, peu satisfaits de notre modération, ceux qui en recueilleront les fruits élevoient quelques doutes sur notre véracité, nous sommes prêts à livrer les papiers originaux à l'impression.

A bord de la Marie-Anne en mer, à la hauteur de Rhodes, 22 janvier 1800.

Nous arrivâmes à Constantinople, le 6 novembre 1799.

Vers le... de décembre, l'ambassadeur étoit débarrassé de ses deux audiences, et nous étions tous établis assez bien dans le palais de France.

Je me proposois de jouir de tout le plaisir et de l'instruction que l'agréable situation où je me trouvois pouvoit me procurer, sans élever mes vues plus haut; car je croyois appercevoir une si grande indifférence de la part du lord Elgin envers ceux qui étoient le plus immédiatement sous sa dépendance, que je ne m'attendois guere, tandis que je resterois avec lui, à m'élever au-dessus du poste subalterne que j'occupois en partant. Cependant, j'eus la satisfaction d'observer que j'avois gagné sa confiance, car il me laissoit voir tous ses papiers; il étoit en général communicatif, et avoit des attentions pour moi.

Au moment où je m'y attendois le moins, l'état des affaires et de la guerre d'Egypte, ainsi que quelques circonstances relatives à ces objets, donnerent occasion au lord Elgin de m'avancer, en m'employant au service du gouvernement. Il me proposa d'aller au quartier-général du grand-vizir, comme son représentant, dans le dessein d'établir une communication réguliere avec lui et avec le gouvernement de l'Inde, au sujet des opérations des armées turke et française en Syrie et en Egypte (1). Il me promit

---

(1) Le général Kochler, venu d'Angleterre avec quelques ingénieurs, a été employé d'une maniere toute contraire à l'intention primitive du gouvernement à réparer les fortifications des Dardanelles. Le lord Elgin insistoit pour qu'on l'envoyât se concerter avec le grand-

en même temps que je ne devois point pour cela me regarder comme séparé de sa personne ; il insinua qu'il étoit entré de la même maniere dans la carriere diplomatique, et que, comme mes dépêches seroient publiques, je ne pouvois trouver une plus belle occasion pour me faire connoître, et pour être immédiatement utile au gouvernement. Il me promit que je jouirois des appointements de secrétaire de légation, ou d'un traitement du gouvernement proportionné à mes dépenses. Il écrivit au lord Grenville, dans une dépêche officielle, d'une maniere si favorable sur mon compte, que je ne doutai plus de la sincérité de ses intentions pour favoriser mon avancement, d'autant plus que cela lui étoit venu naturellement. Jamais je ne lui avois laissé entrevoir mes vues et les espérances que je fondois sur sa protection, espérant, par cette conduite désintéressée, gagner toute sa confiance. Je pensai de plus que la position où le lord m'avoit mis me donneroit toujours des droits aux yeux mêmes du gouvernement, quelle que fût d'ailleurs son intention particuliere. Je n'hésitai pas un moment à accepter le poste qu'on m'offroit. Je reçus mes instructions, qui prouvent plus que tout ce que je pourrai dire, la confiance que le lord plaçoit en moi. Je quittai Constantinople le 23 décembre, sur la Marie-Anne, chaloupe canonniere qui avoit été prise sur les Français par sir Sidney Smith, et étoit commandée par un de ses aspirants, M. Boxer.

Ce que je regrettai le plus, en échangeant une vie paisible contre le tumulte des camps, ce fut d'abandonner pour quelque temps tout projet d'étude ; car je ne pus emporter qu'un fort petit nombre d'effets : mais l'idée que je

---

vizir; et, comme ce général et sir Sidney Smith étoient ensemble à *couteaux tirés*, je devois jouer le rôle de médiateur, et rendre compte de leurs opérations.

servois mon pays me dédommagea suffisamment de tous les sacrifices que j'allois faire, et j'entrai réellement dans les vues du lord Elgin avec tout le zele possible.

27 décembre. Nous relâchâmes à Foggia, à cause d'un fort vent contraire.

Premier janvier. Je profitai de cette occasion pour aller voir mes amis à Smyrne; et je revins à Foggia bien à temps pour profiter d'une brise de nord qui nous conduisit à Scio, où nous fûmes retenus par les vents jusqu'au 12; un bon vent nous mena ensuite à Rhodes, le 13 janvier. Nous n'y aurions pas jeté l'ancre, si mes instructions n'avoient pas porté que je m'informerois de la position de sir Sidney Smith, afin de le voir avant de joindre le vizir, dans l'intention de prendre de concert des mesures pour une *ruse de guerre* que nous devions adopter pour l'évacuation de l'Egypte par les Français. M. Wreight, l'un des lieutenants de sir Sidney Smith, et Hassan-bey, gouverneur de Rhodes, me conseillerent d'aller en Chipre, où je devois probablement avoir des avis certains sur sir Sidney Smith, parcequ'on n'avoit pas entendu parler de lui depuis long-temps. Ils me dirent en même temps qu'ils imaginoient qu'il croisoit devant Damiette. Nous mîmes à la voile le 24 janvier, avec un mauvais vent, dans l'intention de gouverner sur Chipre ou sur Damiette, selon que le vent nous favoriseroit; mais il vint à souffler si violemment, que le lendemain matin nous reconnûmes Marmorissa sur la côte d'Anatolie, où nous restâmes jusqu'au 20.

2 février. J'arrivai enfin au camp turk, qui étoit situé près d'él-A'rych. Il étoit dix heures du soir, lorsque je débarquai; j'allai de suite à la tente de M. Frankini, où j'appris que sir Sidney Smith n'avoit pas encore mis à la voile, et que la convention pour l'évacuation de l'Egypte étoit déja conclue et ratifiée.

3 février. Conformément à mes instructions, je ne perdis point de temps sans voir sir Sidney Smith. Je me transportai à bord du brick le Caméléon, sur lequel il étoit embarqué, et sur le point de partir pour Jaffa, afin de regagner son vaisseau. Il me communiqua tous les papiers qui avoient paru, et me fit savoir qu'il avoit enfin terminé la convention pour l'évacuation de l'Egypte. Il s'étendit avec détail sur toutes les circonstances qui l'avoient engagé à prendre une part aussi active dans les affaires militaires de ce pays; mais le résumé total de tout ce qu'il me dit se réduisit à ceci, autant que je puis m'en souvenir: Que le caractere de ministre plénipotentiaire dont il étoit revêtu, et qui avoit donné de l'ombrage à Constantinople, lui avoit été conféré par lord Grenville, afin qu'il pût dire à tout amiral étranger, ou à tout autre officier avec lequel il seroit en relation: « Voici des ordres de ma cour; je re« présente mon gouvernement ». L'idée que la sûreté de l'empire ottoman dépendoit de la stricte observation de la convention, l'occupoit beaucoup; et il pensoit qu'en mettant à exécution le projet d'une *ruse de guerre*, on rejetoit les affaires dans leur état primitif. J'observai que cela avoit été proposé pour le cas où les Français n'auroient pas été sinceres dans leurs premieres ouvertures, et que la sûreté de l'empire ottoman exigeoit quelque mesure vigoureuse de cette nature pour délivrer l'Egypte de ses envahisseurs. Il regardoit le vizir comme un homme doué de talents naturels, mais sans culture; et le reys-effendy comme très accoutumé aux affaires courantes, mais opposé à la convention, aussi-bien que l'agent de Russie; le premier, par des motifs d'intérêt personnel, étant partisan des Russes, et espérant, en secondant les vues de ce gouvernement, s'assurer sa faveur; et le second, à cause des vues de son gouvernement, qui avoit offert des troupes auxiliaires en

l'gypte, et qui espéroit probablement affoiblir les forces des Turks, afin de favoriser des projets de conquêtes sur cet empire.

L'objection que faisoit le premier, étoit qu'on avoit accordé aux Français leurs armes, bagage, et trois mille bourses, sans considérer si ces objets équivaloient ou non à l'une des plus belles provinces de l'empire ottoman....

Sir Sidney pensoit que ma conduite, par la suite, devoit être d'insister sur l'observation religieuse du traité, et de protester dans le cas où il seroit rompu.

M. Frankini et sir Sidney Smith avoient demandé aux ministres quelles étoient les vues que le gouvernement ottoman avoit sur l'Egypte ; mais ils n'avoient reçu aucune réponse ou seulement une réponse évasive.

4 février. Je rendis visite au reys-effendy et au grand-vizir.

5 février. L'armée partit du camp d'êl-A'rych, et s'arrêta la nuit à peu de distance de cet endroit.

6 février. On marcha pendant six heures, et on s'arrêta à trois heures après midi.

7 février. Marche de neuf heures.

8 février. Nous sommes campés à Cathiéh. Les Français ont quitté la place la veille.

9 février. J'ai été voir les fortifications, consistant en une palissade de trois cents pieds en carré, construite en troncs de dattiers, et défendue par cinq pieces de 6. Dès qu'on sut que j'avois été voir la place, on posa une garde avec défense de laisser entrer qui que ce fût. Les Turks sont honteux de leur propre foiblesse, ce qui les rend très soupçonneux.

Je ne puis pas dire que j'aie trouvé les troupes turkes aussi insolentes et indisciplinées que je me l'étois figuré. Quoique je fusse en habit européen et en uniforme, je ne fus jamais insulté, et cependant je me plaçois dans le plus épais de la troupe pendant la marche. J'en fus d'autant plus étonné, que la chaleur que je trouvois insupportable, la longueur de la marche et le manque d'eau les rendoient de fort mauvaise humeur. Ils manifestoient leurs besoins en arrêtant les chameaux chargés d'eau pour les particuliers, et en perçant les outres.

Ce qui me choqua beaucoup, ce fut leur indifférence envers leurs malades; ils n'ont ni médecins, ni chirurgiens, ni apothicaires, ni hôpitaux. Nous perdîmes dans la journée trois cents hommes, et le vizir fut obligé d'aller avec de l'eau pour ranimer les mourants.

Une armée turke peut être comparée parfaitement à une nation entiere qui émigre. Le nombre des personnes inutiles qui suivent l'armée est presque inconcevable; de sorte que quand on parle d'une armée de cent mille hommes, il faut en mettre de côté les deux tiers. Lorsque cette armée-ci quitta Constantinople, elle n'étoit composée que de cinq mille hommes; mais il y avoit quatorze mille chevaux, et.... chameaux. Ce nombre s'est accru jusqu'à quatre-vingt-mille hommes. Tout homme, qui n'est pas simple soldat, doit avoir, outre ses domestiques qui sont nombreux, un cuisinier, un homme pour poser et plier les tentes, nommé a'kkam, un saqqa ou porteur d'eau, un hannasser ou homme pour aller chercher la nourriture des chevaux.

Je n'avois qu'une très petite suite, en comparaison de bien d'autres; cependant, outre mes chevaux et ceux de mes gens, j'avois sept chameaux chargés d'effets et de provisions.

Les troupes ne sont pourvues de pain ou de biscuit, et de viande, que deux fois par semaine; les janissaires seuls ont des rations de riz. Il est presque impossible de se procurer une notice exacte du nombre des troupes dans un camp turk; d'abord, parceque les Turks le cachent; ensuite, parcequ'il n'y a rien de constant parmi eux : un officier qui fait porter devant lui le béyraq ou drapeau, suppose qu'il commande deux cents hommes, afin de recevoir ce nombre de rations, tandis que quelquefois il en a à peine cinquante.

Un évènement singulier est arrivé cette nuit; il sert mieux que tout ce qu'on pourroit ajouter à donner une idée de la discipline des Turks, lorsqu'ils sont campés.

Ma tente étoit toujours près de celle du reys-effendy, à peu de distance de celle du vizir; car les ministres et les hommes d'état sont campés comme un corps particulier, et les régiments sont d'un autre côté. A quelque distance de nos tentes étoient campés sept mille Albanais, les meilleurs soldats de l'armée. Après le coucher du soleil, ils commencerent à s'égayer; et comme les signes de la joie s'annoncent chez les Turks par des cris et la décharge de toutes leurs armes à feu, ils se mirent à tirer à balles de côtés et d'autres, et ce ne fut pas sans nous faire courir de grands dangers, car ma tente fut percée en plusieurs endroits.

Le vizir leur donna ordre de cesser. Cet ordre fut transmis de bouche en bouche, en criant *almani* (ne tirez pas). Lorsqu'il atteignit les Albanais, ils cesserent un instant, mais redoublerent bientôt leurs décharges.

10 février. Nous marchons pendant cinq heures vers Saléhié. Dans la soirée, le reys-effendy me communiqua la convention, et j'en pris copie.

Un autre évènement, non moins frappant que celui que je viens de rapporter, eut lieu hier. Aussitôt qu'on eut décampé, les soldats tomberent sur ceux qui suivent l'armée pour débiter, à leur propre compte, des provisions de bouche et autres objets; ils les pillerent entièrement. Le besoin peut à la vérité excuser cet acte de violence. Je crois le soldat turk patient, excepté lorsque le besoin est très urgent, et alors il manifeste son mécontentement par des actes de violence.

Après la réduction d'êl-A'rych, les Turks pillerent un de leurs propres pâchâs.

Les ordres du grand-vizir, pour diriger les opérations de son armée, sont en général transmis la nuit par un crieur dans tout le camp. Ces ordres sont véritablement ridicules, lorsqu'on les compare avec nos idées et notre système militaire. On a crié cette nuit : « Vous marcherez « dix heures demain pour gagner les eaux du Nil; ceux « qui le veulent peuvent partir. »

11 février. Nous avons marché dix heures vers Salêhié.

12 février. Nous sommes arrivés à Salêhié, après deux heures de marche depuis la halte d'hier. Les troupes se mirent à piller les pauvres Arabes qui venoient vendre quelques bagatelles. On les entendit regretter les Français. Deux janissaires furent étranglés pour avoir pillé dans un village à peu de distance de Salêhié.

13 février. Manque excessif de provisions. Mes gens sont sans pain; mes chevaux mangent des fèves.

14 février. Conférence. Son excellence consentit à me laisser asseoir sur le même dyvân qu'elle, et ce ne fut pas sans l'avoir fait prévenir que je n'irois pas chez elle, à moins que cela ne me fût accordé.

15 février. J'ai visité Salêhié.

J'entrai dans les villages autour du camp. La misere des Arabes est incroyable; ils sont presque nus : les hommes et les femmes n'ont pour vêtement qu'une large chemise bleue qui descend jusqu'aux chevilles des pieds : les hommes sont maigres et d'une apparence maladive; les femmes sont sales et très laides. Ils parurent tous me voir avec plaisir, et avec une espece de regret, en se rappelant leurs amis les Français, auxquels ils paroissent très attachés.

Les mouches sont très incommodes : il pleut rarement. La chaleur m'a paru étouffante, quoique je sois resté en chemise toute la journée : la rosée est désagréable la nuit; les matinées sont brumeuses.

16 février. Nous fûmes mandés, M. Frankini et moi, par le grand-vizir, pour lui rendre une visite. Lorsque j'approchois de sa tente, j'entendis des cris affreux comme ceux que pousseroient des criminels expirants dans les tourments ; mais je fus bien étonné en entrant de voir les bouffons du vizir occupés à faire des tours d'adresse, et à se battre pour de l'argent qu'on leur jetoit. Ces bouffons sont la plupart sourds et muets. Je ne puis exprimer combien je fus surpris de trouver le généralissime d'une armée s'amusant comme un enfant. La conversation que nous eûmes ensuite fut peut-être encore plus ridicule. Il se vanta pendant long-temps de la prise d'êl-A'rych comme du plus beau coup du monde. Il ajouta que l'empereur de Russie seroit sans doute charmé d'apprendre cet évènement; puis il marqua la plus grande admiration, lorsque je lui dis que le courrier d'Angleterre faisoit la plus grande partie de la route par terre.

Quelque temps après, il marqua son étonnement sur le nombre de ses troupes, qu'il ne faisoit que d'apprendre au moment. L'expression dont il se servit fut celle-ci : « Je « suis bien étonné de trouver que j'ai un si grand nombre « de troupes. »

17 février. (1) J'ai appris de Romay que les espions des

---

(1) *Note du courrier d'Egypte*, N° 74. — C'est par erreur que l'on a mis dans le n° 70 de ce journal que M. Morier étoit venu au quartier-général de l'armée française. Il accompagna constamment le grand-vizir, et ne l'abandonna que dans sa fuite. C'est de Salêhié qu'il gagna Damiette, Rosette, Alexandrie, et parvint à s'embarquer à la faveur

beys et kyachefs ont fait savoir que les Français levoient encore des contributions.

Je fis venir dans ma tente un artiste du pays, pour m'informer si les Français étoient aimés. Il paroissoit un homme aisé; il me dit que ceux qui avoient travaillé pour les Français étoient satisfaits. Je ne pus tirer de lui rien d'intéressant.

18 février. Je quittai Saléhié.

19 février. Je suis arrivé à Belbeys, après une marche de onze heures.

20, 21, 22, 23, 24, 25 février. Je suis allé chez le reys-effendy, en conséquence de la lettre de M. Keith reçue aujourd'hui. (1)

Je communiquai au reys-effendy le rapport de M. Keith, au sujet de la menace du général Kleber. Cela ne peut pas avoir eu lieu, puisque l'article XV n'a pas été encore exécuté. Lui et Cheleby effendy m'assurerent que la Porte étoit de bonne foi.

26 février. Le reys-effendy m'envoya chercher pour me communiquer une lettre qu'il avoit reçue de Mustapha pâchâ, du Kaire, portant que trois vaisseaux de ligne anglais étoient arrivés à Alexandrie, de Plymouth; qu'ils avoient arrêté un bâtiment français ayant un passe-port de sir Sidney Smith. Je répondis que l'officier-commandant ignoroit l'état des affaires, etc.

Je demandai au reys-effendy ce qu'il pensoit de l'état des affaires depuis la nomination de Bonaparte au consulat; il

---

d'une espèce de lettre de recommandation du chef de brigade Baudot, fait prisonnier par les Turks, contre le droit des gens, en allant parlementer.

(1) Le M. Keith, dont il est ici question, est le secrétaire de sir Sidney Smith, qui est venu fréquemment au quartier-général de l'armée française.

s'imagina tout de suite que je voulois parler de son influence sur le traité ; à peine fut-il capable de répondre à la question prise généralement.

Vent chaud et insupportable avec une poussiere épaisse pendant les trois jours derniers.

27 février. Je communiquai au reys-effendy la lettre de M. Keith, reçue aujourd'hui. Il desiroit beaucoup jeter le blâme de la détention des vaisseaux français sur l'absence de sir Sidney Smith, malgré tout ce que je pus faire pour lui faire comprendre qu'il n'étoit pas toujours possible de tenir la côte. Il présumoit que sir Sidney Smith étoit allé en Chipre avec Emir pâchâ ; mais je n'en pus rien croire.

28 février. J'ai communiqué au reys-effendy la lettre de M. Keith, reçue aujourd'hui.

4 mars. Arrivée du général français Galbaud, accompagné de son fils.

5 mars. Les particularités de mon entrevue sont consignées dans ma correspondance.

9 mars. Arrivée de L....

10 mars. Audience du vizir.

11 mars. M. Keith est arrivé avec une lettre du général Kleber.

12 mars. Nous quittons Belbeys et allons camper à El-Hanka, après une marche de six heures.

13 mars. Conférence.

On dit que les Français fortifient le Kaire, et font revenir des troupes d'Alexandrie.

14 mars. J'ai communiqué au reys-effendy la lettre de M. Keith. Il dit que le général Kleber n'attend que la garantie d'un représentant anglais pour évacuer le Kaire. Je dis qu'il faudroit que ce fût une personne chargée de pleins-pouvoirs pour cet objet ; et j'ajoutai que tout cela pourroit bien n'être qu'une feinte pour gagner du temps ; que les Français pourroient espérer du renfort ; qu'on étoit encore

en droit de douter de leur bonne foi. Je propose des espions; ils disent qu'ils en ont.

15 mars. J'entends dire que les troupes françaises reviennent d'Alexandrie, et que l'on attend quatre mille hommes du Saïd. Les portes sont gardées, et des patrouilles dispersées dans les lieux suspects. MM. South et Keith sont arrêtés. M. Parse a donné ordre à M. Zeller d'accompagner le grand-vizir dans son entrée, lundi prochain.

L'avant-garde de six mille hommes s'avance jusqu'à Matariéh.

16 mars. Reçu des dépêches de sir Sidney Smith. J'assistai à une conférence.

17 mars. J'allai chez le reys-effendy; je lui dis qu'il pouvoit aisément concevoir les motifs qui m'avoient porté à lui répondre d'avoir égard aux lettres que j'avois communiquées; que d'ailleurs les Anglais étoient encore aussi fideles qu'ils l'avoient toujours été dans leurs engagements et leur zele. Il dit qu'il falloit que le Kaire fût évacué, parceque l'armée turke en avoit reçu la promesse. Je répondis que ce seroit pour éviter l'effusion du sang.

17 mars. J'allai chez le reys-effendy; je lui dis que mon grand zele m'avoit suggéré d'aller joindre sir Sidney Smith pour l'amener lui-même ou en obtenir une réponse décisive; que j'espérois qu'aucune hostilité ne seroit commise dans l'intervalle. Il répondit qu'il essaieroit ce qu'il pourroit, mais qu'il ne pouvoit pas répondre de ses troupes. (*Il est responsable de tout après cela.*) Je dis qu'en temporisant ils laisseroient le temps à leur artillerie de venir d'êl-A'rych; que le général Kochler pourroit arriver et leur être d'un grand secours.

Message du grand-vizir. Il ne veut pas me laisser partir, parcequ'il a besoin de mes conseils ici. Je lui dis que j'avois donné ma réponse la veille à la conférence; qu'en conséquence tout dépendoit des ordres de sir Sidney Smith; que j'irois moi-même et les rapporterois mieux que personne.

Refusé.

18 mars. Les ministres ottomans ouvrent des conférences avec le général Damas et le citoyen Gloutier, qui donnent une note en quatre articles.

1°. Un subside en argent pour l'entrée.

Accordé.

2°. Un subside en provisions.

Accordé.

3°. La citadelle du Kaire comme une sûreté pendant qu'on rempliroit ces conditions.

Refusé en tant qu'ils doivent occuper le Delta et les rives occidentales du Nil, d'où ils peuvent tirer des subsides si ceux fournis par les Ottomans ne sont pas réguliers.

4°. La garantie de la sublime Porte pour le passage des troupes en France.

Nous terminerons l'histoire des relations diplomatiques de M. Morier avec nous, par une lettre au général en chef Kleber, et la réponse qu'il en a reçue.

Du quartier-général de S. A. le grand-vizir,
Jaffa, 2 juin 1800.

« Monsieur,

« J'ai l'honneur de vous communiquer que sa majesté
« britannique, en donnant des ordres à ses flottes d'accor-
« der le passage libre en France aux troupes françaises qui
« se trouvent en Egypte, les a fait accompagner de passe-
« ports de son ambassadeur extraordinaire et plénipoten-
« tiaire près la sublime Porte.

« Les obstacles que vous avez toujours cités comme em-
« pêchant de votre côté l'exécution de la convention d'él-

« A'rych, n'existeront donc plus aussitôt que vous et votre
« armée voudront évacuer l'Egypte.
« J'ai l'honneur d'être avec respect,
    « monsieur,
        « votre très humble et très obéissant serviteur
                            « J. P. Morier. »

Le général en chef Kleber répondit à la lettre précédente par la note suivante, qui n'a été envoyée que par son successeur le général en chef Menou, en y ajoutant le dernier article.

« He thought (sir Sidney Smith) that the safety of the
« turkish empire depended upon the strict observance of
« the convention, and that the putting in execution the
« plan of a *ruse de guerre* would throw things back to
« their primitive state.
« I observed to that, that I supposed that plan had been
« proposed in the idea that the French had not been sincere
« in their first overtures, the safety of the turkish em-
« pire requiring some vigorous measure of that nature to
« rid Egypt of its invaders (1). »

La note ci-dessus est extraite d'un cahier portatif d'en-

---

(1) Il pensoit (sir Sidney Smith) que la sûreté de l'empire turk dépendoit de l'observation stricte de la convention, et que l'exécution du plan d'une *ruse de guerre* rejetteroit les choses dans leur état primitif.

J'observai à cela que je supposois que ce plan avoit été proposé, dans l'idée que les Français n'avoient pas été sinceres dans leurs premieres ouvertures, la sûreté de l'empire turk exigeant quelque mesure vigoureuse de cette nature pour délivrer l'Egypte de ses envahisseurs.

viron six pouces de hauteur, quatre pouces de largeur, et quatre lignes d'épaisseur, recouvert de maroquin rouge, et trouvé à Damiette parmi les équipages d'un Anglais nommé Morier, se qualifiant, d'après plusieurs lettres qui lui ont été adressées, et qui ont pareillement été trouvées, *écuyer, secrétaire de son excellence l'ambassadeur Elgin, et résident britannique au camp ottoman.*

Cette note faisant connoître d'une maniere non équivoque que le susdit Morier est un fourbe, chargé, dit-il, de mettre à exécution une *ruse de guerre* à l'ombre d'un traité, on a jugé qu'il étoit de la loyauté française de prévenir ce Morier que tout individu qui à l'avenir se présenteroit de sa part à l'armée de la république en Egypte, sera considéré comme espion et traité en conséquence. Selon l'usage de toutes les nations, il sera pendu à un arbre : le même sort lui est réservé, s'il osoit s'y présenter lui-même. Ce Morier ne peut être que désavoué par le lord Elgin, au nom duquel il a l'audace de parler.

On prévient aussi le susdit Morier que cent cinquante-deux Anglais de différents grades, et à la tête desquels se trouve M. Courtenay-Boyle, répondront au général en chef du moindre mauvais traitement que pourroit essuyer à l'armée ottomane le chef de brigade Baudot, aide-de-camp du général en chef Kleber.

Par ordre. *Signé* LEVESQUE, *secrétaire du général en chef.*

Recueil des pieces relatives à la procédure et au jugement de Soleyman êl-Hhaleby, assassin du général en chef Kleber.

Procès-verbal de la visite du cadavre du général en chef Kleber.

LE vingt-cinquieme jour de prairial, l'an 8 de la république, nous soussignés, médecin en chef, et chirurgien de premiere classe, faisant par *interim* fonction de chirurgien en chef, appelés vers les deux heures au quartier-général, place Ezbékyéh, au Kaire, par la générale qui battoit, et là rumeur publique qui annonçoit que le général en chef Kleber venoit d'être assassiné, nous l'avons trouvé venant de rendre le dernier soupir. Un examen attentif a prouvé qu'il avoit été frappé d'un instrument aigu et tranchant : il avoit reçu quatre blessures ; la premiere à la partie supérieure de l'hypocondre droit, et pénétrant dans l'oreillette droite du cœur ; la seconde, cinq travers de doigt au-dessous de la premiere, et donnant issue à une portion de l'épiploon ; la troisieme, à l'avant-bras gauche, pénétrant d'une part à l'autre entre le radius et le cubitus ; la quatrieme, à la partie moyenne et externe de la cuisse droite : de quoi nous avons dressé procès-verbal en présence de l'ordonnateur des guerres Sartelon, qui a signé avec nous, pour remise dudit acte être faite au général chef de l'état-major général.

Au quartier-général du Kaire, l'an et jour ci-dessus, à trois heures après midi.

Signés R. Desgenettes, Casabianca, et Sartelon.

Procès-verbal sur les blessures du citoyen Protain.

Cejourd'hui 25 prairial, an 8 de la république, à trois heures après midi, nous soussignés, médecin en chef, et chirurgien de premiere classe, faisant par *interim* fonction de chirurgien en chef, avons, sur la requisition verbale de l'ordonnateur des guerres Sartelon, dressé procès-verbal de l'état des blessures du citoyen Protain, architecte, et membre de l'institut d'Egypte, assassiné aux côtés du général en chef Kleber et en lui portant du secours. Nous l'avons trouvé dans un des appartements de l'état-major général frappé de six blessures, faites par un instrument aigu et tranchant; savoir, la premiere, à la région temporale gauche, a déchiré la peau, les parties charnues, et coupé la branche antérieure de l'artere temporale; la seconde, a écarté du reste du métacarpe celui de ses os qui correspond au petit doigt; la troisieme, est à la partie postérieure et gauche du thorax, entre la sixieme et la septieme des vraies côtes; la quatrieme, est dans la région lombaire gauche; la cinquieme, sur l'angle gauche de la mâchoire; la sixieme, a sillonné peu profondément le muscle pectoral gauche: en foi de quoi nous avons signé avec ledit commissaire-ordonnateur.

Au quartier-général du Kaire, l'an, jour et heure ci-dessus.

Signés R. Desgenettes, Casabianca, et Sartelon.

Premier interrogatoire de Soleyman él-Hhaleby.

Aujourd'hui 25 prairial, an 8 de la république française, dans la maison du général de division Damas, chef de l'état-major général, a été conduit, par un sous-officier des guides, un homme du pays, prévenu d'avoir assassiné le général en chef Kleber; lequel accusé a été reconnu par le citoyen Protain, ingénieur, qui étoit avec le général lors dudit assassinat, et qui a reçu lui-même plusieurs coups de poignard; ledit accusé ayant d'ailleurs été remarqué à la suite du général depuis Gizeh, et ayant été trouvé caché dans le jardin où s'est commis ledit assassinat, dans lequel jardin on a aussi trouvé, à la même place où il a été pris, le poignard, duquel le général a été blessé, et divers haillons appartenants audit prévenu.

De suite il a été procédé à son interrogatoire par le général de division Menou, le plus ancien de grade de l'armée, commandant au Kaire; lequel interrogatoire a été fait par l'entremise du citoyen Bracewich, premier secrétaire interprete de l'état-major, et rédigé comme il suit par le commissaire-ordonnateur Sartelon, requis à cet effet par le général Menou.

Ledit prévenu interrogé de son nom, âge, domicile, et profession, a répondu s'appeler Soleyman, natif de la Syrie, âgé de vingt-quatre ans, être écrivain arabe de profession, et avoir été ci-devant domicilié à Hhaleb (Alep.).

Interrogé combien il y a de temps qu'il est au Kaire;

A répondu qu'il y est depuis cinq mois, et qu'il y est venu avec une karavane, dont le conducteur est le cheykh arabe Soleyman Bourygy.

Interrogé de quelle religion il est;

A répondu être de la religion musulmane, avoir demeuré déja trois ans au Kaire, et trois autres années à la Mekke et à Médine.

Interrogé s'il connoît le grand-vizir, et s'il l'a vu depuis quelque temps;

Répondu qu'un Arabe comme lui ne connoît point le grand-vizir.

Interrogé quelles sont ses connoissances au Kaire;

Répond qu'il n'en a point; mais qu'il se tient souvent près de la grande mosquée, dite Gamè-êl-Azhar; qu'il est connu de tout le monde, et que beaucoup de gens rendront compte de sa bonne conduite.

Interrogé s'il est allé ce matin à Gizeh;

Répondu que oui, qu'il cherchoit de l'emploi pour écrire, mais qu'il n'en a point trouvé.

Interrogé quelles sont les personnes pour lesquelles il a écrit le jour précédent;

Répondu qu'elles sont toutes parties.

Interrogé comment il est possible qu'il ne connoisse aucun de ceux pour lesquels il a écrit ces jours passés, et qu'ils soient tous partis;

Répond qu'il ne connoissoit pas ceux pour qui il écrivoit, et qu'il est impossible de se rappeler leurs noms.

Interrogé quel est le dernier pour lequel il a écrit;

Répond qu'il s'appelle Mohhammed Moghreby es-Souéys, vendeur d'eau de réglisse; mais qu'il n'a écrit pour personne à Gizeh.

Interrogé de nouveau sur ce qu'il alloit faire à Gizeh;

Répond toujours qu'il y alloit pour demander à y être employé en sa qualité d'écrivain.

Interrogé comment il a été pris dans le jardin du général en chef;

Répond qu'il n'a pas été pris dans le jardin, mais dans le grand chemin.

A lui représenté qu'il ne dit pas la vérité, puisque les guides du général l'ont pris dans son jardin où il étoit caché, et ont même trouvé un poignard qui lui a été exhibé;

Répond qu'il est vrai qu'il étoit dans le jardin, mais qu'il n'y étoit pas caché; qu'il s'y étoit assis, parceque des cavaliers gardoient toutes les avenues, et qu'il ne pouvoit pas aller au Kaire ; qu'il n'avoit point de poignard, et qu'il ignore s'il y en avoit dans le jardin.

Interrogé pourquoi il suivoit depuis le matin le général en chef ;

Répond que c'étoit pour avoir le plaisir de le voir.

Interrogé s'il reconnoît une lisiere de drap verd qui semble faire partie d'une semblable qu'il a sur lui, et qui a été trouvée dans le jardin à l'endroit où le général en chef a été assassiné ;

Répond que cela ne lui appartient point.

Interrogé s'il a parlé à quelqu'un à Gizeh, et où est-ce qu'il a couché ;

Répond qu'il n'a parlé à personne que pour acheter divers objets, et qu'il a couché à Gizeh dans une mosquée.

A lui représenté que les blessures qu'il a à la tête prouvent que c'est lui qui a assassiné le général, puisque le citoyen Protain, qui étoit avec lui, et qui le reconnoît, lui a donné des coups de bâton qui l'ont blessé ;

Répond qu'il n'a été blessé que lorsqu'il a été pris.

Interrogé s'il n'a pas parlé ce matin à Housseyn kyachef, et à ses mamloûks ;

Répond qu'il ne les a pas vus et qu'il ne leur a pas parlé.

L'accusé persistant dans ses dénégations, le général a ordonné qu'il reçût la bastonnade, suivant l'usage du pays : elle lui a été infligée de suite, jusqu'à ce qu'il ait déclaré qu'il étoit prêt à dire la vérité. Il a été délié et interrogé de nouveau de la maniere qui suit :

Interrogé depuis quand il est au Kaire ;

Répond qu'il y est depuis trente-un jours, et qu'il est venu de Ghazah en six journées sur un dromadaire.

Interrogé pourquoi il est venu ;

Répond qu'il est venu pour assassiner le général en chef.

Interrogé par qui il a été envoyé pour commettre ledit assassinat ;

Répond qu'il a été envoyé par l'agha des janissaires ; qu'au retour de l'Egypte les troupes musulmanes ont demandé à Alep quelqu'un qui pût assassiner le général en chef de l'armée française ; qu'on a promis de l'argent et des grades militaires, et qu'il s'est présenté pour cet objet.

Interrogé quelles sont les personnes auxquelles il a été adressé en Egypte ; s'il a fait part à quelqu'un de son projet, et ce qu'il a fait depuis son arrivée au Kaire ;

Répond qu'il n'a été adressé à personne, et qu'il est allé s'établir à la grande mosquée ; qu'il a vu les chefs de la loi Mohhammed êl-Ghazzy, Seyd Ahhmed êl-Oualy, Seyd A'bd-allah êl-Ghazzy, et Seyd A'bd-êl-Qadyr êl-Ghazzy, qui logent dans ladite mosquée ; qu'ils lui ont conseillé de ne pas exécuter son projet, parceque cela seroit impossible, et qu'il seroit tué ; qu'on auroit pu charger d'autres que lui de cette mission ; qu'il les a entretenus tous les jours de son dessein, et qu'hier enfin il leur a dit qu'il vouloit terminer cela, et assassiner le général ; qu'il est allé à Gizeh pour voir s'il pourroit réussir ; qu'il s'est adressé aux matelots de la cange du général pour savoir s'il sortoit ; qu'on lui a demandé ce qu'il vouloit, et qu'ayant répondu qu'il desiroit lui parler, ils lui ont dit qu'il alloit tous les soirs dans le jardin ; que ce matin il a vu le général aller au Meqyâs et au Kaire, et qu'il l'a suivi jusqu'à ce qu'il l'ait assassiné.

Le présent interrogatoire fait par le général Menou, en présence des généraux de l'armée, des officiers de l'état-major, et des corps assemblés à l'état-major général, a été clos et signé par le général Menou, et le commissaire-ordonnateur Sartelon, soussignés, les jour, mois, et an que des autres parts ; l'accusé, après lecture, a pareillement signé. Signature de l'accusé en lettres arabes. Le général de division Menou, le général de division Friant, le général de division Régnier, le général de division Damas, l'adjudant-général Valentin, l'adjudant-général Morand, l'adjudant-général Martinet, Leroy, Sartelon, Baptiste Santi Lhomaca, drogman; Jean Renno, interprete du général en chef; Damien Bracevich.

Interrogatoire des trois cheykhs accusés.

Cejourd'hui 25 prairial, an 8 de la république française, à huit heures du soir, ont été conduits dans la maison du général Menou, commandant l'armée, les nommés Seyd A'bd-Allah êl-Ghazzy, Mohhammed êl-Ghazzy, et Seyd Ahhmed êl-Oualy, tous les trois accusés de complicité dans l'assassinat du général en chef Kleber.

Le général Menou ayant ordonné leur interrogatoire, il y a été procédé en présence de divers généraux réunis à cet effet, par l'entremise du citoyen Lhomaca, interprete, de la maniere qui suit:

Le nommé Seyd A'bd-Allah êl-Ghazzy a été interrogé le premier, séparément, comme ci-après:

Interrogé de ses noms, âge et profession;

Répond s'appeler Seyd A'bd-Allah êl-Ghazzy, natif de Ghazah, domicilié au Kaire, où il exerce depuis dix ans l'emploi de lecteur du qoran à la grande mosquée dite Gamê-êl-Azhar, et ne pas savoir son âge, qu'il croit être environ trente ans.

Interrogé s'il demeure à la mosquée, et s'il a connoissance des étrangers qui viennent y loger;

Répond qu'il reste nuit et jour dans la mosquée, et qu'il est à portée de connoître les étrangers qu'il remarque.

Interrogé s'il a connu des hommes arrivant de la Syrie il y a un mois;

Répond que depuis cinquante jours il n'a vu arriver personne de la Syrie.

A lui représenté qu'un homme, arrivé de l'armée du vizir depuis trente jours, déclare le connoître, et qu'il ne paroît pas dire la vérité;

Répond qu'il s'occupe uniquement de son emploi, qu'il n'a vu personne de la Syrie, mais qu'il a entendu dire qu'il étoit arrivé une karavane de l'Orient.

A lui représenté de nouveau que des hommes arrivés de la Syrie soutiennent lui avoir parlé et le connoître;

Répond que cela est impossible, et qu'on peut le confronter avec ceux qui l'accusent.

Interrogé s'il ne connoit pas un nommé Soleyman, écrivain arabe, venu d'Alep depuis trente-un jours;

Répond que non.

A lui représenté que cet homme assure l'avoir vu, et lui avoir communiqué divers objets importants;

Répond qu'il ne l'a pas vu, que cet homme a menti, et qu'il consent à périr s'il est convaincu de ne pas dire la vérité.

De suite le général ayant fait appeler Mohhammed êl-Ghazzy, également prévenu de complicité dudit assassinat, il a été procédé à son interrogatoire comme il suit:

Interrogé de ses noms, âge, demeure, et profession;

Répond s'appeler Cheykh Mohhammed êl-Ghazzy, âgé d'environ vingt-cinq ans, natif de Ghazah, et domicilié au Kaire, où il exerce l'état de lecteur du koran à la grande mosquée dite êl-Azhar, depuis cinq ans, et d'où il ne sort que pour prendre des vivres.

Interrogé s'il connoît les étrangers qui viennent loger à la mosquée;

Répond qu'il en vient quelquefois, mais que le portier seul a affaire à eux; que pour lui il couche quelquefois à la mosquée ou chez le cheykh Cherkaoui.

Interrogé s'il ne connoit pas un nommé Soleyman, venu de la Syrie il y a environ un mois;

Répond qu'il ne le connoît pas, qu'il ne peut voir tous ceux qui arrivent, parceque la mosquée est grande.

Interrogé de déclarer ce que lui a dit Soleyman, attendu qu'il a assuré lui avoir parlé à la mosquée ;

Répond qu'il le connoît depuis trois ans, qu'il sait qu'il a été à la Mekke, mais que depuis cette époque il ne l'a pas vu, et que s'il est revenu c'est à son insu.

Interrogé si Seyd A'bd-Allah êl-Ghazzy l'a connu aussi ;

Répond que oui.

A lui représenté qu'il est sûr qu'il a causé long-temps hier avec ce Soleyman, et qu'il y a des preuves à cet égard ;

Répond que cela est vrai.

Interrogé de dire pourquoi il a commencé de dire qu'il ne l'a point vu ;

Répond qu'il ne croit pas l'avoir dit, et que les interpretes se sont trompés.

Interrogé si ce Soleyman ne lui auroit pas parlé d'une chose très criminelle ; ce qui est d'autant plus vrai qu'on sait qu'il a voulu l'en empêcher ;

Il répond qu'il ne sait rien de cela ; que Soleyman a fait différents voyages au Kaire, et qu'il y est depuis un mois.

A lui représenté qu'il y a des preuves que ce Soleyman lui a dit qu'il vouloit tuer le général en chef, et qu'il a voulu l'en empêcher ;

Répond qu'il ne lui en a pas parlé ; que hier seulement il lui a dit qu'il s'en alloit, et qu'il ne reviendroit plus.

De suite le nommé Seyd A'bd-Allah êl-Ghazzy a été reconduit pour être interrogé de nouveau ainsi qu'il suit :

Interrogé pourquoi il a dit qu'il ne connoissoit pas le nommé Soleyman d'Alep, lorsqu'on a des preuves que depuis trente-un jours il l'a vu souvent, et lui a parlé tous les jours ;

Répond qu'il est vrai qu'il ne le connoît pas.

Interrogé s'il ne connoît pas le nommé Mohhammed êl-

Ghazzy, qui est comme lui lecteur à la grande mosquée dite êl-Azhar;

Répond que oui.

Et de suite lesdits cheykhs ont été confrontés de la maniere qui suit:

Interrogé ledit Mohhammed êl-Ghazzy s'il n'a pas dit que Seyd A'bd-Allah connoissoit ledit Soleyman;

Répond que oui.

Interrogé ledit Seyd A'bd-Allah pourquoi il a nié la vérité;

Répond qu'on lui a mal expliqué la demande, et que maintenant qu'on lui a parlé de Soleyman d'Alep, il avoue qu'il le connoît.

A lui représenté qu'on sait qu'il a vu Soleyman plusieurs fois, et qu'il lui a parlé souvent;

Répond qu'il y a trois jours qu'il ne l'a pas vu.

Interrogé s'il n'a pas voulu l'empêcher d'assassiner le général en chef;

Répond qu'il ne lui a jamais parlé de ce projet, et que, s'il l'avoit fait, il l'auroit empêché de tout son pouvoir.

Interrogé pourquoi il ne dit pas la vérité, puisqu'il y a des preuves;

Répond que cela ne peut pas être, et qu'il n'a vu ledit Soleyman que pour se saluer réciproquement lorsqu'ils se sont rencontrés.

Interrogé si Soleyman ne lui avoit pas dit ce qu'il venoit faire au Kaire;

Répond qu'il ne lui a jamais dit.

Les deux prévenus ont été reconduits; et le nommé Seyd Ahhmed êl-Oualy a été amené pour être interrogé à son tour sur les faits ci-après:

Interrogé de ses noms, âge, demeure, et profession;

Répond s'appeler Seyd Ahhmed êl-Oualy, natif de Ghazah, être lecteur du qoran à la grande mosquée depuis environ dix ans, et ne pas savoir son âge.

Interrogé s'il a connoissance des étrangers qui arrivent à la mosquée;

Répond que son état est de lire le qoran à la grande mosquée, qu'il ne s'occupe pas des étrangers.

A lui représenté que des étrangers, arrivés depuis quelque temps, disent l'avoir vu à la mosquée;

Répond qu'il n'a vu personne.

Interrogé s'il n'a pas vu un homme arrivé de Syrie, et envoyé par le grand-vizir, lequel homme assure le connoître;

Répond que non, et qu'on peut faire venir cet homme pour le confronter avec lui.

Interrogé s'il connoît le nommé Soleyman d'Alep;

Répond qu'il connoît un nommé Soleyman qui alloit étudier chez un effendy, que cet homme étoit postulant pour entrer dans les mosquées; qu'il lui a dit être d'Alep; qu'il l'a vu il y a vingt jours, que depuis il ne l'a pas rencontré; qu'il lui a dit que le vizir étoit à Jaffa, et que ses troupes étoient mal payées, et le quittoient.

Interrogé s'il n'est pas le protecteur de ce Soleyman qui s'est réclamé de lui;

Répond qu'il ne le connoît pas assez pour en répondre.

Interrogé si les deux prévenus d'autre part ne sont pas de sa connoissance, et si tous les trois ensemble n'ont pas parlé à Soleyman depuis peu de temps, et notamment hier;

Répond que non; que cependant il sait que ce Soleyman est venu faire des invocations dans la mosquée, qu'il y a placé des papiers dont le contenu étoit qu'il avoit confiance dans son créateur.

Interrogé si hier il n'étoit pas venu aussi placer de ces papiers;

Répond qu'il n'en sait rien.

Interrogé s'il n'a pas voulu empêcher Soleyman de commettre une action criminelle;

Répond qu'il ne lui a jamais parlé de cela; que cependant il lui a raconté qu'il vouloit faire des folies, dont il a cherché à le détourner.

Interrogé quelles étoient les folies dont il lui a parlé;

Répond qu'il lui a dit qu'il vouloit entrer dans le combat sacré, et que ce combat consiste à tuer un infidele, sans cependant qu'il lui ait nommé personne; qu'il a voulu l'en détourner, en lui disant que Dieu avoit donné le pouvoir aux Francais, et que rien ne pouvoit les empêcher de gouverner le pays.

Ledit accusé a été reconduit, et le présent interrogatoire a été clos en présence des officiers généraux assemblés, et signé tant par le général Menou que par le commissaire-ordonnateur Sartelon, qui a rédigé ce présent interrogatoire, requis à cet effet par le général Menou. Lecture faite aux accusés, ils ont persisté, et ont signé.

Au Kaire, les jour, mois, et an que dessus.

Suivent trois signatures en arabe.

Signés le général de division Ab. J. Menou, Sartelon; B. Santi Lhomaca, drogman.

Abd. J. Menou, général de division, commandant en chef l'armée d'Orient par interim, *à l'armée. — Au quartier-général du Kaire, le* 26 *prairial, an* 8 *de la république française.*

Soldats,

Un horrible attentat vient de vous enlever un général que vous chérissiez et respectiez. Un ennemi qui ne mérite que le mépris et l'indignation du monde entier, un ennemi qui n'avoit pu vaincre les Français commandés par le brave Kleber, a eu la lâcheté de lui envoyer un assassin! Je vous dénonce, je dénonce au monde entier le grand-vizir, chef de cette armée que vous avez détruite dans les plaines de Matariéh et d'Héliopolis. C'est lui qui, de concert avec son agha des janissaires, a mis le poignard à la main du nommé Soleyman él-Hhaleby, qui, parti de Ghazah depuis trente-deux jours, nous a enlevé hier, par le plus noir des assassinats, celui dont la mémoire doit être chere à tout bon Français.

Soldats, Kleber avoit dissipé, en marchant à votre tête, cette nuée de barbares qui de l'Europe et de l'Asie étoient venus fondre sur l'Egypte.

Kleber, en dirigeant vos invincibles cohortes, avoit reconquis l'Egypte entiere en dix jours de temps.

Kleber avoit tellement restauré les finances de l'armée, que tout l'arriéré étoit payé, et la solde mise au courant.

Kleber, par les réglements les plus sages, avoit réformé une grande partie des abus, presque inévitables dans les grandes administrations.

Le plus bel hommage que vous puissiez rendre à la mémoire du brave Kleber est de conserver cette attitude fiere et imposante qui fait trembler vos ennemis par-tout où vous portez vos pas; c'est de vous astreindre vous-mêmes à cette discipline qui fait la force des armées.

C'est de vous rappeler sans cesse que vous êtes des républicains, et que par-tout vous devez donner l'exemple de la moralité et de l'obéissance à vos chefs, comme vous donnez par-tout celui du courage et de l'audace dans les combats.

Soldats, l'ancienneté de grade m'a porté provisoirement au commandement de l'armée. Je n'ai à vous offrir qu'un attachement sans bornes à la république, à la liberté, et à la prospérité de la France.

J'invoquerai les mânes de Kleber, j'invoquerai le génie de Bonaparte, et marchant au milieu de vous, nous travaillerons tous de concert pour l'intérêt de la république.

L'armée connoîtra incessamment tous les détails de l'horrible assassinat, ainsi que de la procédure qui a lieu pour la recherche et punition de l'assassin et de ses complices.

Abd. J. Menou.

Menou, général de division, commandant en chef l'armée d'Orient par interim.

Ordonne :

1°. Il sera formé une commission pour juger définitivement l'horrible assassinat commis dans la journée du 25 prairial sur le général en chef Kleber.

2°. Elle sera composée de neuf personnes : savoir ;

Le général de division Régnier ;
Le général de division Friant ;
Le général de brigade Robin ;
L'adjudant-général Morand ;
Le chef de brigade Goguet ;
Le chef de brigade Faure (artillerie) ;
Le chef de brigade Bertrand (génie) ;
Le commissaire des guerres Régnier ;
Le commissaire-ordonnateur Leroy (marine);

Rapporteur, le commissaire - ordonnateur Sartelon;

Le commissaire du pouvoir exécutif, le citoyen Le Pere, commissaire des guerres.

3°. La commission choisira le greffier.

4°. La commission ordonnera les arrestations, les mises en prison, généralement enfin tout ce qu'elle jugera nécessaire pour découvrir les auteurs et complices du crime.

5°. Elle décernera le genre de supplice qu'elle jugera convenable pour punir l'assassin qui a commis le crime, ainsi que ses complices.

6°. Elle s'assemblera aujourd'hui 26, et continuera ses séances jusqu'à ce que le procès soit terminé.

Signé Ab. J. Menou.

Pour copie conforme,
L'adjudant-général, sous-chef de l'état-major général. *Signé* René.

(Suit le procès-verbal d'installation de la commission.)

L'an 8 de la république française et le 26 prairial, en vertu de l'arrêté en date de ce jour du général de division Menou, commandant l'armée d'Orient par *interim*, se sont assemblés dans la maison du général de division Régnier, le général de brigade Robin, l'ordonnateur de la marine

Le Roy, l'adjudant-général Martinet, en remplacement du général de division Friant, ensuite de l'ordre du général Menou, l'adjudant-général Morand, le chef de brigade d'infanterie Goguet, le chef de brigade d'artillerie Faure, le chef de brigade du génie Bertrand, le commissaire des guerres Régnier, le commissaire ordonnateur Sartelon, rapporteur, et le commissaire Le Pere, faisant fonction de commissaire du pouvoir exécutif, pour procéder au jugement définitif de l'assassinat commis dans la journée d'hier sur la personne du général en chef Kleber.

Ladite commission réunie sous la présidence du général Régnier, il a été fait lecture de l'arrêté du général Menou, ci-dessus rappelé : elle a, conformément à l'article III dudit arrêté, nommé pour son greffier le commissaire des guerres Pinet, qui a prêté serment et pris ses fonctions.

Elle a autorisé le général de division Régnier, et le commissaire-ordonnateur Sartelon, rapporteur, à ordonner, en conformité de l'article IV de l'arrêté, toutes arrestations et mises en prison, et faire tout ce qu'ils jugeront nécessaire pour découvrir les auteurs et complices dudit assassinat; elle a ordonné que le poignard trouvé sur le prévenu lors de son arrestation sera déposé au greffe pour être représenté en temps et lieu comme pièce de conviction; elle s'est ajournée à demain huit heures du matin : et ont les membres de la commission signé avec le greffier.

Signés, le commissaire des guerres de premiere classe Régnier; le chef de brigade du génie Bertrand; le chef d'artillerie Faure ; le chef de la vingt-deuxieme demi-brigade d'infanterie légere Goguet; l'adjudant-général Morand; l'adjudant-général Martinet; l'ordonnateur de marine Le Roy; le général de brigade Robin; le général de division Régnier; Pinet, greffier.

Déclaration des témoins.

Cejourd'hui vingt-six prairial, an 8 de la république française, pardevant moi commissaire-ordonnateur soussigné, chargé par l'arrêté du général Menou, commandant l'armée, des fonctions de rapporteur près la commission nommée pour juger les assassins du général en chef Kleber, a comparu pour donner ses déclarations sur ledit assassinat; à quoi j'ai procédé, assisté du citoyen Pinet, greffier, nommé conformément audit arrêté; Joseph Perrin, maréchal des logis, chef des canonniers des guides, qui a déclaré que lui et le citoyen Robert, maréchal des logis, ont arrêté le turk Soleyman, accusé d'avoir assassiné le général; qu'ils l'ont trouvé dans le jardin des Bains-français, attenant à celui de l'état-major; qu'il y étoit caché entre de petites murailles à moitié démolies, et que lesdites murailles étoient couvertes de sang en différents endroits; que ledit Soleyman étoit également ensanglanté; qu'ils l'ont arrêté dans cet état, et ont été obligés ensuite de lui donner des coups de sabre pour le faire marcher. Ledit Perrin déclare qu'il a trouvé une heure après un poignard caché dans la terre au même endroit où il a arrêté Soleyman, et qu'il l'a remis à l'état-major ; ledit poignard étoit ensanglanté.

Lecture à lui faite de sa déposition, il a déclaré ne savoir rien autre chose, n'avoir rien à ajouter à sa déclaration, ni rien à y diminuer ; et a signé avec nous et le greffier.

Signés Perrin, maréchal des logis, chef; Sartelon, Pinet, greffier.

A comparu aussi le citoyen Robert, maréchal des logis dans l'artillerie des guides, lequel a déclaré qu'étant occupé à la recherche de l'assassin du général, il s'est rendu dans un jardin attenant à celui de l'état-major, et appartenant à la maison des Bains-français ; qu'il y a trouvé, avec le maréchal des logis Perrin, son camarade, le nommé Soleyman d'Alep, caché dans un coin entre des murailles démolies ; qu'il étoit tout ensanglanté, n'ayant rien sur la tête qu'un morceau de lisiere de drap verd ; que dans ce costume il l'a reconnu pour être l'assassin du général ; que les murailles sur lesquelles il avoit passé étoient également ensanglantées ; que cet homme a montré de la frayeur, et qu'une heure après son arrestation il a trouvé, avec le citoyen Perrin, à la même place où il étoit caché, un poignard rempli de sang, qu'il a apporté à l'état-major : ce poignard étoit enfoui dans la terre.

Lecture faite de sa déposition, il a déclaré qu'elle contenoit vérité ; qu'il n'avoit rien à ajouter ni à diminuer ; et a signé avec moi et le greffier.

Au Kaire, les jour, mois, et an que d'autre part.

Signés Robert, maréchal des logis; Sartelon, Pinet, greffier.

Moi, dit commissaire rapporteur, me suis de suite transporté dans la maison du citoyen Protain, où il est détenu dans son lit par suite de ses blessures, et ai reçu sa déclaration ainsi que suit:

Jean-Constantin Protain, architecte, membre de la commission des arts et de l'institut, a déclaré qu'étant à promener dans la grande galerie du jardin du quartier-général, qui donne sur la place, avec le général en chef, un homme vêtu à la turke sortit du fond de la gallerie où se trouve un puits à roues; qu'étant à quelques pas de distance du général et tourné du côté opposé, il entendit le général crier à la garde; qu'il se retourna pour en connoître la cause; qu'il vit alors ledit homme lui porter des coups de poignard; qu'il courut à son secours, et voulut le défendre; qu'il reçut plusieurs coups du même poignard, qui le mirent à terre, et le firent rouler plusieurs pas: ayant entendu de nouveau crier le général, il se rapprocha de lui; il vit ledit homme le frapper, et il reçut lui-même de nouveaux coups; il perdit enfin connoissance, et ne peut donner d'autres détails: il sait seulement que, malgré leurs cris répétés, ils sont restés plus de six minutes sans secours.

Lecture faite au citoyen Protain de sa déclaration, il a dit qu'elle contient vérité, qu'il y persiste; qu'il ne veut y ajouter ni diminuer; et a signé avec moi et le greffier.

Signés Protain, Sartelon, Pinet, greffier.

Après avoir signé, le citoyen Protain a déclaré vouloir ajouter que, lorsque Soleyman d'Alep, accusé d'avoir assassiné le général en chef et lui, lui fut présenté quelques instants après ledit assassinat, il le reconnut pour être le même qui, dans le jardin de la maison du quartier-général, porta au général en chef des coups de poignard qui le terrasserent, et auquel il donna lui-même plusieurs coups de bâton, pour tâcher de défendre le général; à la suite desquels il reçut lui-même plusieurs coups de poignard de Soleyman d'Alep, qui lui firent perdre connoissance.

Lecture faite au citoyen Protain de la présente addition, il a dit qu'elle contient vérité, qu'il y persiste, ne veut y ajouter ni diminuer; et a signé avec nous et le greffier.

Signés Protain, Sartelon, Pinet, greffier.

Aujourd'hui 26 prairial, an 8 de la république française, moi soussigné, rapporteur de la commission nommée pour juger les assassins du général en chef Kleber, ai fait appeler les aides-de-camp dudit général, et ai reçu leur déclaration, assisté du citoyen Pinet, greffier de la commission, de la maniere qui suit :

Le citoyen Fortuné Devouges, âgé de 24 ans, lieutenant au vingt-deuxième régiment de chasseurs à cheval, aide-de-camp du général en chef Kleber, a déclaré que le 25 prairial, ayant accompagné le général en chef dans la visite qu'il fit à son quartier-général du Kaire, où il avoit ordonné des réparations, un homme à turban verd, vêtu d'une mauvaise casaque, ne cessa de marcher à la suite du général pendant qu'il parcourut ses appartements, et chacun le prenant pour un ouvrier, on le laissa librement aller et venir; mais le général en chef ayant traversé son jardin pour aller dans celui du général Damas, le citoyen Devouges s'appercevant que le même homme se mêloit toujours dans la suite du général, lui demanda ce qu'il vouloit, et le fit chasser par un domestique : cet homme disparut en effet.

Deux heures après, lorsque le général fut assassiné, le citoyen Devouges reconnut à côté du général le vêtement qu'avoit laissé l'assassin pour être le même que celui de l'homme dont il vient de parler, et peu de temps après on amena un homme couvert de sang, qu'il reconnut parfaitement pour celui qu'il avoit précédemment fait chasser.

Lecture à lui faite de sa déposition, le citoyen Devouges a déclaré qu'elle contenoit vérité, et qu'il n'avoit rien à y ajouter ni diminuer; et a signé avec moi et le greffier.

Au Kaire, les jour, mois et an que d'autre part.

Signés Devouges, Sartelon, Pinet, greffier.

Nouvel interrogatoire de Soleyman el-Hhaleby.

CE JOUR D'HUI 26 prairial, an 8 de la république française, moi soussigné, commissaire-ordonnateur, remplissant les fonctions de rapporteur près la commission chargée de juger les assassins du général en chef Kleber, ai fait traduire devant moi le nommé Soleyman d'Alep, prévenu dudit assassinat, pour l'interroger de nouveau sur les faits ci-après; auquel interrogatoire j'ai procédé, assisté du citoyen Pinet, greffier nommé par la commission, et par l'entremise du citoyen Bracewich, premier secrétaire interprete du général en chef.

Interrogé de nouveau sur les faits résultants dudit assassinat;

A répondu qu'il étoit venu sur un dromadaire faisant partie d'une karavane arabe, chargée de savon et de tabac; que cette karavane craignant d'entrer au Kaire, s'en est allée directement au village de Ghayttah, province d'Attfiéhhly; que là il a pris un âne pour se rendre au Kaire; qu'il avoit loué cet âne à un paysan qu'il ne connoît pas;

Qu'il a été chargé d'assassiner le général par Ahhmed, agha, et Yassyn, agha des janissaires d'Alep; que ces deux aghas lui avoient bien défendu de s'en ouvrir à qui que ce fût, parceque c'étoit une chose délicate; qu'on l'a envoyé, parcequ'il connoissoit beaucoup le Kaire, où il avoit resté trois ans; qu'on lui a dit d'aller à la grande mosquée, de bien prendre son temps et ses mesures, et de ne pas manquer de tuer le général;

Qu'il s'est ouvert cependant aux quatre cheykhs qu'il a nommés, parceque sans cela ils n'auroient pas voulu le loger à la mosquée; qu'il leur a parlé tous les jours de son projet, dont ils ont voulu le détourner, en lui disant que cela étoit impossible; qu'il ne les avoit pas priés de lui aider, parcequ'ils sont trop poltrons;

Que le jour où il s'est déterminé à consommer ledit assassinat, il n'a trouvé des quatre cheykhs qu'il a nommés que Mohhammed el-Ghazzy, à qui il a dit qu'il alloit à Gizeh pour cet objet; qu'il étoit seul pour assassiner le général, et qu'il croit qu'il étoit fou depuis qu'il avoit fait ce projet, puisque sans cela il ne seroit jamais venu de Ghazah pour consommer l'assassinat auquel il s'est porté;

Que les papiers qu'il a mis dans la mosquée n'étoient que des versets du qoran, l'usage des écrivains arabes étant d'y en mettre souvent;

Qu'il n'a reçu d'argent de personne au Kaire; que les aghas lui en avoient donné;

Que l'effendy chez qui il a étudié s'appelle Mustapha effendy, chez qui il alloit, suivant l'usage, tous les lundi et jeudi; mais qu'il n'a pas osé lui en parler, parcequ'il craignoit d'être trahi;

Mais qu'il a dit aux quatre cheykhs qu'il a nommés quels étoient ses projets, parcequ'ils étoient Syriens comme lui; qu'il leur a communiqué l'intention où il étoit d'entrer dans le combat sacré, et qu'il l'a réellement dit à tous les quatre.

Interrogé où il étoit lorsque le vizir est venu de l'Egypte, au commencement du mois de germinal dernier, correspondant au mois turk appelé dou-l-qa'déh;

A répondu qu'il étoit à Jérusalem, où il faisoit un pélerinage, et où il étoit même auparavant lorsque le vizir a pris êl-A'rych.

Interrogé où est-ce qu'il a vu Ahhmed, agha, qu'il assure lui avoir proposé cet assassinat, et quel jour il l'a vu;

Répond que lorsque le vizir a été battu, il s'est retiré vers êl-A'rych et Ghazah, à la fin du mois turk chaoual, ou au commencement du mois dou-l-qa'déh, qui correspond au mois de germinal de l'ere française; que Ahhmed agha faisoit partie de cette armée; qu'il étoit, depuis la prise d'êl-A'rych, détenu à Ghazah par l'ordre du vizir; que cet agha a été transféré à Jérusalem dans la maison du Montsellem ou gouverneur de la ville; que lui Soleyman étoit à cette époque à Jérusalem; qu'il est allé voir Ahhmed agha le premier jour de son arrivée, pour se plaindre à lui de ce que son pere, nommé Hhagy Mohhammed Amyn, marchand de beurre à Alep, éprouvoit toujours des avanies par Ibrâhym, pâchâ dudit Alep; qu'il lui en avoit fait une assez considérable avant le départ du vizir de Damas pour venir en Egypte; que cette avanie avoit été payée; que craignant qu'elles ne se renouvelassent, il lui avoit demandé sa protection;

Qu'il étoit retourné le jour suivant chez ledit Ahhmed agha; que ce jour là l'agha lui avoit dit qu'il étoit l'ami d'Ibrâhim pâchâ, et qu'il lui rendroit service auprès de lui s'il vouloit se charger de tuer le général de l'armée française;

Que le troisieme et le quatrieme jour il lui avoit fait les mêmes propositions, et qu'alors il l'avoit adressé à Yassyn agha, qui étoit à Ghazah, pour le défrayer; qu'il étoit parti de Jérusalem trois ou quatre jours après pour se rendre au village Khalil, sans qu'il eût reçu aucune lettre d'Ahhmed agha, qui avoit envoyé un domestique à Ghazah pour instruire de tout Yassyn agha.

Interrogé combien il a demeuré de temps à Khalil;

Répond qu'il y a demeuré vingt jours.

Interrogé pourquoi il a demeuré vingt jours dans ce village, et s'il n'a reçu aucunes lettres des deux aghas;

Répond qu'il avoit peur des Arabes dont la route étoit remplie; qu'il a attendu une karavane pour faire ce voyage, sans recevoir aucunes lettres, et qu'au bout de ces vingt jours il s'est rendu avec elle à Ghazah, sur la fin du mois dou-l-qa'déh, qui correspond au commencement du mois de floréal de l'ere française.

Interrogé ce qu'il a fait à Ghazah, et ce que lui a dit Yassyn agha;

Répond que le second jour de son arrivée à Ghazah il s'est présenté à l'agha, qui lui a dit être instruit de l'affaire pour laquelle il étoit venu; que cet agha l'a logé à la grande mosquée, où il est venu plusieurs fois, soit de jour, soit de nuit, pour se concerter secrètement avec lui; qu'il lui a promis de faire ôter les avanies à son pere, et de le protéger lui-même dans toutes les occasions; qu'il lui a donné quarante piastres turkes, de quarante parats l'une, pour les frais du voyage, en lui donnant les instructions dont il a parlé; et qu'il est parti, dix jours après son arrivée, sur un dromadaire, avec lequel il est venu en six jours, ainsi qu'il l'a expliqué, son départ ayant eu lieu dans les premiers jours du mois turk dyl-hhagéh, correspondant au milieu de floréal de l'ere française; en sorte que lorsqu'il a assassiné le général, il y avoit trente-un jours qu'il étoit au Kaire.

Interrogé s'il reconnoît le poignard ensanglanté avec lequel le général en chef a été assassiné;

Répond qu'il le reconnoît pour être le même avec lequel il a assassiné le général.

Interrogé qui lui a donné ce poignard, s'il le tient d'un des deux aghas, et comment il se l'est procuré;

Répond que personne ne le lui a donné; qu'il l'a acheté au marché de Ghazah, dans l'intention de s'en servir pour tuer le général, et qu'il a pris la premiere arme qu'il a trouvée à acheter.

Interrogé si Ahhmed agha ou Yassyn agha, ou tous les deux ensemble, lui ont parlé du grand-vizir pour lui offrir sa protection dans le cas où il assassineroit le général;

Répond que non; qu'ils lui ont seulement offert la leur en cas qu'il parvînt à réussir.

Interrogé si le vizir a fait des proclamations contre les Français pour les faire assassiner;

Répond qu'il n'en sait rien; qu'il sait seulement que le vizir avoit envoyé Ttahir pâchâ pour secourir les insurgés du Kaire, et que ce pâchâ est rentré lorsqu'il a trouvé les osmanlis qui se retiroient.

Interrogé s'il est le seul qui ait été chargé de cette mission;

Répond qu'il le croit, et qu'il étoit seul dans le secret avec les deux aghas.

Interrogé comment il devoit informer les deux aghas de cet assassinat;

Répond qu'il devoit les aller trouver, ou leur envoyer promptement un exprès.

Le présent interrogatoire a été clos par moi rapporteur soussigné, et il a été signé par l'accusé après lecture, et par le greffier et l'interprete.

Au Kaire, les jour, mois et an que d'autre part.

Suit la signature de l'accusé en arabe.

Signé Sartelon, Damien Bracewich,
Pinet, *greffier*.

Confrontation des accusés.

Cejourd'hui 26 prairial an 8 de la république française, moi soussigné, rapporteur de la commission chargée de juger les assassins du général en chef Kleber, ai fait appeler le cheykh Mohhammed êl-Ghazzy, prévenu de complicité dans ledit assassinat, pour l'interroger de nouveau et le confronter avec Soleyman d'Alep, prévenu d'être l'auteur dudit crime, auxquels interrogatoire et confrontations j'ai procédé de la maniere qui suit, conjointement avec le citoyen Pinet, greffier de ladite commission.

Interrogé ledit cheykh Mohhammed êl-Ghazzy, s'il connoît le nommé Soleyman d'Alep ici présent;

Répond que oui.

Interrogé ledit Soleyman d'Alep s'il connoît le nommé Mohhammed êl-Ghazzy ici présent;

Répond que oui.

Interrogé le nommé Mohhammed êl-Ghazzy si Soleyman d'Alep ici présent ne lui a confié, depuis trente-un jours qu'il étoit au Kaire, le dessein où il étoit de tuer le général en chef; s'il ne lui a pas dit qu'il étoit venu de la Syrie pour cet objet, de la part des aghas Ahhmed et Yassyn; s'il ne les en a pas entretenus à-peu-près tous les jours; et enfin si, la veille du jour où il a assassiné le général en chef, il ne lui a pas dit qu'il partoit pour aller à Gizeh dans le dessein de le tuer;

A répondu que tout cela est faux; que lorsqu'ils se sont vus ils se sont seulement salués, et que la veille du jour où il est parti pour Gizeh, il lui a apporté du papier et de l'encre, et lui a dit qu'il ne reviendroit que le lendemain.

A lui représenté qu'il ne dit pas la vérité, puisque Soleyman qui est ici présent soutient qu'il lui a parlé tous les jours, et notamment la veille de l'assassinat, du dessein où il étoit de tuer le général;

Répond que cet homme ment.

Interrogé s'il ne va pas coucher souvent chez le cheykh Cherkaoui, et s'il n'y a pas été coucher ces jours derniers;

Répond que depuis l'arrivée des Français il n'y a jamais couché, et qu'il y alloit coucher quelquefois auparavant.

A lui représenté qu'il ne dit pas la vérité, puisque dans son interrogatoire d'hier il a déclaré qu'il alloit souvent coucher chez le cheykh Cherkaoui;

Répond qu'il ne l'a pas dit.

Interrogé le nommé Soleyman de déclarer s'il persiste à soutenir au cheykh Mohhammed ici présent qu'il lui a parlé tous les jours du projet où il étoit d'assassiner le général, et notamment la veille dudit assassinat;

Répond que oui; qu'il a dit la vérité, et que le cheykh Mohhammed êl-Ghazzy a peur.

Le cheykh Mohhammed êl-Ghazzy persistant dans ses dénégations, j'ai jugé convenable, vu les preuves acquises, de lui faire infliger la bastonnade, suivant l'usage du pays, pour qu'il déclare ses complices: elle lui a été donnée jusqu'à ce qu'il ait promis de dire la vérité; après quoi il a été délié et interrogé de nouveau, ainsi qu'il suit.

Interrogé si Soleyman lui a fait part de son projet d'assassiner le général en chef;

Répond qu'il lui a dit souvent qu'il étoit venu de Gházah pour entrer dans le combat sacré contre les infideles français; qu'il l'en a détourné en lui disant que cela auroit une mauvaise fin; que ce n'est que la veille de l'assassinat qu'il lui a dit qu'il vouloit tuer le général en chef.

Interrogé pourquoi il n'est pas venu dénoncer ledit Soleyman;

Répond que c'est parcequ'il n'auroit jamais cru qu'un homme de sa façon pût tuer le général en chef, lorsque le vizir n'avoit pu le faire.

Interrogé s'il n'a pas fait part de ce que lui a dit Soleyman à plusieurs personnes de la ville, notamment au cheykh Cherkaoui;

Répond qu'il n'en a parlé à personne, et que quand on le tueroit il ne le diroit pas.

Interrogé s'il sait qu'il y ait au Kaire d'autres personnes chargées d'assassiner les Français, et où elles sont;

Répond qu'il n'en a point connoissance, et que Soleyman ne lui en a jamais parlé.

Interrogé ledit Soleyman de déclarer également où sont ses complices;

Répond qu'il n'en a point au Kaire, et qu'il ne croit pas qu'il y ait d'autres personnes que lui pour assassiner les Français.

De suite ledit Mohhammed êl-Ghazzy a été conduit à sa prison, et Soleyman est resté pour être confronté avec Seyd Ahhmed êl-Oualy qui a été amené pour cet objet.

Interrogé s'il connoît Soleyman d'Alep ici présent;

A répondu que oui.

Interrogé ledit Soleyman s'il connoît le nommé Seyd Ahhmed êl-Oualy ici présent;

A répondu également que oui.

Interrogé le cheykh Seyd Ahhmed êl-Oualy si Soleyman lui a fait part d'assassiner le général français, notamment la veille dudit assassinat;

Répond que Soleyman à son arrivée, il y a environ trente jours, lui a dit qu'il venoit pour entrer dans le combat sacré contre les infideles; qu'il l'en a détourné en lui disant que cela n'étoit pas bien fait; mais qu'il ne lui a pas dit qu'il voulût assassiner le général en chef.

Interrogé ledit Soleyman de déclarer s'il a dit à Seyd Ahhmed êl-Oualy qu'il vouloit assassiner le général en chef, et combien avant l'assassinat il y avoit de jours qu'il en avoit parlé;

Répond que les premiers jours de son arrivée il lui a dit qu'il venoit pour entrer dans le combat sacré, ce qu'il a désapprouvé; que six jours après il lui a fait part de son projet d'assassiner le général; que depuis il ne lui en a plus parlé; et qu'il y avoit quatre jours qu'il ne l'avoit pas vu lors dudit assassinat.

Représenté à Seyd Ahhmed êl-Oualy qu'il n'a pas dit la vérité, en assurant que Soleyman ne lui a point fait part de son projet d'assassiner le général;

Répond que maintenant que Soleyman le lui a rappelé il s'en souvient.

Interrogé pourquoi il n'a pas dénoncé ledit Soleyman.

Répond que c'est pour deux motifs; le premier, parcequ'il croyoit qu'il mentoit; et le second, parcequ'il le méprisoit trop pour le croire capable d'une pareille action.

Interrogé si Soleyman lui a dit qu'il eût quelque complice; et si lui Seyd Ahhmed êl-Oualy en a parlé à quelqu'un, notamment au cheykh de la grande mosquée, à qui il doit rendre compte de tout ce qui s'y passe;

Répond que Soleyman ne lui a point dit qu'il eût des complices; qu'il n'a pas cru qu'il fût de son devoir d'en prévenir le cheykh de la mosquée, et qu'il n'en a parlé lui-même à personne.

Interrogé s'il avoit connoissance d'un ordre du général en chef, qui ordonne de dénoncer tous les osmanlis qui arrivent au Kaire;

Répond qu'il n'en a pas connoissance.

Interrogé de déclarer s'il n'a pas logé Soleyman à la mosquée, parcequ'il a déclaré qu'il venoit pour assassiner le général;

Répond que non; que tous les musulmans peuvent loger à la mosquée.

Interrogé Soleyman s'il n'a pas dit qu'on ne l'auroit pas reçu, s'il n'avoit pas déclaré quel étoit le motif qui l'amenoit au Kaire;

Répond que les arrivants sont obligés de le dire, mais qu'il doit à la vérité de déclarer qu'aucun des cheykhs n'a approuvé son projet.

Ledit Seyd Ahhmed êl-Oualy a été reconduit, et Soleyman est resté pour être confronté à Seyd A'bd-Allah êl-Ghazzy, qui a été amené pour cet objet.

Interrogé ledit Seyd A'bd-Allah êl-Ghazzy s'il connoît ledit Soleyman ici présent;

Répond que oui.

Interrogé le nommé Soleyman s'il connoît ledit Seyd A'bd-Allah êl-Ghazzy ici présent;

Répond que oui.

Interrogé Seyd A'bd-Allah êl-Ghazzy s'il n'avoit pas connoissance du projet de Soleyman pour assassiner le général en chef;

Répond et avoue qu'à son arrivée il lui a fait part de son dessein de combattre les infideles et de tuer le général en chef, et qu'il a voulu l'en détourner.

Interrogé pourquoi il n'a pas dénoncé ledit Soleyman;

Répond qu'il croyoit qu'il seroit allé trouver les grands cheykhs du Kaire qui l'en auroient détourné, et qu'il le fera à l'avenir.

Interrogé s'il a parlé de ce projet à quelqu'un, et s'il sait que Soleyman en ait également fait part à quelques personnes du Kaire;

Répond qu'il n'en sait rien.

Interrogé s'il sait qu'il y ait au Kaire d'autres personnes chargées d'assassiner les Français;

Répond qu'il n'en sait rien et qu'il ne le croit pas.

Lecture faite du présent procès-verbal de confrontation à Soleyman accusé, à Mohhammed êl-Ghazzy, à Seÿd Ahhmed êl-Oualy, et à Seÿd A'bd-Allah êl-Ghazzy, ils ont déclaré que leurs réponses contiennent vérité, qu'ils n'ont rien à ajouter ni à diminuer, qu'ils persistent; et ont signé avec nous.

BRACEWICH et LHOMACA, *interpretes*, et le greffier.
Au Kaire, les jours, mois et an que d'autre part.
Suivent les signatures des accusés en arabe.
Signé Baptiste Santi LHOMACA, *drogman; le premier secrétaire-interprete du général en chef*, Damien BRACEWICH; SARTELON; PINET, *greffier*.

Et après avoir clos ledit interrogatoire, moi, commissaire rapporteur, ai demandé aux quatre prévenus s'ils vouloient se choisir un ami pour défenseur; et nous ayant déclaré qu'ils ne pouvoient en désigner aucun, nous avons fait choix du nommé Lhomaca, interprete, pour remplir cet objet.

Au Kaire, les jour, mois et an que dessus.
Signé SARTELON; PINET, *greffier*.

Interrogatoire de Mustapha effendy.

Aujourd'hui, 26 prairial, an huit de la république française, moi soussigné rapporteur de ladite commission nommée pour juger les assassins du général en chef Kleber, ai fait appeler devant moi le nommé Mustapha effendy pour l'interroger sur les faits résultants dudit assassinat; auquel interrogatoire j'ai procédé, assisté du citoyen Pinet, greffier de la commission.

Interrogé de ses noms, âge, domicile, et profession;
Répond s'appeler Mustapha effendy, natif de Brouze en Bithynie, âgé de quatre-vingt-un ans, et être maître d'école.

Interrogé s'il a vu depuis un mois le nommé Soleyman d'Alep;

Répond que cet homme a été son éleve il y a trois ans; qu'il l'a vu il y a dix ou vingt jours; qu'il est venu coucher chez lui, mais que comme il est pauvre il lui a dit de chercher un asyle ailleurs.

Interrogé si le nommé Soleyman ne lui a pas dit qu'il étoit venu de Syrie pour assassiner le général en chef;

Répond que non; qu'il est venu seulement chez lui pour le saluer comme son ancien maître.

Interrogé si Soleyman ne lui a pas parlé des motifs qui l'avoient amené, et si lui-même ne s'en est pas informé;

Répond qu'il n'a été occupé que de le renvoyer, parcequ'il est pauvre; qu'il lui a cependant demandé ce qu'il venoit faire, et qu'il lui a dit qu'il venoit se perfectionner dans la lecture.

Interrogé s'il ne sait point qu'il soit allé voir quelqu'un au Kaire, notamment des cheykhs considérables;

Répond qu'il n'en sait rien, parcequ'il l'a vu très peu de temps, et que d'ailleurs, vu son âge et ses infirmités, il sort peu de chez lui.

Interrogé s'il n'enseigne pas le qoran à ses éleves;

Répond que oui.

Interrogé si le qoran ordonne les combats sacrés et prescrit de tuer les infideles;

Répond qu'il connoît les combats sacrés, et que le qoran en parle.

Interrogé s'il enseigne de pareils principes à ses éleves;

Répond qu'un vieillard n'a rien à faire dans tout cela; mais qu'il est vrai que le qoran parle des combats sacrés, et que celui qui tue un infidele est dans le chemin de la direction.

Interrogé s'il a appris d'aussi belles choses à Soleyman;

Répond qu'il ne lui a appris qu'à écrire.

Interrogé s'il sait qu'un musulman a tué hier le général en chef de l'armée française, qui n'étoit pas de sa religion, et si, d'après les principes du qoran, cette action est louable et approuvée par le prophete;

Répond que celui qui tue doit être tué; que, quant à lui, il croit que l'honneur des Français est aussi l'honneur des musulmans; et que si le qoran dit autre chose, ce n'est pas sa faute.

De suite ledit Soleyman a été confronté avec ledit Mustapha effendy.

Interrogé s'il a vu plus d'une fois l'effendy Mustapha, et s'il lui a fait part de son projet;

Répond qu'il ne l'a vu qu'une fois comme son ancien maître, qu'il est venu seulement pour le saluer, que cet homme est vieux et infirme, et qu'il ne lui convenoit pas de lui faire part de son projet.

Interrogé s'il n'est pas de la secte des combats sacrés, et si les cheykhs de la ville ne l'ont pas autorisé à tuer au Kaire les infideles pour gagner les bonnes graces du prophete Mohhammed;

Répond qu'il a parlé des combats sacrés seulement aux quatre cheykhs qu'il a nommés.

Interrogé s'il n'en a pas parlé au cheykh Cherkaoui;

Répond qu'il ne voit pas ce cheykh, parcequ'ils ne sont pas musulmans du même rite; que le cheykh Cherkaoui est de la secte de Chafe'y, et lui de la secte de Hhanefy.

Lecture faite à Soleyman et à Mustapha de leurs réponses, ils ont déclaré qu'elles contenoient vérité, qu'ils n'avoient rien à ajouter ni à diminuer; et ils ont signé avec nous, le greffier, et le citoyen Lhomaca, interprete.

Au Kaire, les jour, mois et an que d'autre part.

Suivent les signatures des accusés en arabe.

Signé B. Santi Lhomaca, Sartelon; Pinet, *greffier.*

Rapport fait le 27 prairial an 8, par le commissaire-ordonnateur Sartelon, à la commission chargée de juger l'assassin du général en chef Kleber, et ses complices.

Citoyens,

Le deuil général et la douleur profonde dont nous sommes environnés nous annoncent assez la grandeur de la perte que l'armée vient d'éprouver. Au milieu de ses triomphes et de sa gloire, notre général nous est tout-à-coup enlevé par le fer d'un assassin dont la trahison et le fanatisme ont stipendié la main parricide et mercenaire. Chargé de provoquer contre cet homme exécrable et ses complices la vengeance des lois, qu'il me soit permis d'unir un moment mes pleurs et mes regrets à ceux dont sa victime est parmi nous le triste, mais honorable objet : mon cœur sent vivement le besoin de lui rendre ce tribut justement mérité ; ma tâche m'en semblera plus facile, et j'entrerai avec moins de dégoût dans les détails dont cet affreux évènement se compose.

Vous venez d'entendre la lecture de l'information, de l'interrogatoire des prévenus, et des autres pieces de la procédure.

Jamais crime ne fut mieux prouvé que celui dont vous allez juger les perfides auteurs ; les déclarations des témoins, l'aveu de l'assassin, et de ses complices, tout en un mot se réunit pour jeter une clarté horrible sur cet infâme assassinat.

Je vais parcourir rapidement les faits, et retenir, s'il est possible, l'indignation qu'ils inspirent. Que l'Europe, que le monde entier apprenne que le ministre suprême de l'empire ottoman, que ses généraux, que son armée, ont eu la lâcheté d'envoyer un assassin au brave et malheureux Kleber qu'ils n'avoient pu vaincre, et qu'ils ont ajouté à la honte de leur défaite celle du crime atroce dont ils se sont souillés aux yeux de l'univers.

Vous vous rappelez tous cet essaim d'osmanlis accourus, il y a trois mois, à la voix du vizir, de Constantinople et du fond de l'Asie, pour s'emparer de l'Egypte, qu'ils prétendoient nous forcer de quitter en vertu d'un traité dont leurs alliés empêchoient eux-mêmes l'exécution.

A peine les restes de cette horde barbare, vaincue dans les plaines de Matariéh et d'Héliopolis, ont repassé honteusement le désert, que les cris de rage et de désespoir se font entendre de toutes parts dans leurs rangs.

Le vizir inonde l'Egypte et la Syrie de proclamations provoquant au meurtre contre les Français qui l'ont vaincu.

C'est sur-tout contre leur général qu'il cherche à assouvir sa vengeance.

C'est au moment où les habitants d'Egypte, égarés par ses manœuvres, éprouvent la clémence et la générosité de leur vainqueur ; c'est au moment où les prisonniers de son armée sont accueillis, et ses blessés reçus dans nos hôpitaux, qu'il met tout en usage pour consommer l'affreux attentat qu'il médite depuis long-temps.

Il se sert pour l'exécuter d'un agha disgracié ; il attache au crime qu'il lui propose le retour de sa faveur, et la conservation de sa tête déja proscrite.

Ahhmed agha, emprisonné à Ghazah depuis la prise d'él-A'rych, se rend à Jérusalem après la déroute du vizir, dans les premiers jours de germinal dernier ; il a pour prison la maison du moutsellem, et il s'occupe dans cet asyle du projet atroce dont il a eu la barbarie de se charger.

Une fatalité inconcevable semble avoir tout préparé pour l'exécution de la vengeance du vizir.

Soleyman d'Alep, jeune homme de vingt-quatre ans, déja sans doute souillé par le crime, se présente chez l'agha le jour même de son arrivée à Jérusalem, et réclame sa protection pour soustraire son pere, marchand d'Alep, aux avanies périodiques d'Ibrâhim, pâchâ de cette ville.

Il y revient le lendemain. Des informations ont été prises sur le caractere de ce jeune fanatique: il est reconnu qu'il se prépare à être reçu lecteur du qoran dans une mosquée; qu'il est à Jérusalem pour un pélerinage; qu'il en a déja fait deux autres à la Mekke et à Médine, et que le délire religieux est porté au plus haut degré dans sa tête troublée par de fausses idées sur la perfection de l'islamisme, dont il croit que ce qu'il appelle les combats sacrés, et la mort des infidèles, sont le gage le plus précieux et le plus assuré.

Dès ce moment Ahhmed agha n'hésite plus à lui parler de la mission qu'il desire lui confier; il lui promet sa protection et des récompenses; il l'adresse à Yassyn agha, qui commande à Ghazah un détachement de l'armée du vizir, et l'envoie quelques jours après pour recevoir de lui les instructions et l'argent qui lui sont nécessaires.

Soleyman, déja plein de son crime, se met aussitôt en route; il demeure vingt jours au village de Khalil, dans la Palestine; il y attend une karavane pour passer le désert; et, rempli d'impatience, il arrive à Ghazah dans les premiers jours de floréal dernier.

Yassyn agha le loge dans une mosquée pour entretenir son fanatisme; il le voit souvent en secret, soit de jour, soit de nuit, pendant les dix jours qu'il passe dans cette ville; il lui donne des instructions, et quarante piastres turkes, et le fait enfin partir sur un dromadaire avec une karavane qui le conduit en six jours en Egypte.

Muni d'un poignard, il arrive vers le milieu du mois de floréal au Kaire, où il a déja passé trois ans; il se loge, suivant ses instructions, à la grande mosquée, et se prépare au crime, pour lequel il y est envoyé, par des invocations à l'Etre Suprême, et des prieres écrites qu'il place sur les murs de la mosquée.

Il y est reçu par quatre lecteurs du qoran, nés comme lui dans la Syrie; il leur fait part de sa mission, les en entretient à chaque instant, et n'en est détourné que par la difficulté de l'entreprise et le danger qu'ils trouvent à l'exécuter.

Mohhammed êl-Ghazzy, Seyd Ahhmed êl-Oualy, A'bd-Allah êl-Ghazzy, et A'bd-êl-Qadyr êl-Ghazzy, reçoivent la confidence de ce projet sans rien faire pour empêcher de le consommer, et s'en rendent complices par leur silence constant et soutenu.

L'assassin attend au Kaire sa victime pendant trente-un jours; il se détermine enfin à partir pour Gizeh, et confie, le jour de son départ, l'objet de son voyage à Mohhammed êl-Ghazzy, l'un des prévenus.

Il semble que tout concoure à favoriser son

crime : le général part de Gizeh le lendemain de son arrivée pour se rendre au Kaire ; Soleyman le suit pendant toute la route, on est obligé plusieurs fois de l'éloigner ; mais il poursuit toujours sa victime, et parvient enfin, le 25 de ce mois, à se cacher dans le jardin du général : il l'aborde pour lui baiser la main ; son air de misere intéresse, il n'est point repoussé ; et il profite de ce moment d'abandon pour lui porter quatre coups de poignard. En vain le citoyen Protain, architecte et membre de l'institut, se dévoue généreusement pour lui sauver la vie ; son courage est inutile, et il reçoit lui-même six blessures qui le mettent hors de combat.

C'est ainsi qu'est tombé sans défense sous les coups d'un assassin celui qui, dans une carriere militaire remplie de gloire et de dangers, fut respecté par les hasards de la guerre, qui le premier passa le Rhin à la tête des armées républicaines, et conquit glorieusement une seconde fois l'Egypte envahie par une nuée d'osmanlis.

Que pourrai-je ajouter à la douleur profonde dont il est l'objet ? les larmes des soldats dont il fut le pere, les regrets des généraux qui furent les compagnons de ses travaux et de sa gloire, le deuil et la consternation de l'armée sont le seul éloge digne de lui.

L'assassin Soleyman n'a pu éviter les recherches des troupes indignées ; le sang dont il étoit couvert, son poignard, son air égaré et farouche, ont découvert son crime ; il l'avoue, et nomme ses complices ; il semble s'applaudir du meurtre infâme qu'il vient de commettre. Dans les interrogatoires qu'il subit, et à la vue des supplices qui l'attendent, il conserve un calme inaltérable, qui devroit être le fruit de l'innocence, mais qui trop souvent aussi est le partage du fanatisme.

Les complices avouent également la confidence qui leur a été faite du projet de l'assassinat qu'ils ont laissé consommer par leur silence.

En vain ils prétendent qu'ils n'ont jamais cru Soleyman capable de ce crime ; en vain ils assurent qu'ils l'auroient révélé s'ils avoient pu penser qu'il eût eu réellement l'intention de le commettre : les faits parlent contre eux ; ils ont reçu l'assassin ; ils l'ont accueilli, ils ne l'ont détourné de son projet qu'à raison du danger personnel qu'il couroit : ils sont donc ses complices, et rien ne peut les excuser.

Je ne parle point de Mustapha effendy ; il n'existe contre ce vieillard aucune preuve qui puisse le faire regarder comme complice.

Le genre de supplice à prononcer contre les prévenus est laissé entièrement à votre choix par l'arrêté qui vous charge de leur jugement définitif : je crois devoir vous engager à n'en adopter aucun qui ne soit en usage dans le pays ; mais la grandeur de l'attentat exige qu'il soit terrible : celui de l'empalement me paroît convenable : que la main de cet homme infâme soit brûlée avant tout ; qu'il expire ensuite sur son pal, et que son corps y reste exposé jusqu'à ce qu'il soit dévoré par les oiseaux de proie.

Quant aux complices, quoique leur délit soit grand, il semble que leur supplice doive être moins sévère que celui de l'assassin ; la simple peine de mort telle qu'elle est adoptée en Egypte doit suffire, et je crois devoir vous la proposer.

Que le vizir, que les féroces osmanlis qu'il commande, apprennent en frémissant le châtiment du monstre qui osa se charger de leur vengeance atroce. Leur crime prive, il est vrai, l'armée d'un chef qui sera toujours l'objet de nos regrets et de nos larmes : mais qu'ils n'espèrent point abattre nos courages ; le successeur du général que nous avons perdu, déja connu par ses talents, par sa bravoure, et par les qualités brillantes qui l'ont distingué dans sa carriere politique et militaire, saura nous conduire aussi à la victoire ; et les lâches qui ne rougirent pas de se venger de leur défaite par un assassinat, dont l'histoire n'offrit jamais d'exemple, ne retireront de cet acte de barbarie d'autre fruit que de s'être déshonorés inutilement aux yeux de l'univers.

C'est sur les considérations développées dans ce rapport que je motive mes conclusions, qui tendent, 1° à ce que le nommé Soleyman d'Alep soit déclaré convaincu d'avoir assassiné le général en chef de l'armée, Kleber; qu'il soit condamné à avoir la main droite brûlée, à être empalé, et à expirer ensuite sur son pal, où il restera jusqu'à ce que son cadavre soit dévoré par les oiseaux de proie; 2° à ce que les trois cheykhs, Mohhammed, A'bd-Allah, et Ahhmed êl-Ghazzy soient déclarés complices dudit assassinat, et comme tels condamnés à avoir la tête tranchée; 3° à ce que le cheykh A'bd êl-Qadyr, contumace, soit aussi condamné à la même peine; 4° à ce que l'exécution ait lieu au retour du cortege funéraire, en présence de l'armée et des gens du pays rassemblés à cet effet; 5° à ce que Mustapha effendy soit déclaré non convaincu de complicité, et mis en liberté; 6° enfin à ce que le jugement et les pieces du procès soient imprimés et affichés au nombre de cinq cents exemplaires, et traduits en langues turke et arabe, pour être placardés, dans les différentes provinces de l'Egypte, aux lieux accoutumés et désignés à cet effet.

Au Kaire, le 27 prairial, an 8 de la république française.

Signé **Sartelon.**

Jugement rendu par la commission militaire, établie par ordre du général Menou, contre l'assassin du général en chef Kleber, et ses complices.

Au nom du peuple français,

L'an 8 de la république française, et le 27 prairial, dans la maison occupée par le général de division Régnier, se sont assemblés, en vertu de l'arrêté du général Menou, commandant l'armée d'Orient par *interim*, du jour d'hier, le général de division Régnier, le général de brigade Robin, l'ordonnateur de la marine Le Roy, l'adjudant-général Martinet, l'adjudant-général Morand, le chef de brigade d'infanterie Goguet, le chef de brigade d'artillerie Faure, le chef de brigade du génie Bertrand, et le commissaire des guerres Régnier; le commissaire-ordonnateur Sartelon faisant fonction de rapporteur; le commissaire des guerres Le Pere faisant fonction de commissaire du pouvoir exécutif; écrivant le commissaire des guerres Pinet, greffier de ladite commission, pour procéder au jugement définitif de l'assassinat commis, dans la journée du 25 de ce mois, sur la personne du général en chef Kleber.

La commission assemblée, le général de division Régnier, président, a fait déposer devant lui sur le bureau un exemplaire dudit arrêté du général Menou, dont lecture a été faite; le rapporteur a ensuite fait lecture du procès-verbal d'information, et celle des pieces à charge et à décharge envers les prévenus, Soleyman êl-Hhaleby, Seyd A'bd-êl-Qadyr êl-Ghazzy, Mohhammed êl-Ghazzy, A'bd-Allah êl-Ghazzy, Ahhmed êl-Oualy, et Mustapha effendy.

La lecture finie, le président a ordonné que les prévenus seront amenés devant la commission, libres et sans fers, accompagnés de leurs défenseurs, les portes de la salle ouvertes, et la séance publique.

Le président ainsi que les membres de la commission ont fait différentes questions aux prévenus, par l'intermise du citoyen Bracewich, interprete, auxquelles ils ont répondu en persistant dans l'aveu de leur crime consigné dans leurs précédents interrogatoires.

Le président leur a demandé s'ils n'ont rien à ajouter pour leur défense: leur défenseur nommé d'office a pris la parole; et n'ayant plus rien à dire, le président a ordonné que les accusés seront reconduits dans leur prison par leur escorte.

Le président a demandé aux membres de la commission s'ils n'avoient pas d'observations à faire ; sur leur réponse négative, il a ordonné que tout le monde se retirât pour opiner à huis clos : il a posé la premiere question ainsi qu'il suit ; « Soleyman êl-Hhaleby, âgé de 24 ans, domicilié à Alep, accusé d'avoir assassiné le général en chef Kleber, et le citoyen Protain, architecte, dans le jardin du quartier-général, le 25 du courant, est-il coupable ? »

Les voix ont été recueillies en commençant par le grade inférieur ; la commission a déclaré à l'unanimité que ledit Soleyman êl-Hhaleby est coupable.

Sur la seconde question : « Seyd A'bd-êl Qadyr êl-Ghazzy, lecteur du qoran à la grande mosquée dite êl-Azhar, natif de Ghazah, domicilié au Kaire, accusé de complicité, d'avoir été le dépositaire du projet d'assassiner le général en chef, de ne l'avoir pas révélé, et d'avoir fui, est-il coupable ? »

La commission a déclaré à l'unanimité qu'il est coupable.

Il a ainsi posé la troisieme question : « Mohhammed êl-Ghazzy, âgé de 25 ans, lecteur de la grande mosquée, natif de Ghazah, accusé d'avoir été le dépositaire du secret d'assassiner le général en chef, d'en avoir été instruit dans le moment où l'assassin se mettoit en route pour l'exécuter, et de ne l'avoir pas révélé, est-il coupable ? »

La commission a déclaré à l'unanimité qu'il est coupable.

La quatrieme question a été ainsi posée : « A'bd Allah êl-Ghazzy, âgé de 30 ans, natif de Ghazah, lecteur à la grande mosquée, accusé d'avoir reçu la confidence du projet d'assassiner le général en chef, et de ne l'avoir pas révélé, est-il coupable ? »

La commission a déclaré à l'unanimité qu'il est coupable.

La cinquieme question a été ainsi posée : « Ahhmed êl-Oualy, natif de Ghazah, lecteur du qoran à la grande mosquée, accusé d'avoir eu connoissance du projet d'assassiner le général en chef, et de ne l'avoir pas révélé, est-il coupable ? »

La commission a déclaré à l'unanimité qu'il est coupable.

La sixieme question a été ainsi posée : « Mustapha effendy, âgé de 81 ans, natif de Brouze, prévenu de complicité, est-il coupable ? »

La commission a déclaré à l'unanimité qu'il n'est pas coupable, et a ordonné sa mise en liberté.

Le commissaire du pouvoir exécutif a requis l'application de la peine aux accusés ci-dessus déclarés coupables.

La commission est allée aux voix sur le genre de supplice à infliger aux coupables ; elle a fait

lecture de l'article V de l'arrêté du général Menou, du jour d'hier, conçu en ces termes : « La com-
« mission décernera le genre de supplice qu'elle
« jugera convenable pour punir l'assassin qui a
« commis le crime, ainsi que ses complices ».
Elle a décidé, à l'unanimité, de choisir un genre de supplice en usage dans le pays pour les plus grands crimes, et proportionné à la grandeur de l'attentat; et a condamné Soleyman êl-Hhaleby à avoir le poignet droit brûlé, être ensuite empalé, et rester sur le pal jusqu'à ce que son cadavre soit mangé par les oiseaux de proie. Cette exécution aura lieu sur la butte du fort de l'Institut, aussitôt après l'enterrement du général en chef Kleber, en présence de l'armée, et des habitants réunis pour ledit enterrement. Elle a prononcé la peine de mort contre Seyd A'bd-êl Qadyr êl-Ghazzy, contumace; ses biens seront confisqués et acquis à la république française; son jugement sera affiché au poteau destiné à recevoir sa tête. Elle a condamné Mohammed êl-Ghazzy, A'bd-Allah êl-Ghazzy, et Ahhmed êl-Oualy à avoir la tête tranchée, et exposée sur le lieu de l'exécution; leur corps sera brûlé sur un bûcher dressé dans ledit lieu à cet effet. Lesdits condamnés seront exécutés dans l'ordre suivant; savoir, A'bd-Allah êl-Ghazzy, Ahhmed êl-Oualy, Mohhammed êl-Ghazzy, et Soleyman êl-Hhaleby le dernier. Le pré-

sent jugement et les conclusions du rapporteur seront imprimés en langues turke, arabe, et française, et seront affichés au nombre de 500 exemplaires. Le rapporteur demeure chargé de faire ses diligences pour que le présent jugement soit mis à exécution.

Fait au Kaire, les jour, mois et an que dessus; et ont les membres de la commission signé avec le greffier.

Signés à l'original, le commissaire des guerres de premiere classe Régnier; le chef de brigade d'artillerie Faure; le chef de brigade du génie Bertrand; le chef de la vingt-deuxieme demi-brigade d'infanterie légere Goguet; l'adjudant-général Morand; l'adjudant-général Martinet; l'ordonnateur de la marine Le Roy; le général de brigade Robin; le général de division Régnier, et Pinet, greffier.

Pour copie conforme.

Pinet.

Obseques du général Kleber.

LE canon tiroit de demi-heure en demi-heure depuis l'instant où le général en chef Kleber avoit cessé de vivre. Le 28 prairial au matin, des salves d'artillerie de la citadelle, répétées par tous les forts, annoncerent que l'armée alloit lui rendre les honneurs funebres.

Le convoi partit du quartier-général Ezbékyéh au bruit d'une salve de cinq pieces de canon, et d'une décharge générale de mousqueterie, pour traverser la ville dans l'ordre suivant, et aller déposer les restes du général dans le camp retranché, désigné sous le nom d'Ibrâhim-bey.

Un détachement de cavalerie formant l'avant-garde;

Cinq pieces d'artillerie de campagne;

La vingt-deuxieme demi-brigade d'infanterie légere;

Le premier régiment de cavalerie de l'armée;

Les guides à pied;

Les différentes musiques de la garnison exécutant tour à tour des morceaux analogues à cette triste cérémonie;

Le corps du général Kleber, renfermé dans un cercueil de plomb, étoit porté sur un char funéraire d'une belle forme, recouvert d'un tapis de velours noir, parsemé de larmes d'argent, entouré de trophées d'armes, surmonté du casque et de l'épée du général, et traîné lentement par six chevaux drapés en noir et panachés en blanc.

Le général en chef Menou, précédé des guidons du corps des guides, ornés de crêpes, marchoit immédiatement après le char, qui étoit environné des généraux et de l'état-major général, et précédé des aides-de-camp du général Kleber.

Venoient ensuite le général commandant de la place, et son état-major;

Le corps du génie;

Les membres de l'institut;

Les commissaires des guerres;

Les officiers de santé;

Les administrations;

Le corps des guides à cheval;

Hassein kyachef, commissaire de Mourâd-bey, accompagné de ses mamloùks;

Les aghas, le qâdy, les cheykhs, et u'lemas;

Les évêques, prêtres, et moines grecs;

Les cophtes et catholiques;

Les différentes corporations de la ville;

La neuvieme demi-brigade;

La treizieme demi-brigade;

La marine;

Les sapeurs;

Les aérostiers;

Les dromadaires;

L'artillerie à pied;

Le bataillon grec;

Les milices cophtes;

Les corps de cavalerie;

Les mamloùks et Syriens à cheval;

Un détachement de cavalerie française fermoit la marche.

Le convoi arriva à onze heures sur l'esplanade du fort de l'institut : les troupes s'y développerent en exécutant plusieurs manœuvres qui furent suivies d'une décharge de cinq pieces de canon, et de toute la mousqueterie.

Le char, suivi, environné, et précédé comme ci-dessus, s'avança vers le camp retranché.

On avoit ouvert une breche sur la face du bastion nord de la couronne d'Ibrâhim-bey, pour pénétrer plus directement dans la gorge du bastion, au centre de laquelle on avoit élevé un tertre, dont le sommet, planté de cyprès, étoit entouré de draperies funéraires.

Ce fut au milieu de cette enceinte que l'on déposa le corps du général sur un socle entouré de candelabres de forme antique.

L'état-major général mit pied à terre pour saluer les restes du général. Des militaires de toutes les armes et de tous les grades s'avancerent spontanément en foule, et jeterent sur le tombeau des couronnes de cyprès et de lauriers, en accompagnant ce dernier hommage des accents vrais et flatteurs de leurs regrets.

Alors le citoyen Fourier, commissaire français près du dyvân, chargé par le général en chef d'exprimer dans ce jour la douleur commune, alla se placer, environné de l'état-major général et des grands officiers civils et militaires du Kaire, sur un bastion qui dominoit l'armée rangée en bataille, et, d'une voix émue par la sensibilité, il prononça le discours suivant:

Français,

« Au milieu de ces apprêts funéraires, témoignages fugitifs, mais sinceres, de la douleur publique, je viens rappeler un nom qui vous est cher, et que l'histoire a déja placé dans ses fastes. Trois jours ne se sont point encore écoulés depuis que vous avez perdu Kleber, *général en chef de l'armée française en Orient*. Cet homme, que la mort a tant de fois respecté dans les combats, dont les faits militaires ont retenti sur les rives du Rhin, du Jourdain, et du Nil, vient de périr sans défense sous les coups d'un assassin.

Lorsque vous jetterez désormais les yeux sur cette place dont les flammes ont presque entièrement dévoré l'enceinte, et qu'au milieu de ces décombres qui attesteront long-temps les ravages d'une guerre terrible et nécessaire, vous appercevrez cette maison isolée où cent Français ont soutenu, pendant deux jours entiers, tous les efforts d'une capitale révoltée, ceux des mamloûks et des ottomans ; vos regards s'arrêteront, malgré vous, sur le lieu fatal où le poignard a tranché les jours du vainqueur de Maestrick et d'Héliopolis; vous direz : C'est là qu'a succombé notre chef et notre ami; sa voix, tout-à-coup anéantie, n'a pu nous appeler à son secours. Oh! combien de bras en effet se seroient levés pour sa défense, combien de vous eussent aspiré à l'honneur de se jeter entre lui et son assassin! Je vous prends à témoin, intrépide cavalerie qui accourûtes pour le sauver sur les hauteurs de Coraïm, et dissipâtes en un instant la multitude d'ennemis qui l'avoient enveloppé: cette vie qu'il devoit à votre courage, il vient de la perdre par une confiance excessive qui le portoit à éloigner ses gardes et à déposer ses armes.

Après qu'il eut expulsé de l'Egypte les troupes de Yousef pâchâ, grand-vizir de la Porte, il vit fuir ou tomber à ses pieds les séditieux, les traîtres, ou les ingrats. C'est alors que, détestant les cruautés qui signalent les victoires de l'Orient, il jura d'honorer par la clémence le nom français qu'il venoit d'illustrer par les armes; il observa religieusement cette promesse, et ne connut point de coupables. Aucun d'eux n'a péri : le vainqueur seul expire au milieu de ses trophées. Ni la fidélité de ses gardes, ni cette contenance noble et martiale, ni le zele sincere de tant de soldats qui le chérissoient, n'ont pu le garantir de cette mort déplorable. Voilà donc le terme d'une si belle et si honorable carriere! c'est là qu'aboutissent tant de travaux, de dangers, et de services éclatants !

Un homme agité par la sombre fureur du fanatisme est désigné dans la Syrie par les chefs de l'armée vaincue pour commettre l'assassinat du général français; il traverse rapidement le désert, il suit sa victime pendant un mois; l'occasion fatale se présente, et le crime est consommé !

Négociateurs sans foi, généraux sans courage, ce crime vous appartient ; il sera aussi connu que votre défaite. Les Français vous ont livré leurs places sur la foi des traités; vous touchiez aux portes de la capitale, lorsque les Anglais ont refusé d'ouvrir la mer. Alors vous avez exigé des Français qu'ils exécutassent un traité que vos alliés avoient rompu ; vous leur avez offert le désert pour asyle.

L'honneur, le péril, l'indignation, ont enflammé tous les courages; en trois jours vos armées ont été dissipées et détruites ; vous avez perdu trois camps et plus de soixante pieces de canon; vous avez été forcés d'abandonner toutes les villes et les forts depuis Damiette jusqu'au Saïd : la seule modération du général français a prolongé le siege du Kaire, ville malheureuse où vous avez laissé répandre le sang des hommes désarmés. Vous avez vu se disperser ou expirer dans les déserts cette multitude de soldats rassemblés du fond de l'Asie ; alors vous avez confié votre vengeance à un assassin !

Mais quels secours, citoyens, nos ennemis attendent-ils de ce forfait? en frappant ce général victorieux, ont-ils cru dissiper les soldats qui lui obéissoient ? et si une main abjecte suffit pour faire verser tant de pleurs, pourra-t-elle empêcher que l'armée française ne soit commandée par un chef digne d'elle? non, sans doute ; et s'il faut dans ces circonstances plus que des vertus ordinaires, si, pour recevoir le fardeau de cette mémorable entreprise, il faut un esprit relevé qu'aucun préjugé ne peut atteindre, un dévouement sans réserve à la gloire de sa nation, citoyens, vous trouverez ces qualités réunies dans son successeur. Il possédoit l'estime de Bonaparte et de Kleber ; il leur succede aujourd'hui. Ainsi il n'y aura aucune interruption ni dans les honorables espérances des Français, ni dans le désespoir de leurs ennemis.

Armée, qui réunissez les noms de l'Italie, du Rhin, et de l'Egypte, le sort vous a placée dans des circonstances extraordinaires; il vous donne en spectacle au monde entier, et, ce qui est plus encore, la patrie admire votre sublime courage; elle consacrera vos triomphes par sa reconnoissance. N'oubliez point que vous êtes ici même sous les yeux de ce grand homme que la fortune de la France a choisi pour fixer la destinée de l'état ébranlé par les malheurs publics : son génie n'est point borné par les mers qui nous séparent de notre patrie ; il subsiste encore au milieu de vous ; il vous aime, il vous excite à la valeur, à la confiance dans vos chefs, sans laquelle la valeur est inutile, à toutes les vertus guerrieres dont il vous a laissé tant et de si glorieux exemples. Puissent les douceurs d'un gouvernement prospere couronner les efforts des Français ! c'est alors, guerriers estimables, que vous jouirez des honneurs dus aux vrais citoyens ; vous vous entretiendrez de cette contrée lointaine que vous avez deux fois conquise, et des armées innombrables que vous avez détruites, soit que la prévoyante audace de Bonaparte aille les chercher jusque dans la Syrie, soit que l'invincible courage de Kleber les dissipe dans le cœur même de l'Egypte. Que de glorieux et touchants souvenirs vous aurez à reporter dans le sein de vos familles ! Puissent-elles jouir d'un bonheur qui adoucisse l'amertume de vos regrets ! Vous mêlerez souvent à vos récits le nom chéri de Kleber ; vous ne le prononcerez jamais sans être attendris, et vous direz : Il étoit l'ami et le compagnon des soldats, il ménageoit leur sang, il diminuoit leurs souffrances.

Il est vrai qu'il s'entretenoit chaque jour des peines de l'armée, et ne songeoit qu'aux moyens de les faire cesser. Combien n'a-t-il pas été tourmenté par les retards alors inévitables de la solde militaire! Indépendamment des contributions extraordinaires, objet des seuls ordres séveres qu'il ait jamais donnés, il s'est appliqué à régler les finances, et vous connoissiez les succès de ses soins. Il en a confié la gestion à des mains pures et désignées par l'estime publique. Il méditoit une organisation générale qui embrassât toutes les parties du gouvernement. La mort l'a interrompu brusquement au milieu de cet utile projet. Il laisse une mémoire chere à tous les gens de bien: personne ne desiroit plus et ne méritoit mieux d'être aimé. Il s'attachoit de plus en plus à ses anciens amis, parcequ'ils lui offroient des qualités semblables aux siennes. Leur juste douleur trouvera du moins quelque consolation dans l'estime de l'armée et l'unanimité de nos regrets.

Réunissez donc tous vos hommages, car vous ne composez qu'une seule famille, guerriers que votre pays a appelés à sa défense; vous tous, Français, qu'un sort commun rassemble sur cette terre étrangere, vos hommages s'adressent aussi, dans cette journée, aux braves qui, dans les champs de la Syrie, d'Aboùqyr, et d'Héliopolis, ont tourné vers la France leurs derniers regards et leurs dernieres pensées.

Soyez honoré dans ces obseques, vous qu'une amitié particuliere unissoit à Kleber, ô Caffarelli, modele de désintéressement et de vertus, si compatissant pour les autres, si stoïque pour vous-même.

Et vous, Kleber, objet illustre, et dirai-je infortuné, de cette cérémonie qui n'est suivie d'aucune autre, reposez en paix, ombre magnanime et chérie, au milieu des monuments de la gloire et des arts! Habitez une terre depuis si long-temps célèbre; que votre nom s'unisse à ceux de Germanicus, de Titus, de Pompée, et de tant de grands capitaines et de sages qui ont laissé, ainsi que vous, dans cette contrée d'immortels souvenirs! »

Un recueillement religieux succéda un instant aux émotions vives et profondes qu'avoit produites l'orateur.

Les troupes défilerent ensuite par peloton, s'arrêterent devant le sarcophage, firent une troisieme décharge de mousqueterie, pendant que l'artillerie de campagne, celle de la citadelle, des forts, et du camp retranché, tiroient également; et, en sortant par la porte de la demi-lune, elles se rendirent sur l'esplanade pour y reprendre l'ordre de marche et rentrer dans la ville.

Les plans, les décorations, l'exécution de ces funérailles, aussi pompeuses que lugubres, avoient été confiés à une commission composée des citoyens Le Pere, directeur et ingénieur en chef des ponts et chaussées, Conté, chef de brigade des aérostiers, directeur des atteliers mécaniques, et Géoffroy, directeur du parc du génie.

Ordre du jour du 30 prairial, an 8. — Copie d'un arrêté du comité administratif, pris dans sa séance du 23 floréal, an 8.

Le comité administratif arrête :

Article premier.

Il sera formé dans tous les ports de l'Egypte une commission nommée *commission des neutres*; elle sera composée du commandant de la place, de l'administration de la marine, et du directeur français de la douane.

II. Cette commission sera chargée de réunir aux déclarations et rapports faits par les capitaines subrécargues ou autres, tous les renseignements susceptibles de la mettre à même de rédiger une premiere instruction, qu'elle devra adresser au comité administratif sous cinq jours, à compter de celui des déclarations.

III. Ces instructions n'auront lieu pour le port d'Alexandrie qu'à compter du premier prairial, et remonteront jusqu'à l'époque de la reprise des hostilités dans tous les autres ports, eu égard aux bâtiments dont la neutralité ne seroit pas reconnue.

IV. En cas d'absence, les membres de cette commission seront remplacés par ceux qui les suppléent dans les fonctions de leur place. S'il n'en existoit pas, les présents nommeront d'office d'autres suppléants dont ils répondront.

V. Les conservateurs de santé et autres seront tenus de procurer à cette commission toutes les déclarations, rapports, et renseignements qui dépendront d'eux.

Signés Le Roy, Daure, Esteve, et Régnier.

Le général en chef ordonne l'insertion à l'ordre du jour de l'arrêté ci-dessus, dont les dispositions seront exécutées sans délai.

Signé Menou.

J. Menou, général en chef, à sir Sidney Smith, commandant le vaisseau de S. M. britannique le Tigre.

Au quartier-général au Kaire, le 1er. messidor, an 8.

J'AI reçu, monsieur, la lettre que vous m'avez fait l'honneur de m'écrire, en date du 9 juin, à bord du Tigre devant Rhodes.

L'horrible assassinat commis sur la personne du général en chef Kleber ayant privé l'armée française de son chef, j'en ai pris le commandement.

Vos alliés les Turks, n'ayant pu vaincre les Français à Matariéh, ont employé pour se venger l'arme du poignard, cette arme qui n'est que celle des lâches.

Un janissaire parti de Ghazah, il y a aujourd'hui quarante-deux jours, a été envoyé pour commettre cet horrible crime. Les Français aiment à croire que les osmanlis seuls sont coupables. Cet assassinat doit être dénoncé à toutes les nations, et toutes ont intérêt à le venger.

La marche que vous avez tenue, monsieur, relativement à la convention qui avoit été faite à êl-A'rych, me trace parfaitement celle que je dois tenir. Vous avez demandé la ratification de votre gouvernement; je dois également demander celle des consuls, qui gouvernent aujourd'hui la république française, pour toute espèce de traité qui pourroit être conclu entre l'armée que je commande, les Anglais, et leurs alliés. C'est la seule marche légale, la seule convenable dans les négociations qui pourroient avoir lieu.

Ainsi que vous, monsieur, j'abhorre les fléaux de la guerre; ainsi que vous, monsieur, je desire de voir la fin des maux qui affligent l'univers; mais je ne me départirai jamais de tout ce qui peut tenir à l'honneur de la république française et de ses armées. Je suis bien convaincu que cette façon de penser doit être aussi la vôtre. La bonne foi et la moralité doivent présider aux traités que font entre elles les nations. Les républicains français ne connoissent pas ce que c'est que les ruses de guerre dont il est parlé dans le papier de M. Moriere; ils n'ont d'autres regles de conduite que le courage dans le combat, générosité après la victoire, et bonne foi dans les traités.

Cent cinquante Anglais sont prisonniers ici. Si je n'avois consulté que la générosité républicaine, je les aurois renvoyés sans les considérer comme prisonniers, car, échoués sur la côte d'Egypte, ils n'ont pas été pris les armes à la main, et je suis bien assuré que les consuls de la république française m'eussent approuvé; mais vos alliés, par la plus vile de toutes les conduites, ont retenu le citoyen Baudot, chef de brigade, aide-de-camp du général Kleber, lorsque sa personne devoit être sacrée pour les nations les plus barbares. Il avoit été envoyé en parlementaire; j'ai donc été forcé, contre mes principes et contre mon opinion, d'user de représailles envers vos compatriotes. Ils ne seront relâchés qu'au moment où le citoyen Baudot arrivera à Damiette. Là, il doit être échangé contre Mustapha pâchâ et quelques commissaires turks. Si, comme je ne puis en douter, monsieur, vous avez de l'influence parmi vos alliés, cette affaire devra être bientôt terminée. Elle intéresse votre honneur, et compromet *éminemment* 150 de vos compatriotes.

J'ai l'honneur de vous répéter, monsieur, que ce sera avec l'enthousiasme de la satisfaction que je verrai terminer une guerre qui depuis si long-temps désole le monde entier : mais quand de grandes nations traitent ensemble, ce ne doit être que sous des conditions également honorables pour toutes les deux et avantageuses pour leur prospérité.

Recevez, monsieur, les assurances bien sinceres de mon estime et de ma haute considération.

Signé J. Menou.

Pour copie conforme.

Signé Sidney Smith.

Copie de la traduction du turk d'une lettre de sir Sidney Smith au général Menou, commandant en chef l'armée française en Egypte, écrite originairement en français, de Jaffa, en date du 22 juin 1800. (3 messidor, an 8.)

Monsieur le général,

J'ai reçu ce soir la lettre que vous m'avez fait l'honneur de m'écrire le 20 juin. Au moment où je m'attendois à voir le général Kleber sous les auspices les plus favorables et les plus heureux, j'apprends avec le plus vif chagrin et la plus grande douleur sa mort tragique. J'en ai fait part sur-le-champ au grand-vizir et aux ministres ottomans dans les termes que vous m'annoncez ce triste évènement; et il n'a rien moins fallu que la certitude et les détails avec lesquels vous me donnez cette nouvelle pour que leurs excellences y ajoutassent foi. Le grand-vizir m'a déclaré formellement et officiellement qu'il n'avoit pas la moindre connoissance de ceux qui ont commis cet assassinat, et je suis très sûr que sa déclaration est vraie et sincere; et, sans entrer dans les détails de ce malheureux évènement qui me cause une peine inexprimable, je me contenterai de répondre aux articles de votre lettre qui ont trait à nos affaires.

Si le grand-vizir a retenu à son camp l'aide-de-camp Baudot, qui lui avoit été envoyé à Jebil-il-Illam, c'est que S. E. n'avoit pas jugé à propos de laisser sortir personne de son camp au moment qu'il se voyoit environné de ses ennemis. Baudot étoit arrêté à Jebil-il-Illam, comme les officiers turks, destinés à servir réciproquement avec lui d'otages, étoient retenus au Kaire.

Cet aide-de-camp a été envoyé à l'escadre ottomane pour être échangé comme vous le desirez, et, dans cet intervalle, S. E. le capitan-pâchâ étant arrivé ici, son absence de l'escadre a fait différer l'échange desiré; quand S. E. sera de retour à son escadre, comme l'aide-de-camp Baudot est devant Alexandrie, l'affaire de l'échange pourroit s'y conclure, si vous le jugiez à propos: mais je ne vois pas pourquoi vous faites dépendre d'une affaire qui ne regarde que vous et la Porte, la mise en liberté de 150 Anglais qui ont fait naufrage au cap Burlos. J'attends de votre loyauté et de votre justice que, suivant les regles convenues entre nos deux nations pour l'échange réciproque de nos prisonniers, auquel nous sommes autorisés à travailler, vous permettrez le retour du capitaine Butal, de ses officiers, et de son équipage.

Les promesses que vous me faites, dans l'espérance de la réciprocité de ma part, ne peuvent être appliquées à cette circonstance, et je crois superflu de vous offrir en réciprocité la promesse de mes bons offices en faveur d'une personne qui se trouve dans une position fâcheuse que j'ai moi-même éprouvée. Je suis persuadé que le grand-vizir mettra le sceau de sa généreuse et haute approbation à tous les procédés honnêtes que nous aurons les uns pour les autres. Les ruses de la guerre ne sont connues ni de vous ni de nous; et outre que je continuerai à me comporter envers vous avec la même franchise et la même loyauté que je l'ai fait jusqu'à présent, j'emploierai fortement tous mes efforts pour qu'aucune personne sur laquelle je puis avoir quelque influence ne tienne une conduite contraire à ces principes. Soyez persuadé que les dispositions hostiles qui ont été annoncées par de premieres oppositions, et qui ont acquis de l'extension et de la publicité, peuvent se calmer par les moyens que les circonstances présentes fourniront aux deux partis de correspondre et de s'entendre réciproquement, et qu'à la fin nous serons unis par les liens d'une sincere amitié : en attendant, nous ferons la guerre avec les moyens que nous avons employés jusqu'à présent contre vous, et ceux que nous pouvons encore nous procurer, et nous tâcherons de nous rendre dignes de l'estime de vos braves troupes.

Les hostilités que vous avez commises sans attendre la réponse de l'amiral Keith, qui n'avoit pas eu connoissance de la convention conclue pour l'évacuation de l'Egypte, ont servi de regle à notre conduite. Je n'avois pas demandé à ma cour sa ratification; je n'avois cherché qu'à lever quelques difficultés imprévues qui avoient pu s'opposer au retour des Français dans leur patrie.

Le général Kleber, dans les derniers préliminaires qui ont été arrêtés, n'ayant pas fait entendre que le traité qui devoit suivre avoit besoin de la ratification des consuls qui gouvernent aujourd'hui la France, cette condition, que vous mettez dans vos préliminaires, semble être un refus d'évacuer l'Egypte; et le grand-vizir m'a chargé de vous demander à ce sujet une réponse claire et précise. Vous desirez comme moi la fin du fléau de la guerre qui désole tout l'univers.

Il est dans votre pouvoir d'écarter un des obstacles qui s'opposent à la paix, en évacuant l'Egypte aux conditions convenues avec le général Kleber; et, si vous vous y refusez, nous emploierons tous nos moyens et ceux de nos alliés pour vous y contraindre à des conditions qui pourront bien ne pas vous être si avantageuses. Je ne puis pas vous dissimuler combien il m'en coûteroit de remplir ce devoir; mais l'évacuation de l'Egypte étant un point si intéressant pour le bien de l'humanité, les voies des conférences et des correspondances, pour faire les dispositions nécessaires à cette fin, sont toujours ouvertes.

Comme l'amiral sous les ordres duquel je suis se trouve à des distances éloignées de moi, je suis autorisé à souscrire à tels arrangements que les circonstances nécessiteront; et quoique par la nature des évènements je ne sois pas dans le cas de vous faire aucune nouvelle proposition, cependant je suis prêt et disposé à entendre toutes celles que vous voudriez me faire. Je puis vous déclarer officiellement que j'emploierois tous mes efforts et tous mes moyens pour empêcher toute démarche inconsidérée, et pour m'opposer à toutes vexations de la part de qui que ce soit.

Je remplirai à la lettre les instructions précises de ma cour. Je connois ses principes fondés sur la plus exacte équité, et la plus parfaite loyauté: ma conduite sera conforme à ces principes, et tous mes efforts tendront à remplir mon devoir en servant ses intérêts.

Comme il n'est pas encore certain sur quel point je vais me porter, je vous prie de me faire deux expéditions de votre réponse: vous adresserez l'une à Alexandrie, et l'autre à Jaffa, au camp du grand-vizir.

Le général en chef Menou, à l'armée française d'Orient.

Au quartier-général du Kaire, le 3 messidor, an 8.

Généraux, officiers, sous-officiers, et soldats, la vérité tout entiere doit vous être connue. La voici :

Le gouvernement français ayant appris, en l'an 6, que les ennemis de la république formoient des projets pour s'emparer de l'isle de Malte et de l'Egypte, résolut de les prévenir. Les intérêts du commerce du Levant, dont les bénéfices s'élevoient annuellement à près de cinquante millions, commandoient impérieusement cette mesure.

L'expédition de Malte et d'Egypte fut ordonnée ; Bonaparte en fut chargé. Il avoit été arrangé qu'au même instant que partiroit l'armée, un ambassadeur français se rendroit à Constantinople pour instruire le grand-seigneur des motifs de l'invasion de l'Egypte : par une fatalité dont on ne peut que soupçonner la cause, l'ambassadeur ne fut point envoyé à Constantinople, le grand-seigneur ne fut point instruit des motifs du gouvernement. Nos ennemis, les Russes et les Anglais, profiterent avec adresse de cette circonstance, et forcerent le grand-seigneur à entrer dans la coalition, qui depuis plusieurs années combat contre notre révolution et contre notre liberté. Des armées turkes, dirigées par les Anglais, vinrent débarquer à Aboùqyr et à Damiette ; vous les renversâtes dans la mer : une autre armée, commandée par le grand-vizir en personne, s'achemina par la Syrie ; des négociations eurent lieu ; une capitulation, sur laquelle je ne me permets aucune réflexion, fut conclue : vous savez avec quelle perfidie elle fut rompue ; vous vous rappelez avec quelle indignation vous apprîtes que l'on vouloit vous faire prisonniers de guerre, comme si vous aviez perdu deux ou trois batailles ; et par-tout vous aviez été triomphants.

L'armée ottomane s'avança; vous l'attaquâtes à Matarieh et Héliopolis, elle fut dissipée en un instant. Quelques restes de cette horde se jeterent dans le Kaire : vous fûtes obligés de faire le siege de cette ville; elle capitula après un mois de blocus. Vous savez par quel horrible attentat un chef, dont nous respectons tous la mémoire, vous fut enlevé. On n'avoit pu vous vaincre en bataille rangée; vos infâmes ennemis ont eu recours au poignard, croyant, par ce noir attentat, désorganiser l'armée de la république. Ils ne savent pas que l'assassinat de Kleber ne fait que redoubler votre audace et votre courage. Tout l'Orient dût-il se rassembler, vous vengerez dans son sang celui de votre général.

Mais qui désormais dirigera notre conduite? qui nous dictera ce que nous avons à faire? celui qui seul en a le droit, le gouvernement de la république française; c'est à lui seul qu'il appartient de ratifier ou de rejeter tout ce qui pourroit avoir été conclu, tout ce qui pourroit l'être à l'avenir entre l'armée française et les puissances ennemies. Tous ceux (et je suis certain que c'est tous), tous ceux, dis-je, qui ne voudront entendre que la voix de l'honneur, celle de l'attachement à l'intérêt national, sentiront qu'il ne peut exister d'autre voie légale et honorable de conclure un traité quelconque avec nos ennemis. Si je ne consultois que mon intérêt privé, si j'oubliois pour un instant que je suis Français, si je pouvois préférer à la prospérité publique ce qui m'est personnel, ainsi que vous je ne balancerois pas un instant à vouloir retourner dans mon pays.

Mais non, braves républicains, ni vous ni moi ne pensons pas ainsi : l'intérêt seul de la république nous dirigera ; s'il le faut, nous combattrons et nous vaincrons. Si l'on veut négocier, nous écouterons les propositions qui nous seront faites ; mais aucun traité ne pourra être mis à exécution qu'il ne soit ratifié par notre gouvernement. Vous connoissez tous Bonaparte ; il vous a tant de fois conduits à la victoire ! c'est lui qui, en sa qualité de premier consul, doit diriger notre conduite, éclairer notre marche : il saura tout, et, placé au centre, il nous fera connoître la volonté nationale.

Je viens de vous parler le langage de la vérité ; je n'en connoîtrai jamais d'autre. En suivant les exemples de Bonaparte et de Kleber, je tâcherai de mériter votre confiance et votre estime ; je ne passerai pas un instant sans m'occuper de vous, sans chercher ce qui peut vous être utile. Kleber avoit commencé à rétablir les finances ; j'acheverai son ouvrage. Désormais votre solde sera journellement assurée, les dettes anciennes seront payées ; je tâcherai de détruire tous les abus : mais rappelez-vous qu'un instant fait le mal, et qu'il faut un temps considérable pour le réparer.

Obéissance aux chefs de tous les grades, discipline exacte et moralité; c'est ce que je demande à l'armée, c'est ce que je suis en droit d'exiger d'elle, c'est ce que je lui répéterai sans cesse: mais nous sommes républicains, nous saurons en avoir les vertus. Quand un jour nous serons de retour dans notre patrie, nous nous glorifierons tous d'avoir fait partie d'une expédition qui aujourd'hui devient d'un si grand poids dans la balance politique de l'univers.

Signé Abd. J. Menou.

Ordre du jour du 7 messidor, an 8.

Le général en chef, voulant prendre des mesures qui assurent d'une maniere invariable la bonne tenue des hôpitaux;

Voulant assurer aux militaires qui tombent malades un asyle où ils puissent trouver des consolations, de bons remedes, et des aliments sains;

Voulant enfin détruire les abus qui se sont introduits dans l'administration des hôpitaux;

Arrete ce qui suit:

Le citoyen Daure, commissaire-ordonnateur en chef; le citoyen Desgenettes, médecin en chef; le citoyen Larrey, chirurgien en chef; le citoyen Royer, pharmacien en chef; le citoyen Boudet, directeur de la pharmacie de l'armée; le général Sanson, commandant l'arme du génie; le citoyen Le Roy, commissaire-ordonnateur de la marine, se rassembleront sur-le-champ pour concerter ensemble les mesures qui tendront à améliorer dans toutes ses parties l'administration des hôpitaux.

Ils s'occuperont en conséquence de tout ce qui a rapport au local, aux aliments, aux remedes, aux fournitures de toute espece, tels que lits, linge de corps, draps, couvertures, etc.

Ils aviseront aux moyens d'établir une police et une surveillance qui empêchent toute sorte d'abus.

L'intention du général en chef est qu'il ne manque rien dans les hôpitaux; il sacrifiera tout pour y parvenir.

La commission s'occupera aussi de tout ce qui a rapport à l'administration sanitaire; elle remettra dans le plus court délai ses observations au général en chef, qui en ordonnera l'exécution.

Signé Abd. J. Menou.

Ordre du jour du 9 messidor, an 8.

Le général en chef a été faire la visite des hôpitaux de la citadelle du Kaire et de la ferme d'Ibrâhim-bey, le 7 de ce mois : il a été mécontent de plusieurs objets relatifs à la nourriture des malades, à la négligence des directeurs pour fournir ce qui est nécessaire à la pharmacie, au mauvais service de quelques infirmiers. Le général en chef a ordonné que le directeur et le garde-magasin de l'hôpital d'Ibrâhim-bey fussent emprisonnés à la citadelle, pour leur apprendre à remplir plus exactement leur devoir.

Le général en chef s'est fait représenter le registre de l'hôpital d'Ibrâhym-bey, sur lequel l'officier de jour doit apposer sa signature, pour prouver qu'il a fait sa visite. Depuis douze jours il ne s'est trouvé qu'une seule signature sur le registre. Le général en chef n'a pas voulu se faire représenter les rapports de la place qui lui eussent indiqué le nom des officiers de jour qui ont manqué à leur devoir ; il a voulu leur rappeler, avant de se résoudre à les punir, qu'une des plus honorables de leurs fonctions est de s'occuper constamment de tout ce qui a rapport à la santé des soldats.

Le général recommande à tous les commandants de provinces et de places, à tous les chefs militaires quelconques, à tous les officiers, à tous les commissaires des guerres, de surveiller avec la plus grande attention tout ce qui a rapport aux hôpitaux. Les officiers de jour devront, dans toutes les villes où il existe des hôpitaux, en faire la visite avec la plus grande exactitude et la plus grande sévérité. Les commandants de province rendront un compte direct de cet objet si essentiel au général en chef en lui envoyant le rapport des hôpitaux toutes les décades.

Signé Menou.

Ordre du jour du 11 messidor, an 8.

Le général en chef s'étant fait représenter l'ordre du 8 prairial, qui prescrit que les transports par eau seront faits par la marine, ordonne ce qui suit :

Article premier.

Les ordres pour les transports ne pourront être donnés que par le général de division, chef de l'état-major général de l'armée, et les ordonnateurs en chef de terre et de mer ; ils seront adressés au chef de l'état-major de la marine, qui les communiquera aux officiers et administrateurs employés dans la marine.

II. Dans les ports autres que Boulac l'officier-général, ou le commandant en chef, donneront les ordres relatifs aux transports.

III. L'administration de la marine est autorisée à traiter à tant par voyage.

IV. Tout reys de barque recevra une facture de l'administration de la marine : il ne pourra être payé qu'ensuite du reçu des objets portés dans ladite facture.

V. Toutes marchandises ou effets illicitement embarqués, ou non portés sur la facture, seront confisqués, à moins d'une autorisation particuliere, qui ne pourra être donnée que par le chef de l'état-major de la marine, ou par les généraux et autres commandants de province.

VI. Aussitôt que possible il sera formé des listes des bâtiments du Nil ; le nom du village, celui du propriétaire, et du cheykh, y seront portés.

VII. Il y aura dans chaque port des cheykhs et reys qui seront chargés, ensuite des instructions du chef de l'état-major commandant les forces sur le Nil, de l'exécution des ordres relatifs aux gens du pays navigateurs sur le Nil.

VIII. Les bâtiments de la haute Egypte ne pourront être employés dans la basse, et ceux de la basse dans la haute, sans ordres spéciaux.

IX. Le général de division, chef de l'état-major général, indiquera les postes militaires sur le Nil où il sera indispensable que l'administration de la marine ait un établissement.

X. Lorsqu'il ne sera pas possible de se procurer à l'amiable les bâtiments nécessaires au service, ils seront mis en réquisition, et le paiement en sera fait au même prix que ceux traités à l'amiable.

XI. Dans le cas où les barques employées pour le service des transports resteroient plus de trois jours dans le port avant de partir, indépendamment de ceux d'arrivée et de départ, les reys recevront, pour chaque jour de retard, une indemnité qui sera fixée par l'administration de la marine, d'après la capacité de la barque.

XII. Le chef de l'état-major de la marine, dans chaque port, sera chargé de la protection des convois et de l'exécution des réquisitions.

XIII. Le général en chef réunit aux fonctions de chef de l'état-major de la marine à Boulac le commandement des forces armées sur tout le Nil, ainsi que sur les lacs de Burlos, et Menzaléh.

XIV. Dans les ports où il n'y a pas d'administrateurs de la marine, les marchés seront passés de concert par le commissaire des guerres et l'officier de marine; ils seront visés par l'officier général ou le commandant en chef.

XV. Pour éviter aux reys trop de démarches

pour leur paiement, l'ordonnateur de la marine est autorisé à établir à Boulac un caissier des transports du Nil.

XVI. Il sera fait, au commencement de chaque mois, les fonds nécessaires pour le service. Le caissier des transports s'entendra avec les payeurs des autres ports pour que la comptabilité soit aussi exacte que réguliere.

XVII. A la fin de chaque mois il sera remis au payeur-général des ordonnances en forme pour les dépenses qu'auront occasionnées les transports par eau de la basse et haute Egypte.

XVIII. L'artillerie et le génie auront un nombre de bâtiments affectés à leur service ; s'ils avoient besoin de l'augmenter, ils s'adresseroient à cet effet au général de division, chef de l'état-major général.

Les frais de transport d'artillerie et du génie seront toujours acquittés sur les fonds remis à ces armes.

XIX. Le présent réglement sera publié, affiché en français et en arabe dans toutes les provinces, places, et villages de l'Egypte.

 Signé Menou.

Le général en chef témoigne son mécontentement de ce que les lois sanitaires ne sont pas scrupuleusement observées. Cependant chacun des individus qui composent l'armée devroit bien se persuader que les négligences à cet égard peuvent entraîner des inconvénients majeurs.

En conséquence, le général en chef ordonne que les réglements sanitaires seront exactement observés ;

Que tout individu, de quelque grade qu'il soit, qui voudroit s'y soustraire, sera sévèrement puni.

Les administrateurs et autres employés des administrations sanitaires qui seront convaincus d'avoir mis de la négligence dans l'exercice de leurs fonctions, seront destitués, emprisonnés à la citadelle du Kaire, et employés aux travaux publics.

Le général en chef a été informé qu'il se commettoit aussi de grands abus dans quelques unes des administrations sanitaires, où des employés se faisoient un revenu des vexations qu'ils se permettoient d'exercer sur les individus soumis aux quarantaines, en diminuant ou augmentant, à prix d'argent, le nombre de jours qu'ils devoient passer dans les lazarets.

Il a été également informé qu'il se commettoit de grandes dilapidations, sous le prétexte de considérer ou de ne pas considérer comme contumaces, soit les effets appartenants aux individus soumis à la quarantaine, soit ceux trouvés après le décès des pestiférés.

Le général en chef recommande aux généraux,

aux commandants de province et de place, aux commissaires des guerres, et à tous autres officiers militaires et civils d'apporter tous leurs soins à détruire tous ces abus, et à punir sévèrement les coupables.

Signé Menou.

Ordre du jour du 12 messidor, an 8.

Au quartier-général du Kaire.

Le général en chef voulant connoître de la manière la plus positive quelles sont les dépenses ordinaires de l'armée, connoissance sans laquelle il ne pourroit parvenir à établir un système sage et économique d'administration;

Ordonne ce qui suit:

Le commissaire-ordonnateur en chef de l'armée remettra, dans le plus court délai possible, un état circonstancié et détaillé de toutes les administrations partielles qui sont soumises à son inspection, en désignant le nombre des individus, leurs fonctions, leur solde, et le nombre de rations dont ils jouissent.

Il remettra également un état de toutes les rations, autres que celles de la marine, qui sont dues journellement à l'armée.

Il remettra également, en se concertant avec le payeur-général, un état détaillé de toute la solde de l'armée.

Le commissaire-ordonnateur de la marine exécutera, quant à la marine, tout ce qui est prescrit ci-dessus.

Les généraux commandant l'artillerie et le génie feront remettre également des états bien détaillés de ce qui regarde leur arme, quant aux dépenses ordinaires.

Le directeur-général des ponts et chaussées, celui des ingénieurs géographes, celui des ateliers mécaniques, celui des poudrieres, et celui de l'imprimerie nationale, fourniront aussi les mêmes états.

Le secrétaire perpétuel de l'institut d'Egypte formera aussi un état de tout ce qui a rapport à cet établissement, ainsi qu'à la commission des arts.

Le payeur-général de l'armée fournira aussi un état de tout ce qui a rapport à la trésorerie.

C'est par la réunion de tous ces états que le général en chef pourra prendre une connoissance exacte de tout ce qui intéresse l'armée : il n'a pas d'autre volonté ni d'autre desir que de fournir à tous ses besoins, de réformer sans secousse les abus, et de pourvoir à l'existence honnête de tous les individus que les circonstances pourroient forcer à ne pas employer dans les administrations de l'armée.

Signé Menou.

Ordre du jour du 14 messidor, an 8.

Au quartier-général du Kaire.

Le général en chef a visité le 11 tous les atteliers et le parc d'artillerie à Gizeh : il a trouvé cet établissement dans le plus bel ordre et la plus grande activité. Il s'empresse de rendre aux généraux Songis et Faultrier toute la justice qui est due à leurs talents: il la rend également à tous les officiers et aux braves soldats qui composent le corps d'artillerie; cette arme, tant au matériel qu'au personnel, est par-tout dans le meilleur état. Le général en chef sait que le parc d'Alexandrie offre la même activité et le même ordre que celui de Gizeh.

Le général en chef a également visité tous les travaux du génie autour de la ville du Kaire. Il offre aussi au général Sanson, commandant le génie, ainsi qu'aux autres officiers de cette arme employés dans toutes les parties de l'Egypte, les témoignages de sa satisfaction. Les travaux sont tracés avec talent, dirigés avec la plus grande surveillance, et exécutés avec activité.

Signé Menou.

Menou, général en chef provisoire, au citoyen Bonaparte, premier consul de la république française.

Au quartier-général du Kaire, le 14 messidor, an 8 de
la république française.

CITOYEN CONSUL,

Un horrible évènement qui a peu d'exemples dans les annales de l'histoire vient de me porter au commandement provisoire de l'armée d'Orient. Le général Kleber a été assassiné le 25 du mois dernier. Un misérable expédié de Ghazah, il y a aujourd'hui 48 jours, par l'agha des janissaires de l'armée ottomane, a percé de quatre coups de poignard le général en chef, au moment où il se promenoit avec le citoyen Protain, architecte, sur la terrasse qui du jardin du quartier-général a vue sur la place Ezbékyéh.

Le citoyen Protain, voulant défendre le général, a été lui-même percé de six coups de poignard. Le premier coup qu'a reçu Kleber étoit mortel; il a été renversé. Protain existe encore. Le général, qui donnoit des ordres pour la réparation du quartier-général et du jardin (1), n'avoit avec lui aucun aide-de-camp, aucun homme du corps des guides; il avoit voulu être seul : il a été trouvé expirant. L'assassin, découvert dans un tas de décombres, et amené au quartier-général, a avoué qu'il avoit été sollicité à commettre ce crime par l'agha des janissaires de l'armée ottomane, commandée par le grand-vizir en personne. Ce vizir, n'ayant pu vaincre les Français les armes à la main, a employé, pour se venger, le poignard, cette arme qui n'appartient qu'aux lâches.

L'assassin se nommoit Soleyman êl-Hhaleby; il étoit d'Alep : arrivé au Kaire, après avoir traversé le désert sur un dromadaire, il s'étoit logé à la grande mosquée êl-Azhar; il en sortoit tous les jours pour épier le moment de commettre le crime. Il avoit confié son secret à quatre petits cheykhs de la loi, qui ont voulu le détourner de son projet; mais qui, ne l'ayant pas dénoncé, ont été arrêtés d'après les dépositions de l'assassin, condamnés à mort, et exécutés le 28 du mois dernier.

Pour instruire ce procès, j'avois nommé une commission *ad hoc*, composée du général de di-

---

(1) Le quartier-général avoit été criblé de boulets pendant le siége.

vision Régnier, du général de brigade Robin, de l'adjudant-général Morand, de l'adjudant-général Martinet, du chef de brigade de la vingt-deuxieme légere le citoyen Goguet, du chef de brigade de l'artillerie Faure, du chef de brigade du génie Bertrand; du commissaire des guerres Régnier. Total, neuf.

Rapporteur, Sartelon, commissaire-ordonnateur.

Commissaire du pouvoir exécutif, le commissaire des guerres Le Pere.

Greffier-secrétaire, le commissaire des guerres Pinet.

La commission, après avoir mis toute la solennité possible à l'instruction du procès, a cru devoir, dans l'application de la peine, suivre les usages de l'Egypte ; elle a condamné l'assassin à être empalé, après avoir eu la main droite brûlée ; et trois des cheykhs coupables à être décollés, et leurs corps brûlés. Le quatrieme, n'ayant pas été arrêté, a été condamné par contumace. Je joins ici, citoyen consul, les différentes pieces relatives au procès.

Actuellement, citoyen consul, il s'agit de vous faire connoître les évènements presque incroyables qui ont eu lieu en Egypte : mais je dois avoir l'honneur de vous prévenir auparavant que, les papiers du général Kleber n'étant pas encore en ordre, je ne puis vous instruire des évènements que par la simple date des faits. Dans des circonstances plus favorables, je vous enverrai tous les détails; mais il est si instant que vous connoissiez notre position, que je me suis déterminé à ne vous adresser qu'un simple journal.

Dates des évènements arrivés à l'armée d'Egypte depuis le traité d'él-A'rych.

1° Traité conclu à êl-A'rych, le 5 pluviose, et ratifié par le général en chef, le 8 du même mois, au camp de Salêhié.

2° Conférences de Sebillé Hallem près Matariéh. Elles ont eu lieu depuis le 22 ventose jusqu'au 27 du même mois.

3° Lettre de mylord Keith, livrée à l'impression et annoncée à l'armée le 27, avec la proclamation du général en chef Kleber.

4° Rupture officiellement signifiée au vizir le 28 ventose.

5° Bataille de Matariéh ou d'Héliopolis, gagnée le 29 ventose contre l'armée du grand-vizir, forte de 60,000 hommes; prise de 20 pieces de canon.

6° L'aide-de-camp Baudot, envoyé pour parlementer pendant l'action, a été maltraité et retenu prisonnier contre le droit des gens.

7° Soulèvement au Kaire le 29, six heures

après le départ de l'armée : il étoit fomenté par quelques osmanlis qui, depuis la convention d'êl-A'rych, s'étoient introduits dans le Kaire.

8° Arrivée de Nasif pâchâ dans cette ville le 30 : il s'étoit échappé de l'armée battue, et, prenant un grand détour, il entra dans le Kaire par la porte Bab-êl-Nass dite des Victoires.

9° Arrivée de l'armée française à Belbeys le 30. L'ennemi est constamment poursuivi, et fuit devant elle.

10° Reddition du fort de Belbeys le premier germinal; 600 Turks prisonniers de guerre; prise de huit pieces de canon.

11° Affaire de Coreid, le 2 germinal.

12° Arrivée de l'armée à Salêhié, le 3; prise de 12 pieces de canon du camp du grand-vizir, et d'une immense quantité de bagages abandonnés par l'ennemi dans sa fuite precipitée, au travers des déserts qu'il a jonchés de cadavres; on estime à 18,000 le nombre des hommes péris depuis Salêhié jusqu'à Ghazah. Départ du général en chef Kleber le même jour pour le Kaire.

13° Son arrivée au Kaire; le 6 germinal.

14° Premiere capitulation du Kaire, arrêtée le 14 germinal : les Turks se refusent à sortir, et continuent à se battre.

15° Arrivée d'Osman-bey êl-Ascar, et d'un officier de Nasif pâchâ, le 29 germinal, pour parlementer. Mine pratiquée par les Français fait sauter une très grande maison, dans laquelle étoient 4 à 500 osmanlis.

16° Capitulation définitive pour l'évacuation de la ville du Kaire par les Turks, arrêtée le premier floréal.

17° Le 2, l'adjudant-général René, et le citoyen Tioch, officier de l'état-major, sont envoyés en otage pour assurer l'exécution de la capitulation, et échangés sur la place Ezbékyéh contre Osman-bey êl-Ascar, et le kiâyâ de Nasif pâchâ. Les Turks et les osmanlis les insultent dans la ville; ils sont forcés de se réfugier dans une mosquée, où Elfy-bey, qui avoit été chargé de leur garde, les défendit contre les efforts d'une populace effrénée.

18° Départ des Turks au nombre de cinq mille hommes, le 5 floréal.

19° Assassinat du général Kleber, le 25 prairial.

20° Exécution de l'assassin et de ses complices, le 28 prairial.

La paix a été conclue avec Mourâd-bey pendant le siege du Kaire. Les provinces de Girgé et d'Assuan lui ont été cédées; il en jouit à titre de prince-gouverneur pour la république française. Il est à remarquer que pendant la bataille d'Héliopolis Mourâd-bey se tint constamment avec 600 mamloûks sur une hauteur à portée du champ de bataille. Il avoit fait dire qu'il ne feroit aucun mouvement; il tint parole.

Les queues de plusieurs pâchâs ont été prises, soit à Matariéh, soit à Belbeys, Salêhié, et le Kaire.

Après la bataille d'Héliopolis, des troupes ont marché pour reprendre Damiette, qui avoit été cédée aux Turks d'après la capitulation: douze cents osmanlis y ont été tués; les autres ont fui par le lac Menzaléh et le désert.

Position actuelle de l'armée française.

Dix millions ont été imposés sur la ville du Kaire pour la punir de sa révolte. Tout l'arriéré dû à l'armée est payé, et dorénavant la solde sera assurée.

On perfectionne les fortifications du Kaire: douze forts entourent actuellement cette ville; ils seront totalement finis dans quinze jours. Les arcades du grand aqueduc ont été bouchées de maniere qu'il n'est plus possible actuellement de passer, depuis la prise d'eau, au bord de la riviere, jusqu'à la citadelle. De l'autre côté, on a relevé les remparts de la ville, et on va fermer par une muraille tout l'espace compris depuis le fort Camin, derriere le quartier-général, jusqu'à Boulac.

On augmente beaucoup les fortifications de Salèhié ; elles seront terminées avant trois semaines.

Lisbé, près Damiette, est terminé ; et on bâtit des tours sur les différentes passes qui donnent de la mer dans le lac Menzaléh. Le fort de Burlos va être bientôt achevé. Celui de Rosette est dans sa perfection. Aboùqyr est entièrement réparé. On travaille à force à Alexandrie.

Notre artillerie est dans le meilleur état ; les travaux de l'arsenal de Gizeh sont dans la plus grande activité.

J'établis un dépôt de 500 chevaux à Gizeh, ainsi qu'un parc de réserve de 500 chameaux. Plusieurs milliers de Grecs se sont enrôlés à notre service, ainsi que 500 Cophtes et Syriens.

Soixante-dix vaisseaux turks ou grecs sont entrés après la rupture, qu'ils ignoroient, dans les ports d'Alexandrie et Damiette ; ils venoient pour l'évacuation : ils ont été retenus prisonniers ; les marchandises qu'ils avoient apportées nous servent à payer les troupes.

Une karavane de dix mille esclaves et de quinze mille chameaux arrive de Darfurth et du Niger ; elle est à Sioùt, que nous avons conservé dans notre traité avec Mourâd-bey.

Une karavane de Tor et une d'Yamb'o sont arrivées ici par Suez ; je leur donne et donnerai toute facilité pour le commerce, que je voudrois rétablir, en tâchant de nourrir l'Arabie par Suez. J'y organise une karavane qui partira d'ici tous les quinze jours. Une autre karavane venant de Fezanna, contrée du Beled êl-Gézyd, à cinquante jours de l'Egypte, est également arrivée au Kaire.

L'institut va reprendre ses séances.

Le grand-vizir est à Jaffa avec environ sept à huit mille hommes; il en a deux mille à Ghazah, et mille à êl-A'rych. Cathiéh est détruit. S'il parvient à recruter son armée, et qu'il tente encore de passer le désert, nous irons le recevoir à Salêhié; les troupes sont déterminées à le battre.

Le capitan-pâchâ est avec vingt-quatre voiles devant Alexandrie, Rosette, et Damiette; ils croisent de l'un à l'autre port. On compte dans cette escadre huit vaisseaux de ligne turks, et deux anglais; par-tout nous sommes en mesure. L'armée se battra jusqu'à la mort: heureux si nous pouvons conserver à la république une magnifique colonie que vous avez fondée!

Je ne puis vous envoyer les noms de ceux qui se sont distingués; je pourrois dire que c'est toute l'armée: je n'entrerai dans ces détails que lorsque les papiers du général Kleber seront en ordre.

Je me bornerai à vous demander en grace, citoyen consul, de confirmer les promotions qui ont été faites. Il y a des généraux de division, des généraux de brigade, et de tous les autres grades inférieurs. Beaucoup de braves ont été tués, beaucoup ont été blessés; tous méritent votre intérêt.

Vous connoissez mon respect et mon dévouement; l'un et l'autre sont sans bornes.

Abd. J. Menou.

Ordre du jour du 20 messidor, an 8.

Le général de division Belliard commandera la place du Kaire.

Le général en chef, voulant prendre tous les moyens qui pourront préserver les soldats de plusieurs maladies, et notamment de celle connue sous le nom d'ophtalmie, qui provient en grande partie de la fraîcheur et de l'humidité de l'air pendant la nuit, ainsi que de la mauvaise habitude qu'ont la plupart des soldats de dormir sans avoir la tête couverte, ordonne ce qui suit:

D'ici au 15 vendémiaire prochain, tous les individus composant l'armée seront pourvus d'une capote faite avec l'étoffe de laine brune dont se servent ordinairement les Arabes. Tous les corps de l'armée seront chargés de l'achat des étoffes et de la confection des capotes. En conséquence, le général, chef de l'état-major, et l'ordonnateur de l'armée se réuniront pour concerter ensemble les sommes qui doivent être accordées pour l'achat et confection desdites capotes : ils en rendront compte au général en chef, qui ordonnera au payeur-général de mettre les sommes convenues à la disposition des corps.

Signé Abd. J. Menou.

Extrait de l'ordre du jour du 25 messidor, an 8.

Le comité administratif, considérant que le commerce extérieur de l'Egypte ne lui procure que le bois de grosse charpente, de chauffage et de construction navale, et que son propre sol doit lui fournir les bois de charronnage, de menuiserie et de petite charpente; voulant à la fois prévenir la destruction des arbres utiles à ces divers travaux, et encourager leur plantation, arrête :

Article premier.

Aucune coupe d'arbres de bois dur n'aura lieu à l'avenir en Egypte ni par les Français, ni par les habitants, sans un ordre du comité administratif, visé par le général en chef; et tout individu qui, en contravention au présent article, sera convaincu d'en avoir coupé ou fait couper, pour quelque cause ou service que ce soit, encourra les peines déterminées par les lois.

II. Dans le cas d'urgence et lorsqu'il sera de toute impossibilité de faire des réparations utiles et nécessaires au service de l'armée, sans avoir recours à une coupe d'arbres, le commandant de la province pourra désigner ceux qui devront être coupés; mais il sera tenu d'en instruire le comité administratif et le général en chef.

III. Il sera accordé à chaque village une prime de dix médins par pied d'arbre de bois utile aux diverses constructions, tels que tamaris, mûrier, lebbek, sycomore, napka, etc., sauf le palmier, qui auront été plantés, à partir de la publication du présent arrêté, sur les digues d'enceinte, les bords des canaux, et dans le voisinage des lieux habités.

IV. Cette prime sera diminuée sur les contributions du village de l'année postérieure à celle dans laquelle les arbres auront été plantés.

V. Les habitants pourront couper dans l'intérieur de leurs jardins, tous les arbres qui ne sont pas spécifiés dans le présent réglement. Ils devront tous sentir que c'est pour leur propre avantage qu'on met des restrictions à la faculté de couper les bois, afin que le pays puisse se suffire à lui-même dans un temps où il n'est pas possible d'en tirer de l'étranger.

Le présent arrêté sera imprimé en français et en arabe, et mis à l'ordre de l'armée.

L'impression en arabe se fera à la diligence du comité administratif.

Kaire, le 23 messidor, an 8 de la république française.

Signé Abd. J. Menou.

Ordre du jour du 27 messidor, an 8.

Le général en chef, voulant établir au Kaire une bibliotheque publique, composée de tous les livres qui formoient la bibliotheque de l'institut, et de ceux qui ont été laissés par le général Bonaparte, ordonne :

Article premier.

Toutes personnes qui auroient reçu quelques uns de ces livres, ou à qui il en seroit parvenu d'une maniere quelconque, les remettront sans délai aux commandants des différents arrondissements, qui en feront délivrer des reçus, et donneront les ordres nécessaires pour qu'ils soient transportés au Kaire à l'état-major général.

Les permissions accordées par le général en chef, pour retirer des livres de la bibliotheque, ou des instruments du cabinet de physique, sont annullés.

II. Le secrétaire perpétuel de l'institut fera dresser un inventaire de tous les livres, manuscrits, instruments de physique, objets d'arts, qui composeront la collection nationale, désignera un local pour les recevoir, déterminera les détails de cet établissement par un réglement, et en surveillera l'exécution.

III. Il ne sera déposé à la bibliotheque que deux exemplaires de tout ordre du jour, proclamation, rapport, journal, ou autre imprimé quelconque. Il sera formé des collections de ces différentes pieces depuis l'époque de l'arrivée de l'armée.

Signé Abd. J. Menou.

Le général en chef, convaincu qu'une des mesures les plus efficaces pour donner promptement de la splendeur à une colonie naissante est de favoriser autant que possible les sciences et les arts ;

Desirant aussi fournir aux personnes qui s'en occupent tous les moyens d'assurer les succès de leurs travaux, ordonne :

L'institut reprendra ses séances dans la premiere quinzaine du mois de thermidor.

Le général en chef,

Signé Abd. J. Menou.

Le général en chef, voulant déterminer définitivement les formes qui devront être suivies pour l'admission dans les différents corps d'artillerie et du génie, civil et militaire, attachés à l'armée d'Egypte, ordonne :

Article premier.

Tous ceux qui, remplissant les conditions prescrites par les lois, se présenteront pour être admis dans les services publics des corps

De l'artillerie,
Du génie militaire,
Du génie civil, dit des ponts et chaussées,
Des ingénieurs constructeurs des vaisseaux,

Et des ingénieurs géographes, doivent s'adresser au chef de l'état-major général, à qui ils remettront leurs attestations de mœurs et de bonne conduite. Ils en obtiendront des lettres d'examen, s'il y a des places vacantes dans les services publics. Alors ils se présenteront au citoyen Fourier, examinateur, qui s'assurera s'ils ont les connoissances des théories exigées par les lois.

II. Le résultat de l'examen sera adressé au chef des différents services. Les candidats dont l'examen aura décidé l'admission, ne seront employés qu'après avoir acquis sous les ordres de leurs chefs les connoissances pratiques qui sont enseignées dans les écoles d'application.

III. Il sera ouvert auprès de la bibliotheque une salle particuliere, dans laquelle les aspirants aux différents services pourront se réunir, ainsi que ceux qui desireroient perfectionner leurs connoissances : ils y trouveront les livres élémentaires qu'ils doivent étudier ; et les membres de la classe des mathématiques de l'institut, sont invités à leur donner les explications dont ils auroient besoin.

Signé Abd. J. Menou.

Ordre du jour du 30 *messidor, an* 8.

Le nommé Nardi, Italien, enrôlé dans la légion grecque, ayant été précédemment condamné aux galeres, et qui fut pris sur le fait en volant du lin à Boulac, a été fusillé hier, 29 messidor, sur la place Ezbékyéz.

Réglement prononçant les peines à infliger pour les vols simples, avec effraction, à main armée, etc.

Ordre du jour du 2 *thermidor, an* 8.

Le général en chef, voulant assurer d'une maniere invariable la bonne fabrication du pain, voulant aussi prévenir les abus et les infidélités qui se commettent dans l'emploi des grains destinés à la nourriture de l'armée, ordonne ce qui suit :

Il sera formé sur-le-champ une commission, composée,

Du général de division Régnier, président;

Du général de brigade Lagrange;

Du chef de la quatre-vingt-cinquieme, Viala;

Du chef de brigade de la quatre-vingt-huitieme, Silly;

Du chef de brigade du quatorzieme régiment de dragons, Lambert;

Du chef de brigade des aérostiers, Conté;

Du directeur des poudres et salpêtres, le citoyen Champy;

Du commissaire-ordonnateur en chef, Daure;

Du médecin en chef, Desgenettes.

Cette commission sera chargée des opérations suivantes :

Article premier.

Elle se fera remettre par le commissaire-ordonnateur en chef, trois ardebs bruts de blé froment, dont elle constatera le poids.

II. Elle fera procéder sous ses yeux au lavage, vanage, criblage, etc., des trois ardebs, dont, après siccité, elle constatera de nouveau le poids.

III. Elle fera suivre ensuite d'une maniere

exacte l'opération de la mouture, et de l'extraction de vingt livres de son par chaque quintal de farine, poids de marc.

IV. Elle fera procéder à la fabrication du pain par des boulangers qu'elle choisira, en y employant toute la farine provenue des trois ardebs; elle pourra varier les procédés tant sur la manière de pêtrir que sur celle de chauffer les fours.

V. Lorsqu'elle aura obtenu le meilleur pain possible par l'extraction des vingt livres de son, elle constatera d'une maniere précise ce que doit fournir de pain un poids donné de farine ainsi épurée.

VI. Elle fera publier par la voie de l'impression tous les procédés qui auront été employés, et remettra au général en chef des échantillons de pain, dont l'envoi sera ordonné pour toutes les manutentions qui existent en Egypte, et pour tous les généraux commandant les provinces et divisions. Par-tout les mêmes procédés devront être suivis, par-tout le pain devra être semblable à celui qui sera envoyé pour modele.

La commission ci-dessus dénommée s'honorera infiniment par ses travaux; car le service le plus important qu'on puisse rendre à l'armée est de lui assurer une nourriture tout à la fois agréable et bienfaisante.

Signé Abd. J. Menou.

Réglement prononçant les peines des délits qui pourront être commis relativement à la manutention et fabrication, et à l'administration des subsistances.

Extrait du n° 75, du courrier de l'Egypte, 9 thermidor, an 8.

UNE frégate turke de trente canons s'est échouée près du boghaz de Rosette, à-peu-près au même endroit où s'étoit déja échouée la corvette anglaise le Cormoran. On aura de la peine à sauver quelque chose de ce que contenoit cette frégate; la mer l'a déja entr'ouverte : l'équipage est prisonnier.

Les Naplouzins sont en guerre ouverte avec le grand-vizir. Abou-Marak, pâchâ de l'armée ottomane, a été complètement battu par les Naplouzins ; il a perdu dans le combat 12 à 1500 hommes. Djezzar pâchâ a fait offrir du secours aux Naplouzins.

Mustapha pâchâ, qui avoit été prisonnier à Aboùqyr, et qui, d'après différents évènements connus de l'armée, avoit été envoyé à Lisbé, près Damiette, pour y être échangé avec le citoyen Baudot, aide-de-camp du général Kleber, y est mort le 9 messidor à la suite d'une maladie qui n'a duré que peu de jours. On lui a donné tous les soins qu'exigeoient l'humanité et la générosité française : on lui a fait des obsèques semblables à celles qui auroient eu lieu pour un général de division français : tous ses effets ont été inventoriés, mis sous le scellé, afin d'être rendus à ses héritiers. On a prévenu de cet évènement le capitan-pâchâ.

Hassan Toubar, grand cheykh de tout le pays de Menzaléh, est mort subitement, le 10 messidor, d'une attaque d'apoplexie. Cet homme très considérable par l'antiquité de sa famille, par ses riches propriétés et ses relations nombreuses, avoit d'abord quitté son pays peu après l'arrivée des Français pour se réunir aux osmanlis : après la campagne de Syrie, il obtint du général Bonaparte la permission de rentrer dans ses foyers depuis cette époque il s'est parfaitement conduit, et a témoigné beaucoup d'attachement aux Français. Le général en chef a accordé la place de grand cheykh de tout le pays de Menzaléh à Chéléby Toubar, frere de Hassan Toubar.

Ordre du jour du 12 thermidor, an 8.

LE général en chef, voulant imprimer le sceau de la flétrissure et de l'infamie sur un homme qui a lâchement trahi sa patrie, l'honneur, et les sentimens d'humanité qu'on trouveroit chez les hommes les plus barbares, ordonne l'insertion de la lettre suivante à l'ordre du jour.

Copie d'une lettre du citoyen Benoît Arnaud, écrite à son épouse.

Du désert de Barqa, dans le golfe de la Sidre, le 20 floréal, an 7.

MA chere amie, je ne vous ferai pas le détail de ma malheureuse histoire, depuis trois mois que je manque d'Alexandrie, époque de la séparation la plus cruelle pour moi. Je me dispenserois même de vous écrire, n'ayant à vous apprendre que des choses bien douloureuses pour moi, si je ne craignois que, privée absolument de mes nouvelles, vous ne puissiez croire ainsi que mes supérieurs que j'ai trahi lâchement ma patrie et ma famille, en m'éloignant d'Alexandrie pour me rendre en qu'elle ne contient autre chose que l'avis qu'un chrétienté, ainsi que l'a fait le capitaine du brick sur lequel j'étois embarqué, le vil Sennequier, dont je n'ai pas voulu partager la lâche défection. La mission qui m'étoit confiée avoit eu le succès le plus complet; mais la conduite indigne de Sennequier qui a trouvé des prétextes pour s'éloigner d'Alexandrie, et qui n'a pas même voulu faire le sacrifice de quelques jours de plus en mer pour me débarquer à Bengazy, où j'aurois eu des moyens pour me rendre par terre en Egypte; la conduite, dis-je, indigne de Sennequier a ruiné de fond en comble la mission, et m'a jeté dans un précipice de peines et de malheurs, au point que depuis plus de cinquante jours que ce Sennequier m'a débarqué à Mesurat, d'où je me suis rendu ici par terre, ma vie n'a tenu continuellement qu'à un fil. Je ne mets pas en ligne de compte des fatigues et des souffrances dont vous ne pouvez pas vous former d'idée.

Enfin le pâchâ de Tripoli, avec la permission de qui je voyageois, vient de donner des ordres à un cheykh arabe chez qui je suis détenu depuis vingt-cinq jours, de me traduire à cette capitale. J'ignore les motifs politiques qui lui font prendre un parti contraire à ses premieres intentions, ou du moins je ne les confierai pas au papier, parce-qu'à coup sûr ma lettre sera interceptée et lue; mais j'espere qu'on la respectera lorsque l'on verra pere de famille donne à sa femme de son existence. Je pars pour Tripoli sous les plus tristes auspices. Adieu, ma chere amie; je crains de m'attendrir trop en continuant, et de me livrer à un désespoir complet. Si je meurs, et que je succombe à tant de maux, au moins j'emporterai avec moi au tombeau la consolation que je n'ai manqué ni à ma patrie ni à ma famille; et je puis dire que c'est mon amour pour eux qui me coûtera la vie. On n'aura pas certainement à vous reprocher que votre mari est mort deshonoré, et a trahi ses devoirs.

Signé à l'original, ARNAUD.

Le général en chef prévient l'armée que le citoyen Arnaud avoit été envoyé à Tripoli par le général Bonaparte pour une mission très importante.

Il ordonne qu'une pension de 150 liv. par mois sera payée à la citoyenne femme Arnaud, comme un témoignage de la reconnoissance publique du gouvernement français et de l'armée d'Orient.

Signé Abd. J. MENOU.

Extrait du n° 76 du courrier de l'Egypte, 18 thërmidor.

Les musulmans ont célébré, le 14 du courant, la naissance de Mahomet. Les principes tolérants de notre gouvernement l'ont toujours engagé à prendre part à cette fête, qui a été annoncée au Kaire par de nombreuses salves d'artillerie.

Le cheykh êl-Bekry, descendant du prophete, a donné le même jour un somptueux dîner au général en chef, à tout l'état-major général et à celui de la place, aux officiers-généraux et supérieurs de tous les corps qui se sont trouvés au Kaire, à plusieurs fonctionnaires publics et aux principaux du pays. Il y a eu le soir dans toute la ville une illumination très brillante.

Quelles que soient au reste nos opinions religieuses, Mahomet doit être considéré comme un homme supérieur à son siecle et à ses compatriotes, et digne, par son génie, ses lumieres, son audace, de fixer l'admiration de la postérité.

Né au milieu d'un peuple ignorant et superstitieux, il sut apprécier l'empire si puissant de la religion, et, se plaçant entre le créateur et l'homme, il parvint à substituer le dogme de l'unité de Dieu à une foule d'idées et de pratiques ridicules qui déshonoroient les peuples abrutis de l'Orient.

Les points fondamentaux de la religion de Mahomet se réduisent à sept, dont les trois premiers concernent la foi et le dogme, et les quatre autres appartiennent à la pratique.

Le premier point fondamental est *qu'il n'y a de Dieu que le vrai Dieu, et que Mahomet est son prophete.*

Le second point consiste à croire que les actions des hommes seront récompensées ou punies après leur mort.

La prédestination ou le décret absolu de Dieu est le troisieme point fondamental.

Les quatre points de pratiques sont la priere, l'aumône, le jeûne, et le pélerinage de la Mekke.

Outre ces points principaux, le qorân prescrit encore plusieurs préceptes de morale qui doivent être religieusement observés, comme la défense de faire usage des boissons qui enivrent, exaltent les passions, et troublent l'ordre de la société.

L'usure et le jeu, qui doivent leur origine commune à la cupidité, sont également défendus par la loi de Mahomet.

Le qorân renferme encore les lois civiles ; il regle la portion des femmes et des enfants dans la succession des peres et des époux, et réduit à quatre les femmes que chaque musulman peut épouser; enfin il permet le divorce qui répare la violation que le mariage fait souvent aux lois de la nature.

Nous connoissons, par la fréquentation des Turks, beaucoup plus de choses que nous n'avons le dessein et le loisir d'en placer ici ; mais il est quelquefois utile de rapprocher, dans un tableau concis, la série des principes fondamentaux d'une doctrine souvent agitée, et que l'on veut juger sainement.

Nous terminons en observant que la perfection qui peut se trouver parmi les musulmans tient à des principes de morale universelle, indépendants des religions, et qui finiront par les rassembler toutes; que la cause la plus destructive de la grandeur et de la puissance des musulmans est dans le dogme de la prédestination, qui leur a fait négliger l'acquisition des connoissances, qui nous donnent sur eux dans tous les genres une si grande supériorité.

Depuis huit à dix jours le capitan-pâchâ est de retour devant Alexandrie; M. Smith est venu l'y rejoindre avec un vaisseau de ligne et deux autres bâtiments moins considérables.

Mourad-bey se montre toujours dans les meilleures intentions; il écrit souvent des lettres très affectueuses au général en chef.

Les travaux qu'on fait tous les ans au canal qui porte l'eau du Nil à Alexandrie sont dans la plus grande activité. Le citoyen Le Pere, directeur des ponts et chaussées, met beaucoup de soin pour se procurer des renseignements sur l'irrigation générale de l'Egypte : il a envoyé des ingénieurs pour examiner les différents canaux et la maniere dont ils répandent dans les campagnes les eaux du Nil. La crûe de ce fleuve étoit aujourd'hui, 18 au matin, de quarante-quatre pouces plus considérable qu'elle ne l'étoit l'année passée à pareil jour.

Les ordres ont été donnés pour réparer le meqyâs ou nilometre : on s'étoit permis de dégrader presque de fond en comble ce monument, qui, sans être beau, a une grande célébrité dans le monde. Sa construction remonte jusqu'à près de neuf cents ans d'antiquité.

Ordre du jour du 27 thermidor, an 8.

LE général en chef, voulant favoriser autant que possible toutes les opérations commerciales des puissances neutres, ainsi que de leurs vaisseaux, ordonne ce qui suit :

ARTICLE PREMIER.

Tous les vaisseaux ou autres bâtiments qui auront la permission de sortir des ports d'Alexandrie, Rosette, Damiette, et Suez, ne paieront à leur sortie que les droits légalement dus d'après le tarif des douanes.

II. Toute autre rétribution quelconque est sévèrement défendue : quiconque voudroit l'exiger sera poursuivi conformément à la rigueur des lois.

III. Les généraux commandant les provinces ou les places, ou tous autres chefs militaires, veilleront à l'exacte exécution du présent ordre.

Les douaniers seront tenus, pour ce qui les concerne, à la même surveillance que les chefs militaires.

IV. Le général en chef ne fera point rechercher les abus qui auroient pu s'introduire à cet égard jusqu'au jour de la publication du présent ordre; mais il espere que tous ceux qui sont revêtus de quelque autorité civile ou militaire sentiront combien nous devons nous éloigner des pratiques de l'ancien gouvernement d'Egypte, qui n'existoit que par les avanies. D'ailleurs il est de l'intérêt majeur de l'armée de favoriser autant que possible les relations commerciales, et d'attirer les étrangers dans les ports d'Egypte, par la certitude qu'ils auront d'y être bien traités, de n'y éprouver aucunes vexations, et d'y trouver le débit sûr et commode de leurs marchandises.

Signé Abd. J. M<small>ENOU</small>.

Le général en chef a nommé le général Roize inspecteur-général de la cavalerie actuellement en Egypte; il exercera ses fonctions sous les ordres du général de division Leclerc. Le dépôt des remontes, le corps des dromadaires, et celui des guides à cheval sont compris dans cette inspection.

Le citoyen Blaniac, chef d'escadron du vingt-deuxieme régiment de dragons, est nommé adjudant-général chef d'état-major de la division de cavalerie.

Le citoyen Sybille, capitaine au vingtieme régiment de dragons, est nommé chef d'escadron pour remplacer dans le même corps le citoyen Blaniac.

Le citoyen Fay-Latour, ancien chef de brigade, est nommé pour prendre le commandement du vingt-deuxieme régiment de chasseurs.

Signé Abd. J. Menou.

Ordre du jour du 3 fructidor, an 8.

Le général en chef, desirant tirer le parti le plus avantageux des graines arrivées dernièrement de France, voulant aussi en enrichir l'agriculture du pays, et perfectionner autant que possible, par des soins bien entendus, les arbres, arbustes et plantes indigenes de l'Egypte, ordonne ce qui suit :

ARTICLE PREMIER.

Il sera formé une commission d'agriculture.

II. Cette commission sera composée des citoyens Champy, Delisle, et Nectoux.

III. Sous la surveillance de cette commission il sera établi un jardin destiné à recevoir les graines envoyées de France, à multiplier les especes utiles, à perfectionner la culture des plantes indigenes de l'Egypte, à améliorer par les pratiques connues en Europe les fruits que produit le pays, à servir enfin à toutes les expériences de physique végétale.

IV. La commission désignera un emplacement pour le jardin, et le général en chef donnera les ordres nécessaires pour que le local dont elle aura fait choix soit mis à sa disposition.

V. Le général en chef réglera avec la commission tout ce qui sera relatif aux dépenses de l'établissement et de l'entretien. Une fois réglées, ces dépenses rentreront dans la comptabilité générale de la commission des arts.

VI. La commission d'agriculture rendra compte habituellement de ses travaux à l'institut, et tous les mois elle enverra un état de ses opérations au comité administratif.

Signé Abd. J. MENOU.

Le général en chef ordonne l'insertion à l'ordre du jour des notes suivantes :

Dans la nuit du 22 au 23 du mois passé, un vaisseau de ligne turk vint se jeter sur les écueils qui environnent Aboùqyr : des frégates et chaloupes ennemies vinrent pour tâcher de remorquer ce vaisseau, ou au moins sauver l'équipage. Alors le fort d'Aboùqyr fit feu sur les frégates et chaloupes, à la portée d'environ mille toises : au même instant le général de division Lanusse, avec son activité ordinaire, arrivoit d'Alexandrie après avoir donné l'ordre à plusieurs d'jermes et canots armés de se rendre à Aboùqyr. Un de ces canots, monté par le citoyen Cologne, aspirant, reçut à Aboùqyr quelques grenadiers de la soixante-neuvieme, et de suite alla se placer entre le vaisseau échoué et les frégates ennemies, pour empêcher leurs chaloupes de sauver l'équipage ; en même temps deux d'jermes, armées chacune de cinquante hommes de la soixante-neuvieme, vinrent prendre la même place. Une des chaloupes ennemies, plus hardie que les autres, voulut forcer le passage ; elle fut prise à l'abordage par le canot que montoient le citoyen Cologne et les braves grenadiers de la soixante-neuvieme. Alors le vaisseau échoué tira quelques coups de canon sur les embarcations françaises : le vent fraîchit en même temps ; elles furent obligées de rentrer. Le général Lanusse alors ordonna de doubler la charge de poudre des pieces de 24 du fort; plusieurs boulets porterent en plein bord du vaisseau échoué, qui amena son pavillon. Le général Lanusse y envoya une chaloupe, qui ramena à terre Mohhammed Indjeat-bey, directeur-général des arsenaux de Constantinople, et second amiral de la flotte ottomane. Il a livré son vaisseau portant quatre-vingt quatre pieces de canon, aux conditions que son équipage ne seroit pas esclave, et que les officiers garderoient leurs armes. A minuit, tout l'équipage étoit à terre, au nombre de cinq cents et quelques individus, parmi lesquels étoient deux Français.

On ne peut donner trop d'éloges à la conduite des citoyens Vinache, officier du génie, commandant à Aboùqyr, Guichard, capitaine de frégate, et Cologne, aspirant de la marine; les braves grenadiers et fusiliers de la soixante-neuvieme ont donné des preuves du plus grand courage: le général en chef leur témoigne sur-tout sa satisfaction de leur conduite généreuse et vraiment républicaine; aucun homme de l'équipage ennemi n'a été insulté, rien n'a été pillé. Quel contraste entre les militaires français et leurs ennemis qui, dernièrement encore, ont fait souffrir les tourments les plus cruels à l'aide-de-camp Baudot, fait prisonnier contre tout droit des gens à la bataille de Matariéh!

On espere sauver toute l'artillerie, les fers coulés et gréements du vaisseau échoué.

Le général en chef ordonne qu'il soit payé trois louis pour le sauvetage de chaque piece de 36 ou de 24, un louis pour chaque piece de 18 ou de 12, quinze sous pour chaque boulet de 36 ou de 24, et dix sous pour chaque boulet de 18 ou de 12. Le payeur-général donnera des ordres à ses préposés pour que, sur les certificats de sauvetage des objets ci-dessus indiqués, signés par le commandant et le commissaire de la marine, et visés par le général Lanusse, les sommes ordonnées soient payées à qui de droit.

Un bâtiment de cent cinquante tonneaux, portant des provisions et des lettres pour l'escadre du capitan-pâchâ, est entré à Alexandrie.

Le citoyen chef de brigade Baudot est arrivé depuis deux jours de Damiette : l'armée connoîtra, par le premier ordre du jour, les excellentes nouvelles qu'il a apportées. Par-tout la république française est victorieuse.

Signé Abd. J. MENOU.

Ordre du jour du 4 fructidor, an 8.

INSTITUTION d'une commission chargée de la rédaction d'un plan général d'administration judiciaire en Egypte.

Le général en chef s'étant fait rendre compte de quelques demandes relatives à l'ouverture ou fermeture de plusieurs canaux et digues dans l'intérieur de l'Egypte, ainsi qu'à la confection de quelques autres ouvrages de cette nature;

Voulant en même temps perfectionner le système général des irrigations, mesure qui ne peut avoir d'exécution que par l'examen le plus approfondi du cours du Nil et des canaux qui en dérivent, ainsi que par l'étude de tous les terrains qu'arrose ou devroit arroser ce fleuve célèbre, ordonne ce qui suit :

ARTICLE PREMIER.

Le citoyen Le Pere, directeur-général des ponts et chaussées, donnera des ordres pour que des ingénieurs de ce corps se répandent le plus promptement possible dans toutes les parties de l'Egypte pour examiner avec le plus grand soin le cours du Nil, celui des canaux qui en dérivent, la nature et l'étendue du terrain actuellement arrosé, et de celui qui pourroit l'être par ce fleuve, les digues qui existent, et celles qu'il seroit nécessaire de construire.

II. Ils examineront aussi les canaux provisoires qu'il seroit utile ou nécessaire de faire dès l'instant même, pour mieux partager les eaux dans les terrains déja en culture, ou pour les conduire dès cette année dans quelque portion de terrain non ordinairement arrosée.

III. Il est expressément défendu à tous généraux de province ou de place, ou à tous autres chefs militaires et civils de faire faire aucuns travaux non accoutumés et relatifs aux irrigations sans en avoir obtenu le *vu bon* du général en chef, qui lui-même ne se permettra d'ordonner aucun ouvrage de cette espece sans l'avoir préalablement soumis à l'examen des ingénieurs des ponts et chaussées, par la raison que, pour des travaux de cette importance, il ne peut y avoir de bon et de bien entendu que ce qui résulte d'un système général.

IV. Les généraux commandants de province, de place, ou tous autres chefs militaires ou civils adresseront au général en chef les demandes qu'ils pourroient recevoir des habitants sur les différents objets énoncés ci-dessus; ils y joindront leur avis motivé.

Signé Abd. J. Menou.

Ordre du jour du 5 fructidor, an 8.

Le citoyen Baudot, ci-devant aide-de-camp du général en chef Kleber, a été échangé à Damiette avec quarante-deux officiers ou administrateurs turks, qui ont été remis à Isaac-bey, chargé à cet effet des pleins pouvoirs du capitan-pâchâ.

L'armée doit se rappeler que le citoyen Baudot, envoyé en parlementaire le jour de la bataille de Matariéh, avoit été retenu prisonnier par les osmanlis de la maniere la plus illégitime et la plus contraire au droit des gens. Au moment où il arrivoit près des osmanlis, il fut blessé de plusieurs coups de sabre sur la main et sur la tête; ensuite lié et garrotté, il fut attaché à la queue d'un cheval : on lui refusa toute espece de nourriture. Enfin, à l'entrée du désert, ayant réclamé, avec toute l'énergie dont un Français est capable, le droit des gens, le prince grec, premier drogman du grand-vizir, lui fit donner un cheval; mais encore privé de nourriture, il ne put en obtenir que d'Aly pâchâ, qui lui fit donner du biscuit, en lui faisant dire qu'il partageoit avec lui ses provisions. Avant de quitter Belbeys, les osmanlis avoient forcé le citoyen Baudot de regarder et même de passer par-dessus quelques têtes de Français qu'ils avoient lâchement coupées.

Arrivé à Jaffa, lui trente-cinquieme, avec le grand-vizir, il a été relégué dans une mauvaise cahute, où le plus souvent il a été indignement traité, quelquefoi mieux par les soins de l'envoyé de Russie, M. Frankini, dont le citoyen Baudot se loue beaucoup. Le Turk qui a le plus contribué à ses souffrances est le reys-effendy, homme en horreur même aux osmanlis.

Il est bon de dire que, pendant la route dans le désert, le citoyen Baudot a partagé généreusement avec un officier du génie anglais le peu de biscuit que lui avoit fait remettre Aly pâchâ : cet officier anglais avoit, ainsi que Baudot, été attaché à la queue d'un cheval.

Enfin l'aide-de-camp Baudot fut remis il y a plus d'un mois entre les mains du capitan-pâchâ. Le général en chef avoit écrit plusieurs fois à cet égard et de la maniere la plus forte au grand-vizir et à M. Smith.

A bord du capitan-pâchâ la scene a totalement changé pour le citoyen Baudot; il y a été traité avec tous les égards, toute la politesse et toutes les attentions qu'on pourroit à peine trouver chez les nations les plus policées. Tous les commandants et officiers des autres vaisseaux turks ont imité la conduite de leur général; et ont comblé le citoyen Baudot de bons traitements. Isaac-bey, un des principaux officiers du capitan-pâchâ, doit être distingué parmi tous ceux qui se sont conduits avec tant d'honnêtetés et de politesses.

Le général en chef, organe de la reconnoissance de la république française et de celle de l'armée d'Orient, a élevé au grade de général de brigade le citoyen Baudot, qui s'étoit sacrifié pour l'armée en se remettant à Matariéh entre les mains des osmanlis; c'est d'ailleurs un hommage de plus que le général en chef s'empresse de rendre à la mémoire du général Kleber.

Signé Abd. J. Menou.

Le général en chef, sur le rapport du citoyen Le Pere, directeur des ponts et chaussées, ordonne ce qui suit :

Article premier.

Les ingénieurs des ponts et chaussées exerceront la plus grande surveillance sur l'emploi des fonds qui, prélevés sur les impositions, sont annuellement affectés aux travaux dont les Cophtes dirigent encore l'exécution.

II. La digue de Faraouniéh, dans la province de Menouf, sera soigneusement gardée et entretenue jusqu'à ce qu'il soit possible de construire des écluses ou d'autres ouvrages propres à établir, entre les provinces du Delta et celles adjacentes, le partage des eaux, qui a fait depuis plusieurs années l'objet des plus vives réclamations.

III. La nouvelle digue de Menouf sera perfectionnée à la diligence des villages intéressés. Les ingénieurs examineront si elle a toute la hauteur et la solidité nécessaire pour, dans le cas où celle de Faraouniéh éprouveroit des avaries, pouvoir soutenir les eaux du Nil, quelle que soit leur hauteur.

IV. Le général en chef autorise les villages intéressés à effectuer, sous la surveillance des ingénieurs, un déversoir au moyen des pertuis du pont de Menouf, à l'effet de remplir la partie de l'ancien canal qui forme aujourd'hui un vaste bassin entre Menouf et Kafr-Faraouniéh, et afin d'opérer dans le petit canal d'Abouzara le versement des eaux que réclament plus de vingt villages qui, privés d'eau l'année derniere, n'ont pas fait de récolte.

Signé Abd. J. Menou.

Réglement sur la nomination des cheykhs-êl-beled, et les droits qu'ils doivent payer au gouvernement à raison de 2,253 villages.

Le général en chef s'empresse de témoigner sa satisfaction au citoyen Champy, directeur-général des poudres et salpêtres, ainsi qu'au citoyen Conté, chef des atteliers de mécanique, et membre du comité administratif, des travaux auxquels ils se sont livrés pour l'établissement de la poudriere dans l'isle de Raoudah : le succès le plus complet a couronné leur entreprise. Il résulte d'un compte rendu officiellement par le général de division Songis, commandant l'artillerie, que la poudre faite dans l'isle de Raoudah, et éprouvée d'après les regles prescrites, porte le boulet d'épreuve à quatre toises un pied plus loin que la poudre de France.

Les deux citoyens nommés ci-dessus ne cessent de s'occuper de tout ce qui peut avoir rapport à l'utilité publique : l'armée leur a les plus grandes obligations. Le général en chef, au nom des troupes françaises actuellement en Egypte, leur voue des remerciements.

Signé Abd. J. Menou.

Menou, général en chef, à l'armée d'Orient.

Au quartier-général du Kaire, le 5 fructidor, an 8 de la république française, une et indivisible.

JE m'empresse de faire connoître à la brave armée d'Orient les nouvelles suivantes tant de l'Europe que des armées turkes en Asie et sur les côtes de l'Egypte : on peut regarder toutes ces nouvelles comme presque officielles.

Les bâtiments russes qui étoient devant Malte,

à Scio, à Corfou et dans tout l'Archipel, sont rentrés dans la mer Noire.

Aussitôt que l'empereur de Russie reçut la nouvelle de l'ordre transmis par le lord Keith pour la non évacuation de l'Egypte par les Français, il envoya chercher l'ambassadeur anglais résidant à Pétersbourg, et lui demanda les motifs d'une pareille conduite : l'ambassadeur s'excusa en disant qu'il n'avoit aucune connoissance de cette affaire.

On vient d'apprendre d'une maniere certaine que le même empereur avoit rappelé de Londres son ambassadeur, et avoit fait signifier à celui d'Angleterre, résidant à Pétersbourg, de quitter la Russie.

M. le commodore Smith est rappelé à Londres : on doit ici lui rendre la justice de n'avoir pas voulu employer les ruses de guerre proposées par M. Morier.

On parle de quelques troupes de débarquement rassemblées à Minorque. Si elles sont destinées contre l'Egypte, l'armée d'Orient les recevra à coups de baïonnettes, comme elle a reçu toutes celles qui ont tenté de débarquer.

M. Morier, si célebre par *sa ruse de guerre*, et que le grand-vizir avoit fait emprisonner à Jaffa, a été rappelé à Constantinople.

(Suivent les nouvelles d'Europe jusqu'à la bataille de Maringo exclusivement.)

Le vaisseau de ligne français le Guillaume-Tell, commandé par le contre-amiral Decrez, a été pris par les Anglais après le combat le plus mémorable qui se soit peut-être jamais donné sur mer. (Ici ce sont les Anglais eux-mêmes qui parlent.)

« Messieurs, disoit le capitaine Rodgers, de la corvette anglaise le Mercure, à des officiers français envoyés par le général en chef pour l'échange des prisonniers, jamais, non jamais, depuis que la marine est connue, il n'y eut d'exemple d'un combat aussi opiniâtre, malgré la supériorité de trois contre un. Le Guillaume-Tell a écrasé le vaisseau le Lion, une grosse frégate, et mis le vaisseau le Foudroyant, de 80 canons, hors d'état de tenir la mer. Il a eu l'audace d'aborder ces trois vaisseaux les uns après les autres pendant un combat de quatre heures, mais sans succès; Il n'a amené son pavillon qu'après avoir été démâté de tous ses mâts, ne restant qu'avec un bout du mât de beaupré, se trouvant avec cinq canons crevés et trente-huit démontés ; les deux tiers de son équipage tués ou blessés, le capitaine Saucier au nombre des derniers ; les agrèts et la voilure tombant sur les flancs du vaisseau, ne pouvant tirer un coup de canon sans y mettre le feu, et faisant eau de toutes parts.

« Enfin, disent les Anglais, ce ne fut que dans cette cruelle position que le malheureux Guillaume-Tell s'est rendu, et que nous avons vu ses ponts inondés de sang.

« Deux grosses frégates anglaises bonnes voilieres avoient canonné le Guillaume-Tell pendant la nuit précédente, afin d'entraver sa marche, et donner le temps aux vaisseaux de guerre d'arriver.

« Au jour, il parvint à aborder le Lion, en engageant son beaupré dans celui du Lion, qui n'échappa au Guillaume-Tell que par un coup de vent qui brisa le beaupré du vaisseau anglais au moment d'être pris. La séparation des deux vaisseaux par ce coup de vent causa la perte de quelques braves Français, qui s'étoient déja lancés sur le pont du Lion. »

Ce récit est entièrement transmis par les Anglais.

Le capitan-pâchâ est parti avec son escadre; et l'armée du grand-visir à Jaffa est réduite à peu de chose.

Signé Abd. J. Menou.

Extrait du N° 78 du courrier de l'Egypte, le 6 fructidor, an 8.

L'ouverture du khalydj s'est faite cette année le 29 thermidor. Le Nil marquoit à la colonne du meqyâs seize coudées, et montoit ainsi au terme des crûes de l'année derniere le 2 vendémiaire. C'est le gage assuré d'une heureuse fertilité.

Dès la veille, au coucher du soleil, le canon de la citadelle et de tous les forts avoit annoncé la coupure de la digue. Le lendemain, à neuf heures du matin, le général en chef Menou, accompagné de son état-major et de toutes les autorités militaires et civiles, se rendit au lieu qu'occupoit le kyosk, détruit pendant le siege du Kaire. La nombreuse garnison de cette capitale et les troupes stationnées dans les environs occupoient déja différents points sur les tertres environnants, disposés en gradins, et couverts d'une affluence prodigieuse de peuple, dont le costume varié offroit un coup-d'œil extrêmement pittoresque.

Pendant que le général en chef faisoit jeter au peuple des milliers de médins, l'agha Waly faisoit ouvrir la digue, et les eaux se précipiterent bientôt comme un torrent dans le canal.

Nous avons publié l'an passé, n° 50 de ce journal, l'acte public et juridique (1) qui se dresse dans cette circonstance: il en résulte que c'est d'après l'ouverture de ce canal qu'il est permis aux cultivateurs de toute l'Egypte de laisser entrer les eaux dans tous les canaux d'irrigation, et

---

(1) Voyez page 35 de ce volume.

que tous les propriétaires sont obligés de payer les droits du myry, les denrées destinées à la Mekke et lieux saints, et tous les autres droits suivant les anciens usages.

Depuis notre entrée en Egypte, aucune fête, aucune cérémonie publique n'avoit réuni dans les mêmes lieux et pour le même objet un aussi grand concours. L'armée n'avoit même jamais paru aux yeux des habitants du pays dans une si belle et si importante tenue, excepté le jour où elle célébra à la fois, et la victoire d'Héliopolis, et la reddition du Kaire; mais alors la frayeur glaçoit encore le cœur d'une partie des habitants de cette cité populeuse, que la clémence du vainqueur rassura depuis par un pardon généreux. Dans la fête du 29, tous ces souvenirs douloureux étoient entièrement effacés, et un peuple immense, accouru de toutes parts, se livroit avec transport et reconnoissance à la contemplation d'un beau phénomene et d'un grand bienfait de la nature.

Le citoyen Dutertre, membre de l'institut, a fait un dessin colorié de cette fête. Ses talents supérieurs sont assez connus pour nous dispenser de tout éloge.

Ordre du jour du 12 fructidor, an 8.

Réglement qui ordonne que les comptes des divers comptables soient rendus au 1ᵉʳ vendémiaire, et qui constitue une commission de comptabilité.

Réglement tendant à favoriser le commerce des navires étrangers arrivés dans les ports d'Egypte, à favoriser la vente de leurs denrées, et à en assurer leurs paiements.

Signé Abd. J. Menou.

Ordre du jour du 13 fructidor, an 8.

Réglement et tarif sur le prix du fret des divers bâtiments naviguant par mer et sur le Nil, et sur les canaux, pour le compte de la république.

Ordre du jour du 14 fructidor, an 8.

Réglement sur le titre des ouvrages d'orfévrerie, la marque d'or et d'argent, les tribunaux qui connoîtront des délits sur cette matiere, etc. etc.

Ordre du jour du 16 fructidor, an 8.

Réglement sur l'organisation, le tarif et l'administration des douanes.

Ordre du jour du 17 fructidor, an 8.

Menou, général en chef, a nommé conseillers, au conseil-privé d'Egypte, les citoyens

Fourrier, secrétaire-perpétuel de l'institut.

Le Pere, directeur-général des ponts et chaussées, membre de l'institut.

Conté, chef de brigade des aérostiers, membre de l'institut.

Champy, directeur-général des poudres et salpêtres, membre de l'institut.

Costaz, membre de l'institut.

Jacotin, directeur des ingénieurs géographes, membre de l'institut.

Thévenin, négociant.

Régnier, frere du général de ce nom.

Régnier, commissaire des guerres.

Girard, ingénieur en chef des ponts et chaussées, membre de l'institut.

Chanaleilles, directeur des domaines nationaux.

Signé Abd. J. Menou.

Ordre du jour du 18 fructidor, an 8.

Règlement portant modification de l'impôt sur le sel et sur les droits de pêche et de chasse.

Ordre du jour du 20 fructidor, an 8.

Nomination aux places de l'administration des finances.

Rancé, receveur principal.

Felician, payeur principal.

Régnier, membre du comité administratif, directeur des revenus en nature et du mobilier national.

Chanaleilles, directeur des domaines nationaux.

Brison, le cheykh Soleyman-êl-Faïoumy, directeurs des cheykhs-êl-beled.

Lascaris, directeur des droits affermés.

Lerancé, directeur de l'enregistrement.

Dalonville, directeur des droits sur les corporations.

Bernard, directeur de la monnoie.
Corancez, contrôleur de la monnoie.
Bouvier, directeur à Alexandrie.
Beauregard, directeur à Rosette.
Pina, directeur à Damiette.
Duquesnoy, directeur à Suez.
Durand, directeur à Bab-êl-Nass, porte du Kaire.

Réglement relatif à la fabrication des eaux-de-vie, et aux droits établis sur cette denrée.

Réglement portant abolition du beit-êl-mel, perception arbitraire sur les successions, et remplacement par un droit de 5 pour 100 de la valeur du capital des biens-meubles et immeubles acquitté par les héritiers.

Ordre du jour du 21 fructidor, an 8.

LE général de division Damas ayant cessé ses fonctions de chef d'état-major général, toutes les lettres, demandes, états, etc., devront être adressés jusqu'à nouvel ordre à l'adjudant-général René, remplissant provisoirement les fonctions de chef d'état-major général.

Le général en chef saisit cette occasion pour témoigner au général de division Damas, au nom de la république, la satisfaction qu'il a eue de sa gestion pendant le temps qu'il a exercé, sous ses ordres, les fonctions de chef d'état-major général.

Signé Abd. J. Menou.

Ordre du jour du 27 fructidor, an 8.

Réglement ordonnant l'adjudication publique et aux encheres des fermes qui doivent être données dans les provinces pour le compte de la république.

Ordre du 1er complémentaire, an 8.

Le général en chef a nommé le général de brigade Lagrange, pour remplir les fonctions de chef de l'état-major général de l'armée.

L'adjudant-général René remplira, sous les ordres du général Lagrange, les fonctions de sous-chef de l'état-major général.

Signé Abd. J. Menou.

Lagrange, général de brigade, chef de l'état major général de l'armée, au ministre de la guerre.

Au quartier-général du Kaire, le 4 complémentaire, an 8.

Citoyen ministre,

Le départ prochain du bâtiment que le général en chef expédie pour la France ne me donne pas assez de temps pour pouvoir me conformer à ce que vous me demandez par votre lettre du 14 thermidor dernier. Je vais donner l'ordre pour que les conseils d'administration des corps me fournissent les états tels que vous les desirez. Je saisirai la premiere occasion pour vous les faire passer, et toujours à des époques différentes.

Appelé par le général en chef à la place de chef de l'état-major de l'armée, depuis trois jours seulement, je ne puis, citoyen ministre, avoir l'honneur de vous rendre aucun compte antérieur à cette époque. A l'avenir, j'y mettrai la plus grande exactitude. Je vous ferai connoître les évènements qui pourroient arriver, et les mouvements que sera dans le cas de faire l'armée. J'entrerai dans des détails, persuadé comme je le suis du vif intérêt que le gouvernement et la France entiere prennent à son sort.

Pour cette fois je me borne, citoyen ministre, à vous assurer que l'armée est dans l'état le plus satisfaisant. Le général en chef s'occupe sans relâche de ce qui peut améliorer sa situation. Au courant pour sa solde, elle est on ne peut mieux habillée et équipée : difficilement trouveroit-on des troupes d'une plus belle tenue. Le pays est tranquille ; nous n'y comptons plus d'ennemis depuis l'expulsion totale des osmanlis. Le grand-vizir se trouve dans ce moment à Jaffa avec les tristes débris de son armée, hors d'état d'agir, suivant tous les rapports.

Les habitants, si souvent témoins de nos succès, et encouragés par cette grande supériorité que l'armée a toujours conservée sur ses ennemis, quel qu'ait été leur nombre, nous sont entièrement dévoués. Déja des bataillons auxiliaires, grecs, cophtes, et syriens, ont été organisés. Il y a même quelques demi-brigades qui se sont recrutées avec une facilité singuliere.

C'est dans cette attitude, citoyen ministre, que l'armée d'Orient attendra le résultat des brillants succès que la France vient d'obtenir en Europe. Les heureuses nouvelles qu'elle a reçues l'ont comblée de joie.

Salut et respect.
Signé Lagrange.

Menou, général en chef, au général Bonaparte, premier consul de la république.

Au quartier-général du Kaire, le 2 vendémiaire, an 9 de la république française, une et indivisible.

CITOYEN CONSUL,

Plusieurs membres de l'institut vont partir pour faire un second voyage dans la haute Egypte. J'espere que pour cette fois ils iront dans les Oasis, et remonteront à cent ou cent cinquante lieues au-dessus d'Assuan. On assure qu'il y existe des ruines beaucoup plus considérables encore que celles de Thebes et de Dendera : on dit la même chose des Oasis. Mourâd-bey offre de procurer pour ce voyage toutes les facilités et secours qui dépendront de lui : de mon côté, je ne négligerai rien pour que ce voyage ait tout le succès qu'on peut desirer : les voyageurs ne seront pas nombreux, mais bien choisis.

Dans ce moment on travaille à force à Sakkara. Il faut à cet égard faire toutes les fouilles et recherches qui puissent faire connoître dans tous ses détails ce singulier monument. Je vais faire faire aussi de nouvelles recherches aux grandes Pyramides. On soupçonne avec beaucoup de raisons qu'il doit exister d'autres chambres au-dessus de celles qui sont connues.

D'autres voyageurs vont partir de Qosseyr et de Suez pour reconnoître les côtes occidentales de la mer Rouge. On soupçonne qu'il existe dans cette partie une soufriere et du charbon de terre.

Dans toute la partie du désert qui existe entre Belbeys et Suez viennent de s'établir des Arabes cultivateurs, qui, mécontents des osmanlis en Syrie, m'ont demandé la permission d'habiter et de cultiver le canton qui se nomme le Owale : il y a une assez grande quantité de puits; et cette année le Nil qui est monté à vingt-cinq pieds et demi, hauteur à laquelle il n'étoit pas parvenu depuis 37 ans, le Nil, dis-je, a coulé presque dans ce canton.

Je vais faire rectifier la division d'Egypte, dont les provinces s'entremêloient les unes dans les autres. Citoyen consul, c'est ici le moment de vous parler d'un objet qui est extrêmement important pour les sciences, et dont le résultat feroit un honneur infini à la France.

Tous nos savants et artistes ont fait, chacun en particulier, des travaux, des recherches, et des découvertes très importantes : je crois que tous ces travaux appartiennent à la république qui solde à ses frais tous ces savants et artistes. Lorsque le citoyen Hamelin est venu en Egypte, il a proposé de faire exécuter, à de certaines conditions, le grand ouvrage de littérature qui doit résulter de tous ces travaux. Le général Kleber avoit approuvé cette entreprise, et une convention avoit été faite entre Hamelin et les artistes. Je crois qu'il n'est pas possible de laisser subsister une pareille convention; elle seroit déshonorante pour la république, qui seule doit se charger de cette entreprise, et récompenser magnifiquement les savants et les artistes. Je leur ai fait part de mon opinion à cet égard; ils ont tous senti que leur ouvrage étoit une propriété qui appartenoit à la république. Citoyen consul, je n'ai fait que vous indiquer la chose; il appartient à votre sagesse de déterminer ce qui doit être fait à cet égard; mais je suis convaincu d'avance que vous protégerez puissamment les hommes que vous avez conduits en Egypte, et qui, par leurs découvertes et leurs recherches, procureront à la France l'honneur de faire paroître un des monuments les plus importants relativement à la littérature et aux arts.

Salut et respect.

Signé Abd. J. Menou.

Menou, général en chef, au général Bonaparte, premier consul de la république.

Au quartier-général du Kaire, le 2 vendémiaire, an 9.

CITOYEN CONSUL,

Les circonstances ayant engagé le général de division Damas à cesser ses fonctions de chef de l'état-major général de l'armée, j'ai nommé pour le remplacer le général de brigade Lagrange, dont vous connoissez le courage, l'activité, le zele, l'intelligence, et l'attachement inébranlable à la chose publique : vous lui avez témoigné des bontés en Egypte ; il les mérite à tous égards.

L'armée desire que vous sachiez positivement qu'elle vous a toujours regardé comme son pere. Elle iroit au bout du monde pour la chose publique. Vous pouvez compter que je les entretiendrai dans ce sentiment, et que rien ne pourra les en écarter. Je vous demande encore, citoyen consul, de confirmer toutes les nominations qui ont été faites : elles sont nombreuses, mais les circonstances l'exigeoient.

J'ai établi un jardin national des plantes, que l'on commence à cultiver avec succès ; celles de France sont particulièrement soignées. On a oublié, citoyen consul, de nous envoyer des pommes de terre, des patates, de la graine de houblon. Je vous supplie d'ordonner encore un autre envoi de grains, de plantes, et même d'arbustes. S'il étoit possible de faire passer ici quelques greffes bien empaillées, bien soignées, de bons pêchers, abricotiers, poiriers, pommiers, il pourroit en réussir quelques unes; il faudroit aussi 2 ou 3 bons jardiniers.

Nous aurions aussi besoin de 3 ou 4 charrues à versoir et à tourne-oreille, bien completes et faites avec soin. Quelques bons laboureurs nous seroient aussi d'une grande utilité.

Salut et respect.

Signé Abd. J. Menou.

Menou, général en chef, au ministre de la guerre.

Au quartier-général du Kaire, le 2 vendémiaire, an 9.

CITOYEN MINISTRE,

L'artillerie de l'armée d'Orient est sur le pied le plus respectable; chacun de nos bataillons a une piece de 4 ou de 3. Une de nos divisions a une compagnie d'artillerie à cheval. Les pieces sont de 8 et de 12. La division de cavalerie a aussi une compagnie d'artillerie à cheval; les pieces sont de même calibre. A chacune des quatre grandes divisions d'infanterie de l'armée sont attachées des pieces de position de 8 et de 12.

Toute cette artillerie est parfaitement attelée, et chaque division de l'armée est tellement organisée, qu'un quart d'heure après en avoir reçu l'ordre, elle est en état de partir et de combattre avec tout ce qui lui est nécessaire.

Chaque demi-brigade a un certain nombre de chameaux qui lui sont attachés pour porter l'eau et les vivres. Il en est de même de la cavalerie. J'ai cru nécessaire d'établir un parc de réserve de 500 chameaux qui sont destinés aux besoins imprévus de l'armée, en cas qu'elle fût obligée de faire des marches extraordinaires ; mais afin qu'ils ne soient pas inutiles et à charge, lorsqu'ils ne sont pas employés pour le service de l'armée, ils le sont alors aux travaux publics, à ceux du génie et de l'artillerie.

J'ai aussi fait établir un dépôt de remontes qui sera porté successivement jusqu'à 500 chevaux, de maniere que nos régiments de cavalerie, qui pour le moment sont parfaitement bien montés, puissent toujours trouver les chevaux qui leur seront nécessaires après des évènements de perte à la guerre.

Il seroit bien à desirer, citoyen ministre, que notre cavalerie en Europe pût être montée comme notre cavalerie en Orient. On ne se fait pas d'idée de la vigueur, de la souplesse, et de la sobriété des chevaux arabes. Je vais essayer de substituer à nos selles européanes les selles à la mamloùk. Quant aux brides, qui pour la guerre ont beaucoup de supériorité sur les nôtres, nous les avons déja généralement adoptées.

Le cavalier sur une selle à la mamloùk n'a pas besoin de s'occuper de sa tenue. Point de cheval si fougueux que sa bride n'arrête. Alors l'homme est tout entier occupé de combattre et de se servir avantageusement de ses armes : aussi j'ose vous assurer, citoyen ministre, que la cavalerie mamloùke est la premiere de l'univers : chaque homme est armé de deux pistolets d'arçon, de deux de ceinture, d'un tromblon, arme terrible dans la mêlée, d'une carabine, d'un excellent sabre qu'il porte à son côté, et d'un autre petit sabre qu'il porte à cheval sous la cuisse. Il se sert de toutes ces armes avec la plus grande adresse.

J'aurai l'honneur de vous faire passer, par la premiere occasion sûre, une demi-douzaine de selles à la mamloùk, et de brides bien completes.

Je ne puis, citoyen ministre, vous faire trop d'éloges des généraux et officiers qui dirigent l'artillerie. Le général Songis, qui la commande en chef, le général Faultrier, directeur-général du parc, sont des hommes excellents, aussi braves et intelligents qu'attachés à leur patrie. Les chefs de brigade Tirelet et Danthouard, le premier, chef de l'état-major de l'artillerie, le second, directeur du parc d'Alexandrie, sont des officiers de la plus grande distinction.

Le parc général de l'armée est en aussi bon ordre que le seroit le parc le mieux tenu d'Europe. Il nous manquoit encore quelques pieces de gros calibre. Mais le bon génie, qui plane sur nous, nous a dernièrement envoyé à la côte un vaisseau turk de 84 canons, dont le sauvetage nous procurera ce qui nous manquoit. Nous avons déja des pieces de 48, de 36, de 24, de 18, et de 12; elles sont très bonnes, ce qui n'est pas ordinaire chez les Turks.

Un autre bâtiment anglais, pareillement échoué sur nos côtes, nous a fourni vingt caronades de 32 livres de balles.

Au total, citoyen ministre, nous n'avons rien à desirer sur le matériel de l'artillerie.

Salut et respect.

Signé Abd. J. Menou.

Menou, général en chef, au ministre de la guerre.

Au quartier-général du Kaire, le 2 vendémiaire, an 9
de la république française, une et indivisible.

Citoyen ministre,

J'ai eu l'honneur de vous adresser par triplicata trois lettres qui relatoient l'horrible assassinat commis, le 25 prairial dernier, sur la personne du général en chef Kleber. Je n'entrerai point à cet égard dans de plus grands détails. Vous trouverez joints ici plusieurs exemplaires de la procédure à la suite de laquelle a été condamné à mort, et exécuté avec le plus grand appareil, le lâche assassin.

Porté par ces circonstances et par l'ancienneté de grade au commandement en chef de l'armée d'Orient, je sens combien ce fardeau est pesant pour moi; mais si un zele sans bornes et un attachement inviolable à la république et à ma patrie peuvent suppléer à ce qui me manque de talents, vous pouvez compter, citoyen ministre, et je vous prie d'en assurer le premier consul, que rien ne pourra faire perdre à la république la magnifique conquête de l'Egypte que des ordres directs du gouvernement.

Citoyen ministre, les armées françaises viennent de s'immortaliser en Europe; elles ont pour ainsi dire reconquis la république et la liberté, que des évènements que nous ne connoissons ici qu'imparfaitement avoient mis sur le penchant de leur ruine. L'armée d'Orient a bravé l'horreur des déserts, la faim, la soif, la peste; elle a détruit les hordes réunies de tous les barbares de l'Asie; elle est encore prête à donner à la république et au premier consul tous les témoignages du plus entier dévouement; elle m'a chargé d'être, à cet égard, son interprete auprès du premier consul. La cérémonie d'hier fut attendrissante: ce fut au milieu des cris d'alégresse, lorsque nous célébrions et la fondation de la république, et les triomphes de nos armées en Europe, que l'armée d'Orient donna, dans les épanchements de sa joie, les plus fortes preuves de son attachement pour le premier consul; il peut compter sur elle et sur celui qui a l'honneur de la commander provisoirement, à la vie et à la mort.

Citoyen ministre, le général de division Damas ayant cessé ses fonctions de chef de l'état-major général, j'ai nommé pour le remplacer le général de brigade Lagrange, homme des plus braves, des plus actifs, et des plus intelligents de l'armée. Le premier consul lui avoit témoigné beaucoup d'intérêt et de bonté en Egypte : il le méritoit.

J'espere, citoyen ministre, que dans quelques mois le chef de l'état-major pourra vous présenter un état satisfaisant sur tout ce qui tient aux comptabilités.

Salut et respect.

Signé Abd. J. Menou.

Menou, général en chef, au ministre de la guerre.

Au quartier-général du Kaire, le 2 vendémiaire, an 9 de la république française.

J'AI l'honneur de vous prévenir, citoyen ministre, que l'armée d'Orient est au courant de sa solde depuis le dernier jour complémentaire. J'espere qu'à commencer de cette nouvelle année elle pourra être payée tous les dix jours.

L'habillement est en bon état ainsi que l'armement.

Signé Abd. J. Menou.

Menou, général en chef, au ministre de la guerre.

Au quartier-général du Kaire, le 2 vendémiaire, an 9 de la république française.

Lorsque les circonstances m'ont porté au commandement de l'armée, mon premier soin, après avoir pourvu à la défense et à la sûreté du pays, a dû être de porter l'œil le plus attentif sur tout ce qui tenoit aux administrations; je ne vous cacherai point, citoyen ministre, que j'ai trouvé des plaies profondes; de grandes déprédations avoient été commises; une immoralité éhontée s'étoit emparée de quelques administrateurs. J'ai cru que mon premier devoir étoit de leur déclarer une guerre à mort; de là quelques ordres du jour qui contiennent des additions au code pénal militaire. Vous croyez bien, citoyen ministre, qu'avec cette sévérité je me suis fait des ennemis; mais peu m'importe si la chose publique va, et si je puis rappeler aux principes de l'honneur quelques hommes qui sont encore susceptibles de les entendre: quant aux autres, je les chasse ignominieusement. De 34 commissaires des guerres qui sont actuellement à l'armée, je compte en réduire le nombre à 20; ce qui peut paroître encore considérable; mais les grandes distances où sont entre elles les troupes, et l'étendue de l'Egypte, nécessitent ce nombre.

Sans l'éloignement où nous sommes de la France, et la difficulté de correspondre avec elle, je n'aurois rien fait à cet égard sans attendre vos ordres. Quelques uns des commissaires supprimés rentreront dans les corps d'où ils sont sortis; les autres seront envoyés en France par la premiere occasion.

Les comptabilités des corps d'infanterie et de cavalerie étoient en mauvais état. J'ai donné des ordres séveres à cet égard; elles commencent à se rétablir.

Toutes les troupes sont bien vêtues; mais le défaut d'étoffes d'une même couleur nous a forcés à bigarrer extrêmement les uniformes; le rouge, le brun, le verd, le cramoisi, le bleu céleste, forment les nuances.

La cavalerie a pu seule conserver ses couleurs, et est d'une tenue aussi parfaite qu'elle le seroit en Europe. Les généraux Leclerc et Roise, qui la commandent, l'ont remise sur un très bon pied.

Les troupes de toutes les armes manœuvrent journellement; j'ai fait établir des écoles de théorie pour les officiers et sous-officiers.

Le service des places se fait avec beaucoup d'exactitude.

La discipline et la subordination se rétablissent dans tous les corps. Je ne puis à cet égard trop louer et l'activité et la surveillance des généraux et officiers.

Toutes les troupes mangent d'excellent pain. Mais vous n'avez pas d'idée, citoyen ministre, combien il m'a fallu batailler contre l'avidité qui spéculoit sur la mauvaise nourriture du soldat.

En place de la viande, des légumes, du sel, et du bois qu'on devoit délivrer aux troupes, elles reçoivent chaque jour deux sous d'indemnité, ce dont elles sont contentes, et vivent à merveille. Quelques garnisons où la vie est plus chere, telles qu'Alexandrie et Suez, reçoivent, l'une un sou de plus par jour, et l'autre six deniers.

Il n'existe plus d'autre distribution dans l'armée que celle du pain, du riz, et du fourrage; quant à ce dernier article, les généraux, états-majors, et tous individus isolés reçoivent dix sous par jour par chaque ration de fourrage que la loi leur accorde.

J'ai rendu aux corps la chaussure, la coiffure, les bottes, et tout ce qui concerne l'habillement. Ils sont bien mieux entretenus, et ils coûtent beaucoup moins cher.

Voilà, citoyen ministre, ce que j'ai cru faire de mieux sur tous ces objets pour le service de la république, et pour le bien-être de l'armée.

Salut et respect.

Signé Abd. J. Menou.

Menou, général en chef, au ministre de la guerre.

Au quartier-général du Kaire, le 2 vendémiaire, an 9 de la république française.

CITOYEN MINISTRE,

Mourâd-bey avoit fait, pendant le siege du Kaire, un traité de paix et d'alliance avec le général Kleber. Il l'a exécuté ponctuellement jusqu'à ce jour, et il promet qu'il y sera toujours fidele.

Les provinces de Girgé et d'Assuan n'ont été concédées à Mourâd-bey que sous le titre de prince gouverneur du Saïd pour la république française : il jouit du revenu territorial de ces provinces, à condition de nous payer annuellement, tant en argent qu'en grains de toutes especes, la valeur à-peu-près de 650,000 liv. Mourâd a intérêt d'observer le traité. Il est détesté par les Turks : il le leur rend bien. Il connoît la mauvaise foi des Anglais. Lui-même a de la générosité et une certaine grandeur dans le caractere. Sa femme qui est demeurée au Kaire s'y conduit à merveille : je la traite avec tous les égards que mérite une femme qui par elle-même, par son caractere, et par son esprit, commande l'intérêt, mais qui d'ailleurs jouit d'une grande célébrité dans le pays, ayant été la femme d'Aly-Bey-le-Grand. Le premier consul lui rendoit beaucoup d'honneurs : je n'ai cru rien faire de mieux que de suivre son exemple. Mourâd-bey entretient au Kaire un kyachef, avec le titre d'envoyé près le gouvernement français.

Salut et respect.

Signé Abd. J. Menou.

Menou, général en chef, au ministre de la guerre.

Au quartier-général du Kaire, le 2 vendémiaire, an 9 de la république française.

CITOYEN MINISTRE,

Vous trouverez ci-joint tous les ordres du jour depuis que j'ai le commandement provisoire de l'armée : ils renferment les changements que j'ai cru devoir faire à la nature de plusieurs contributions et impositions. J'ai encore beaucoup à faire à cet égard ; j'espere cependant que d'ici à un mois tout sera terminé. Je fais sûrement beaucoup de fautes; mais au moins je tâche d'être le plus équitable que je puis, en ménageant tout à la fois les intérêts de la république, ceux de l'armée, et ceux des peuples. Au total, citoyen ministre, je ne travaille que pour le bonheur de mon pays; je n'ai pas d'autre ambition. Je mourrois content demain, si j'étois assuré d'avoir fait un peu de bien aujourd'hui.

Le commerce reprend. J'ai entretenu des liaisons suivies avec le grand chéryf de la Mekke, sur la côte orientale de la mer Rouge ; avec les rois de Darfurth et de Dongola, au sud-ouest de l'Egypte; avec l'empereur d'Abyssinie au sud; et j'ai écrit à différents princes arabes répandus dans la Libye, le Beled êl-Géryd, et le pays qu'on nomme le Sudan, qui est arrosé par le Niger. Les karavanes commencent à arriver ; elles apportent des esclaves, de la poudre d'or, des dents d'éléphants, des plumes d'autruches, des cornes de rhinocéros, des drogues médicinales, des gommes, et plusieurs autres objets d'un grand commerce. Les Arabes de Tor et du mont Sinaï, ainsi que ceux du pays situé entre Suez, Jaffa, et Jérusalem, viennent journellement ici en karavane. Plusieurs de ces tribus, qui veulent devenir agricoles, m'ont demandé du terrain ; je leur en ai donné entre Belbeys, Salêhié, et Suez; elles se comportent très bien.

J'ai envoyé à la recherche d'une soufriere qui existe non loin de la mer Rouge, entre Qosséyr et le parallele de Benisouef : ce seroit une découverte précieuse.

L'Egypte fourniroit du salpêtre au monde entier. C'est ici le moment de vous parler de notre manufacture de poudre ; elle nous en fournit mille livres par jour, d'une qualité supérieure. Citoyen ministre, celui qui la régit, le citoyen Champy, est un homme des plus précieux, ainsi que le citoyen Conté, chef des aérostiers, qui a été chargé de tout le mécanisme du moulin à poudre. Ces deux hommes méritent de grandes récompenses nationales : ils ont tout sacrifié pour venir ici ; ils sont l'ame de tous nos travaux ; ils ne connoissent que l'amour de la patrie ; tout ce qu'on leur propose de faire est fait à l'instant.

Le citoyen Conté va nous établir une ligne télégraphique. Il a fallu, pour y parvenir, tout créer ; il a fait avec ses aérostiers soixante lunettes excellentes.

Il établit un moulin à foulon. J'espere que sous peu nous aurons des draps pour habiller nos troupes.

Il a établi un attelier de lames de sabres ; il fait presque aussi bien que les lames de Perse.

Il a établi un martinet et une tannerie ; enfin, citoyen ministre, les citoyens Conté et Champy ne rencontrent jamais aucune difficulté dans ce que je leur propose : ce sont des hommes étonnants. Ils jouissent l'un et l'autre de toute l'estime et de la considération de l'armée : j'ai l'honneur de vous les recommander particulièrement.

Salut et respect.

Signé Abd. J. Menou.

Menou, *général en chef, au ministre de la guerre.*

Au quartier-général du Kaire, le 2 vendémiaire, an 9 de la république française, une et indivisible.

Citoyen ministre,

Les officiers du génie, dirigés par le général de brigade Sanson, donnent tous les jours en Egypte des preuves de zèle et d'intelligence : je ne puis trop les louer à cet égard. Les travaux sont par-tout dans la plus grande activité. Je n'entrerai pas sur cet objet dans de grands détails, ayant chargé le général Sanson de vous envoyer un état général de situation, tant au personnel qu'au matériel : mais j'ose vous assurer que la partie du génie qui est en Egypte mérite tout l'intérêt du gouvernement, notamment le général Sanson : je ne connois pas d'officier plus attaché à sa patrie : son activité est sans égale ; il est par-tout ; sa comptabilité est dans le plus grand ordre, et tous les officiers sous ses ordres suivent son exemple.

Nous sommes par-tout en état de résistance : les travaux sont simples, peu considérables, mais solides, et se flanquant bien dans toutes leurs parties. Ceux d'Alexandrie sont beaucoup plus considérables, en raison de l'importance de la place et du port : nous y attendrions de pied ferme une armée européane aguerrie. Ceux du Kaire ont un assez grand développement, et sont dirigés tout à la fois contre l'ennemi extérieur et contre les insurrections des habitants. Cette derniere précaution est surabondante, car aujourd'hui les habitants sont dans la plus grande soumission. Je suis convaincu qu'en les gouvernant tout à la fois avec fermeté, justice, et moralité, ils deviendront les amis sinceres des Français ; car par-tout les hommes ne cherchent qu'à améliorer leur sort : et il ne faut pas se donner beaucoup de peine à cet égard pour faire mieux que les mamloùks.

Salut et respect.

Signé Abd. J. Menou.

Menou, général en chef, au ministre de la guerre.

Au quartier-général du Kaire, le 2 vendémiaire, an 9 de la république française.

Citoyen ministre,

Lorsque je suis arrivé au commandement de l'armée, les hôpitaux étoient dans un état déplorable. Cela tenoit en grande partie à l'infidélité et à l'immoralité des administrateurs. J'ai fait des changements à cet égard : j'ai cherché des hommes probes et humains. Actuellement la nourriture des malades est excellente ; les matelas, les couvertures, et le linge de toute espece, ont été fournis en abondance. Nos officiers de santé, dirigés par les citoyens Desgenettes, médecin en chef, Larrey, chirurgien en chef, et Boudet, pharmacien en chef, se conduisent à merveille. Leur activité, leur dévouement, et leur courage, sont au-dessus de tous éloges : ils ont bravé les horreurs de la peste, les dangers des combats. Aussi avons-nous fait, dans cette partie de l'armée, des pertes considérables : plus de cent officiers de santé sont morts dans les hôpitaux, ou ont été tués. Je ne puis trop recommander à vos bontés les trois chefs que je viens de nommer.

J'ai cru devoir augmenter proportionnellement les appointements de tous les officiers de santé ; ils étoient trop peu considérables pour ce pays-ci.

J'ai cru devoir aussi leur donner plus d'influence dans l'administration des hôpitaux, et la leur faire partager avec les commissaires des guerres. Il m'a toujours paru extraordinaire que les officiers de santé en chef n'eussent aucune police à exercer dans les hôpitaux.

Je dois vous observer, citoyen ministre, que quant aux maladies ordinaires, il n'en existe ici qu'à-peu-près le dixieme de celles qui existent en Europe. Lorsque nous aurions cent malades partout ailleurs, nous n'en avons que dix ici.

Salut et respect.

Signé Abd. J. Menou.

Menou, général en chef, au ministre de la guerre.

Au quartier-général du Kaire, le 2 vendémiaire, an 9 de la république française.

Citoyen ministre,

Quoiqu'il n'existe pas de cartel pour l'échange des prisonniers entre la république française et la Porte ottomane, j'ai cru devoir, par principe d'humanité, me conduire vis-à-vis les nombreux prisonniers turks que nous avons en Egypte comme je me conduirois vis-à-vis des prisonniers d'une nation qui auroit un cartel avec les Français. On a assimilé les grades, et chacun des osmanlis reçoit la demi-solde, ainsi que le prescrivent nos lois.

Le citoyen Baudot, ci-devant aide-de-camp du général Kleber, et qui par dévouement avoit été fait prisonnier à la bataille d'Héliopolis tandis qu'il se rendoit en qualité de parlementaire auprès du grand-vizir; Baudot, dis-je, qui a été extrêmement maltraité à Jaffa par les troupes de terre ottomanes, mais parfaitement traité ensuite par le capitan-pâchâ, et toute l'armée de mer, a été échangé à Damiette avec des prisonniers faits à Aboùqyr. A son débarquement, j'ai cru ne pouvoir mieux récompenser son dévouement qu'en l'élevant au grade de général de brigade. Je vous prie, citoyen ministre, de demander au premier consul la confirmation de cette nomination.

Je m'occupe depuis quelque temps de l'échange de tous les prisonniers français qui sont entre les mains des Turks. Housseim, capitan-pâchâ, m'a fait promettre d'y travailler fortement. C'est un homme plus instruit, beaucoup plus poli et plus humain, que ne le sont ordinairement les Turks, et j'espere que les négociations pour les prisonniers réussiront entièrement.

Vous ne devez pas douter, citoyen ministre, du prix et de l'intérêt que j'y attache.

Salut et respect.

Signé Abd. J. Menou.

Ordre du jour du 3 vendémiaire, an 9.

Menou, général en chef, à l'armée d'Orient.

Généraux, officiers, sous-officiers, soldats, et vous tous, Français, qui êtes ici rassemblés, c'est aujourd'hui que commence la neuvieme année, à dater de l'époque mémorable où la France, indignée du joug, sous lequel elle gémissoit depuis tant de siecles, brisa ses fers, détruisit la royauté, et fonda la république.

C'est aussi à dater de la même époque que se forma cette orgueilleuse coalition qui voulut tout à la fois et détruire la France, et étouffer la liberté dans son berceau. Etouffer la liberté ! non ; la liberté, semblable à ces torrents qui, se précipitant du haut des montagnes, renversent tout ce qui s'oppose à leur cours, la liberté a pénétré partout ; sa voix a retenti dans tout l'univers : j'en atteste un million de Français qui ont combattu pour elle ; j'en atteste les braves soldats qui m'entourent. Vous tous qui avez rempli l'Europe entiere de votre nom et de votre gloire, ne faites-vous pas flotter dans l'Orient l'étendard de la liberté ? ces couleurs sacrées que je vois au milieu de vos bataillons, ne sont-elles pas le signal de la civilisation pour une partie du monde, jadis si célebre, depuis anéantie et consumée par le despotisme, mais que vous allez faire renaître de ses cendres ?

J'en atteste celui qui tant de fois vous conduisit à la victoire, ô toi, Bonaparte ! Les destins t'avoient donc désigné pour rallumer en France le feu sacré de la liberté, que des évènements sur lesquels il faut peut-être jeter le voile de l'oubli, que des évènements, dis-je, dont les causes sont encore inconnues aux Français d'Orient, étoient sur le point d'éteindre. Tu avois donc reçu cette grande et magnifique mission dont tu viens de t'acquitter si brillamment dans les plaines de Maringo ? Soldats, qu'il me soit permis ici d'interrompre un moment le cri de la victoire pour le changer en cris funebres ! Desaix est mort.... Desaix est mort ; mais il est mort au champ de l'honneur : son courage l'avoit entraîné, à la tête d'un corps de braves, au milieu des plus épais bataillons des ennemis : la victoire chanceloit ; son bras l'a fixée, mais c'est aux dépens de sa vie. O toi, Kleber, son compagnon d'armes et de gloire ! si du fond du tombeau où t'a fait descendre un vil assassin tu pouvois entendre les regrets des soldats que tu conduisis à la victoire dans les champs d'Héliopolis, si tu pouvois entendre leurs cris d'alégresse, ton ame étonnée s'affligeroit avec eux de la perte d'un héros, ton ami; mais, j'en suis certain, elle répéteroit avec eux les cris de la liberté, oui, de la liberté qui vient d'être fondée sur des bases inébranlables dans les plaines d'Italie; elle répéteroit avec eux le chant de la victoire qui annonce les triomphes de Moreau, ton autre ami et compagnon d'armes, dans les campagnes de la Germanie. Soldats, n'ayez donc plus de craintes pour la liberté; le génie de Bonaparte et les bras des Français l'ont conquise pour toujours : la république existe ; et bientôt la paix vous conduira au terme de vos travaux.

Ici, soldats, je vais vous répéter quelques passages de la lettre du gouvernement au général en chef de l'armée d'Orient.

« Sur les rives du Danube et du Pô, nos armées d'Europe, par-tout victorieuses, marchent à la conquête de la paix. Vos triomphes sur le Nil y contribueront puissamment. Les circonstances sont telles enfin qu'il n'est pas probable que six mois se passent sans que ce grand bienfait ne vienne consoler l'humanité, et mettre un terme glorieux aux travaux qui assurent à l'armée d'Orient l'admiration de la postérité autant que la reconnoissance nationale. Ici, *ajoute le gouvernement*, la république compte sur l'armée d'Orient, comme l'armée d'Orient peut compter sur la république : elle se repose sur le courage et sur la constance des braves qui la composent, et qui doivent sentir que leur séjour en Egypte est un devoir important que leur imposent la gloire et l'intérêt de la république. »

Soldats, je répondrai au premier consul que je suis votre caution; que la république peut compter sur vous à la vie et à la mort; que des hommes qui, avant de venir en Égypte, avoient déja conquis l'Allemagne et l'Italie; que des hommes qui, sous les ordres de Bonaparte, ont bravé l'horreur des déserts, la faim, la soif, et d'horribles maladies; que des hommes qui ont dispersé les hordes réunies des barbares de l'Asie comme le vent disperse la poussière; que des hommes qui tous sont couverts de cicatrices honorables; qu'une armée enfin qui n'est composée que des vétérans de la république, n'est conduite par d'autres principes que par ceux de l'honneur et de l'attachement inviolable à la patrie. *Vive la république!*

Signé Abd. J. Menou.

Le général en chef s'empresse de témoigner sa satisfaction aux troupes de toutes armes qu'il a passées avant-hier en revue : rien n'étoit plus militaire que leur tenue; les armes étoient dans le meilleur état; les feux d'artillerie et de mousqueterie ont été exécutés avec beaucoup de précision. Le général en chef s'empressera d'en rendre compte au premier consul. Si les armées françaises d'Europe viennent de s'immortaliser en

Italie et en Allemagne, si tous les ennemis qui ont paru devant elles ont été détruits et obligés de prendre la fuite, l'armée française d'Orient a fait retentir en Asie et en Afrique le nom et la gloire de la république française.

Des armées innombrables sorties de toutes les parties de l'Asie ont été dispersées; et rien n'égale le courage et le dévouement des vétérans de la république.

Tel est le compte que le général en chef rend de l'armée d'Orient au premier consul de la république.

Signé Abd. J. Menou.

Ordre du jour du 5 vendémiaire, an 9.

Il a été fait une souscription en France pour élever un monument à la mémoire du général Desaix, tué à la bataille de Maringo.

Une société, composée de Français, s'est réunie pour en former une au Kaire. Le montant de la souscription sera envoyé en France par le premier officier qui partira, et qui devra remettre cette somme à l'artiste chargé d'élever le monument.

Les personnes qui voudront s'inscrire sur la

liste peuvent se présenter chez le commissaire-ordonnateur Daure.

Le général en chef Menou s'est empressé de s'inscrire sur la liste.

Ordre du jour du 6 vendémiaire, an 9.

Menou, général en chef, prévient l'armée que, conformément aux principes de loyauté et de moralité qui doivent toujours diriger les actions d'un véritable républicain français, il a donné ordre au citoyen Esteve, directeur-général et comptable des revenus publics de l'Egypte, de remettre aux héritiers, bien et dûment reconnus, d'un Juif de Salonique, mort en l'an 7, à Rosette, la somme de 7841 liv. 1 sou, provenant de la vente de tous les effets du Juif décédé, et qui n'avoit été versée dans la caisse de l'armée qu'à titre de dépôt.

Les commerçants étrangers prendront nécessairement confiance dans la loyauté française lorsqu'ils sauront que l'on conserve avec tant de soin les successions d'hommes morts à un grand éloignement de leur patrie.

Le citoyen Esteve se fera remettre par les héritiers les quittances dûment en forme.

Signé Abd. J. Menou.

Lagrange, général de brigade, chef de l'état-major général de l'armée, au ministre de la guerre.

Au quartier-général du Kaire, le 7 vendémiaire, an 9 de la république française.

CITOYEN MINISTRE,

J'ai l'honneur de vous adresser une note sur l'ordre qui a été observé dans la célébration de la fête du 1er vendémiaire au Kaire.

Salut et respect.

Signé Lagrange.

La fête du 1er vendémiaire a été célébrée au Kaire dans l'ordre suivant :

Le 5e jour complémentaire, au coucher du soleil, la fête fut annoncée par une salve d'artillerie de la citadelle, qui fut répétée par tous les forts de l'armée. Le 1er vendémiaire, à la pointe du jour, il se fit une salve d'artillerie générale.

A six heures du matin, le canon annonça le départ des troupes, qui se rendirent à la Coubé, lieu désigné pour le rassemblement.

A 7 heures les officiers-généraux, les chefs d'administration civils et militaires et de la marine, les membres de l'institut et de la commission des arts, les membres du conseil privé, les cheykhs et les grands du pays, les guides à pied et à cheval, le septieme régiment de hussards, se rendirent au quartier-général.

A huit heures, le départ fut annoncé par une salve des pieces de la porte des Pyramides, qui fut répétée par tous les forts.

Un peloton des guides à cheval ouvroit la marche; ensuite venoient les cheykhs et grands du pays, la musique des guides;

Le quartier-général;

Les guides à pied formant la haie;

Les chefs d'administration;

Les membres de l'institut et officiers civils;

Les membres du conseil privé;

Le reste des guides à cheval;

Le piquet du général en chef;

Le cortege étoit fermé par le septieme régiment de hussards.

Dans cet ordre la marche eut lieu en passant sur le pont du Mouski, la rue du Petithouars, et la porte des Victoires.

L'artillerie de cette porte annonça l'arrivée du général en chef: les troupes de la garnison prirent les armes; elles étoient en bataille, leur droite appuyée au village qui se trouve sur la route de Belbeys, et leur gauche aux montagnes du Mokatan.

Le général en chef, en passant la revue, donna, au nom de la république, trois étendards au régiment des dromadaires.

Après la revue, le général en chef vint se placer sur une butte vis-à-vis le centre de l'armée: tous les officiers et sous-officiers par compagnies s'y rendirent pour entendre le discours du général en chef, et prêter le serment exigé par la loi.

Aux cris de *vive la république*, l'artillerie fit une salve, qui fut répétée par tous les forts.

Le serment prêté, les officiers et sous-officiers retournerent à leurs corps: les troupes exécuterent les feux avec la plus grande précision; ensuite elles défilerent devant le général en chef dans l'ordre suivant:

Le régiment des dromadaires,
Les sapeurs,
La division Régnier,
La division Friant,
Le parc de l'armée,
Les bataillons grecs,
Les bataillons cophtes,
Les mamloùks,
Les Syriens,
Et la cavalerie.

Après avoir défilé, les troupes rentrerent dans leurs quartiers: elles étoient remarquables par leur belle et brillante tenue, ainsi que par la propreté de leurs armes.

A trois heures, il y eut un dîner chez le général en chef, de deux cents couverts. Le toast proposé par le général en chef, *à la prospérité et à la gloire de la république*, fut porté avec enthousiasme par tous les convives.

A quatre heures, commencèrent les joûtes sur l'eau, avec d'autres jeux qui amusèrent beaucoup un concours immense de spectateurs, qui remplissoient les quais et les maisons de la place Ezbékyéh.

A six heures, le général en chef remit les prix aux vainqueurs.

A la nuit tombante, toutes les barques furent illuminées.

A sept heures, le canon annonça le feu d'artifice, qui réellement a enchanté les spectateurs, soit par le goût ou la beauté des pieces dont il étoit composé, soit par l'ordre et la précision avec lesquels il a été exécuté.

Le feu d'artifice fut immédiatement suivi d'une très brillante illumination.

A huit heures, le bal commença, et a duré une partie de la nuit, dans un cirque orné d'un pavillon, construit avec le plus grand goût dans le jardin du général en chef.

C'est un hommage qu'on doit à la vérité de dire que la fête a été superbe.

Difficilement en voit-on d'aussi belles en Europe : l'honnêteté, la décence, la cordialité, y ont présidé. Les habitants du pays ont paru y prendre la part la plus sincere, et l'on peut hardiment assurer que le jour de la fondation de la république a été dignement célébré en Egypte.

Certifié véritable.

Le général de brigade, chef de l'état-major général de l'armée.

Signé Lagrange.

Ordre du jour du 9 vendémiaire, an 9.

Menou, général en chef, voulant procurer tous les moyens de s'instruire aux jeunes marins et autres individus qui desireroient entrer dans les corps qui exigent des études préliminaires, ordonne ce qui suit :

ARTICLE PREMIER.

Il sera établi au Kaire une école de mathématiques, particulièrement destinée aux aspirants de la marine, et dans laquelle on enseignera toutes les connoissances théoriques nécessaires aux officiers de marine.

II. Tous les aspirants de la marine de seconde et premiere classe, qui se trouvent actuellement à Alexandrie, ou dans les autres places, seront réunis dans cet établissement. Ils conserveront leur traitement, et seront exempts de service. La police sera exercée par deux enseignes de vaisseau, désignés par le chef de l'état-major de la marine au port d'Alexandrie, et conformément à un réglement particulier qui sera fait par l'inspecteur militaire de l'école.

III. Quatre mois après l'ouverture des cours de mathématiques, les aspirants se présenteront au citoyen Fourier, examinateur, pour être interrogés sur les connoissances élémentaires exigées par les lois. Ceux qui ne seront point jugés avoir l'instruction convenable rentreront dans les classes de la marine; quant à ceux à qui ce premier examen aura donné le titre légal d'aspirants, ils continueront d'étudier la géométrie, la trigonométrie rectiligne, la trigonométrie sphérique, la statique, et les éléments de navigation: ils subiront un second examen avant d'être reçus enseignes de vaisseau.

IV. Indépendamment des aspirants de la marine, le général en chef accordera l'admission dans cet établissement à des candidats, non âgés de vingt ans, qui se destineroient à d'autres services publics. Ils devront subir un premier examen sur les éléments de l'arithmétique, et ne pourront se présenter à l'examen sans une lettre du chef de l'état-major général : ils jouiront, après leur admission, d'un traitement semblable à celui d'aspirant de marine de la seconde classe.

V. Les frais de premier établissement, et les dépenses ordinaires de l'école, seront pris sur des fonds particuliers, qui seront mis pour cet objet à la disposition de l'ordonnateur de la marine. Le général commandant au Kaire est chargé de désigner un emplacement convenable. Le général de brigade Galbaud est chargé de l'inspection militaire de l'école de mathématiques : il se concertera avec l'ordonnateur de la marine pour l'administration de cet établissement.

VI. Les cours de mathématiques seront publics, ainsi que ceux que l'on jugera convenable d'ouvrir sur les autres parties de l'enseignement.

Le citoyen Favier, membre de la commission des arts, est chargé de remplir les fonctions d'instituteur de mathématiques.

Signé Abd. J. Menou.

Ordre du jour du 10 vendémiaire, an 9.

Le général en chef, considérant qu'un des premiers devoirs du gouvernement est de faire rendre la justice au peuple dont l'administration lui est confiée, et d'établir des tribunaux pour juger les contestations civiles qui s'élevent entre les citoyens, et pour punir les crimes et délits qui se commettent contre l'ordre public et la société, ordonne ce qui suit :

ARTICLE PREMIER.

Tous les tribunaux existants en Egypte, et tous ceux que l'on jugera convenable d'y établir par la suite, rendront la justice au nom de la république française. Aucun des juges, soit musulmans, soit chrétiens ou autres, ou juges du commerce, ne pourra porter une sentence s'il n'est muni d'un titre conféré par le général en chef, et scellé du sceau du gouvernement français.

II. A dater du premier vendémiaire de l'an 9, toutes les charges de justice en Egypte sont déclarées vacantes. Les titulaires actuels rempliront provisoirement leurs fonctions jusqu'à ce que les nominations aient été achevées conformément aux articles suivants.

III. Il sera établi au Kaire un dyvân composé des cheykhs ou autres musulmans les plus recommandables par leurs vertus, leurs connoissances et leur désintéressement, choisis par tous les u'lemas du Kaire, d'Alexandrie, de Rosette, de Damiette, et des autres villes considérables.

Ce corps des premiers u'lemas de l'Egypte est placé entre le gouvernement français et les Egyptiens musulmans, afin de veiller à l'exercice de la jurisprudence, à l'administration des mosquées, à celle des hospices et fondations pieuses, à l'enseignement public, aux préparatifs de la karavane de la Mekke, enfin au maintien de tous les usages religieux et civils : il transmettra aux habitants de l'Egypte les proclamations qui leur seront adressées, et présentera leurs réclamations au gouvernement. Le dyvân correspondra immédiatement pour tous ces objets avec le général en chef.

IV. Le dyvân sera composé de neuf membres résidants, et de quatorze membres honoraires.

Les principaux des nations cophte, syrienne, et grecque, désignés par le général en chef, seront admis aux séances du dyvân, et y auront voix consultative. Les membres résidants du dyvân seront tenus de s'assembler trois fois par décade, et jouiront d'un traitement déterminé par un arrêté particulier.

Le dyvân nommera dans la premiere séance de chaque trimestre et au scrutin un président et un secrétaire, qui pourront être réélus.

Le président et le secrétaire seront choisis parmi les neuf membres résidants.

V. Un commissaire français, nommé par le général en chef, assistera aux séances du dyvân, requerra l'exécution des ordres du gouvernement visera tous les actes du dyvân, et s'opposera à ce que cette assemblée ne s'écarte de ses attributions. Le même commissaire est chargé de l'administration générale de la justice en Egypte.

VI. Il est expressément défendu aux membres

du dyvân de se réunir en cette qualité dans un lieu autre que celui de leurs séances, et à une autre heure que celle qui sera fixée.

Toute réunion extraordinaire qui auroit lieu sans l'ordre du général en chef sera dissoute.

Le dyvân ne pourra publier aucune proclamation sans l'autorisation spéciale du général en chef.

VII. Le dyvân tiendra sa premiere séance au commencement du mois de vendémiaire. Il s'occupera en premier lieu de présenter au gouvernement les noms de ceux qu'il jugera propres à remplir les fonctions de qâdy, et formera la liste au scrutin à la majorité des voix.

Elle comprendra, 1° pour la place de *qâdy êl-Achqar*, ou grand juge du Kaire, les noms de trois cheykhs, parmi lesquels le général en chef choisira celui qui doit remplir cette charge;

2° Les noms de ceux qui seront présentés pour remplir les places de qâdy dans les provinces.

VIII. Aucun individu ne pourra être promu à une charge de qâdy, soit au Kaire, soit dans les provinces, s'il n'est pas né en Egypte, ou s'il n'y a pas demeuré dix années.

IX. Au mois de vendémiaire de chaque année le général en chef nommera de la même maniere à tous les offices de justice sur la présentation du dyvân du Kaire.

Le qâdy êl-Achqar, actuellement en exercice,

et tous les autres qâdys pourront être réélus, tant cette premiere fois que toutes les autres.

X. Le qâdy êl-Achqar nommera d'office ses délégués dans les tribunaux particuliers du Kaire, du vieux Kaire, et de Boulac. Les qâdys des provinces nommeront aussi leurs délégués.

XI. Le général en chef déclare aux habitants de l'Egypte qu'il est contraire aux principes de tout bon gouvernement, et notamment de celui de la république française de vendre à qui que ce soit le droit de rendre la justice; il déclare encore qu'après avoir conféré ce droit à des juges integres, qui n'auront aucunes considérations ni pour le pauvre ni pour le riche, et qui jugeront toujours conformément aux lois, à leur conscience, et à ce que prescrit le créateur de l'univers, lesquels juges lui auront été présentés par le dyvân du Kaire, il n'exigera point d'eux les sommes qu'ils avoient coutume de payer pour acheter ces offices, lesquelles sommes ne leur ont jamais été demandées par les Français.

Cette vénalité des magistratures n'avoit point lieu au temps des premiers princes qui ont gouverné les musulmans lorsque l'islamisme étoit encore dans toute sa pureté : elle est dès ce moment abolie en Egypte.

XII. Le qâdy êl-Achqar du Kaire, les qâdys des provinces et leurs délégués continueront à jouir des rétributions légales qu'ils percevoient autrefois, et qui leur ont été confirmées par le général en chef Bonaparte.

Toute autre taxe, tout présent, émoluments quelconques, de quelque maniere qu'ils soient reçus par les juges, leurs délégués, leurs assesseurs, leurs écrivains, soit avant, soit après la sentence rendue, sont formellement prohibés; les juges qui les recevroient, sous un prétexte quelconque, ou permettroient à leurs subordonnés d'en recevoir, seront regardés comme coupables de prévarication : s'ils en sont convaincus, ils seront punis par la destitution, notés publiquement d'infamie, et reconnus incapables d'exercer aucun emploi.

Le tarif de ce qui appartient légalement aux juges, aux qâdys, à leurs délégués, ou à tous autres quelconques, sera imprimé, publié, et affiché en français et en arabe, afin que chacun sache bien précisément ce qu'il devra aux juges, et qu'il puisse porter ses plaintes en cas qu'on ait exigé de lui une taxe plus forte que celle que la loi adjuge.

XIII. La force armée publique protégera dans tous les cas l'application des lois musulmanes : son action consistera,

1° A arrêter les individus prévenus de délits, soit par la notoriété publique, soit par la déclaration du magistrat ;

2º A fournir tous les moyens nécessaires pour l'instruction des procès ;

3º A assurer la prompte exécution des sentences légalement portées par les qâdys, soit en matieres civiles, soit en matieres criminelles ; mais l'autorité militaire ne contribuera en aucune maniere à la décision des causes ; cette décision dépendra uniquement de la prudence et de l'équité des juges : elle ne doit jamais être fondée que sur les lois du pays. Aucun Français, quelle que soit sa qualité, ne peut intervenir, soit par voie d'intercession ou autrement, dans les contestations et les procès soumis aux jugements des qâdys.

XIV. Tout habitant de l'Egypte prévenu d'avoir assassiné, maltraité par voies de fait, ou volé un autre habitant, sera arrêté par l'autorité publique, et le procès instruit conformément à la jurisprudence criminelle du pays.

Si la sentence de mort est portée, elle sera remise immédiatement au gouvernement français, qui en ordonnera l'exécution.

Toute commutation de la peine de mort est interdite aux juges.

Toute sollicitation faite à cet égard, quel que puisse être l'intercesseur, doit être rejetée, et toutes menaces faites aux juges à ce sujet emporteront peine de complicité.

Si la famille de celui contre qui un assassinat a

été commis réclame du qâdy le dyéh ou prix du sang, il lui sera refusé.

Si la famille d'un assassin offre le prix du sang, il sera rejeté.

La poursuite intentée par la famille de la personne assassinée n'est point nécessaire à l'instruction du procès ; dans tous les cas, les auteurs présumés du délit seront arrêtés, détenus, et jugés par les ordres du gouvernement.

XV. Si un individu de la famille de la personne assassinée réclame le droit de mettre à mort lui-même le condamné, il lui sera refusé; aucun juge ou magistrat de police ne pourra, dans aucun cas, accorder une semblable demande, sous peine de destitution. Cette coutume barbare est expressément abolie dans toute l'Egypte.

XVI. Tout assassinat, voie de fait, ou vol commis par un habitant du pays contre la personne d'un Français, ou par un Français contre un habitant du pays, sera jugé par une commission spéciale, nommée par le général en chef, sur le rapport du commandant militaire de la province. Les mêmes délits commis par un habitant musulman du pays contre un Cophte, un Syrien ou Damasquin, un Grec ou un Juif, ou par ceux-ci contre un habitant musulman du pays, seront jugés par les juges et qâdys musulmans.

Les mêmes délits commis par un individu non

musulman contre un autre individu de la même nation, seront jugés par une commission spéciale, nommée par le général en chef, sur le rapport du commandant militaire de la province.

Les mêmes délits commis par un individu non musulman sur un individu non musulman, mais d'une autre nation que le prévenu du délit, seront également jugés par une commission spéciale que nommera le général en chef.

XVII. Le dyvân des u'lemas séant au Kaire, exerçant la premiere magistrature, pourra proposer la destitution des qâdys et des juges prévaricateurs, ou de leurs subordonnés; annuller les sentences pour lesquelles on n'auroit point observé toutes les formes prescrites, soit par les lois précédentes, soit par le présent arrêté; réduire, conformément au tarif légal, les taxes de justice, frais d'inventaire, ou autres; enfin réformer les jugements rendus par tous les qâdys : mais cette derniere attribution ne pourra être exercée que de la maniere suivante.

XVIII. En cas de réclamation de l'une des parties contre une sentence portée par un qâdy, soit en matiere civile, soit en matiere criminelle, le réclamant présentera sa requête au dyvân. Il lui sera pour cela accordé six jours en matiere civile, et quatre jours en matiere criminelle ; mais dans tous les cas la réclamation ne pourra point être admise, s'il n'y est joint un *fétouéh*, ou consultation des moufti des différentes sectes orthodoxes, qui déclareront qu'ils estiment que l'instruction est vicieuse, ou que la sentence est contraire à la loi. Si cette condition est remplie, le dyvân admettra la requête, examinera de nouveau la cause, et délibérera sur le fonds. La sentence du qâdy sera exécutée, si les deux tiers des voix des membres présents au dyvân ne lui sont pas contraires; mais si le nombre des membres qui n'approuvent pas la sentence égale ou surpasse les deux tiers des membres présents, elle sera infirmée, et la nouvelle décision sera adressée au qâdy, qui l'enregistrera, et elle sera exécutée selon sa forme et teneur.

XIX. Tout corps de nation composé d'habitants non Français, nés ou domiciliés en Egypte, soit Cophtes, Syriens, Grecs, Juifs, ou autres qui ne suivent point la religion musulmane, aura un tribunal, formé du chef légal de la nation, et de deux assesseurs désignés par le général en chef.

Toute contestation en matiere civile entre individus de la même nation devra être portée en premier lieu à ce tribunal, à moins que les deux parties ne veuillent user du droit déja établi de se présenter devant le juge musulman. Si l'une des parties seulement demande le jugement du qâdy, elle ne pourra point l'obtenir avant que la cause n'ait été d'abord soumise au tribunal de sa nation.

XX. Si l'une des parties réclame contre la décision du tribunal spécial, et demande un jugement du qâdy, elle l'obtiendra : soit que la cause ait été portée ou non du consentement commun à ce premier tribunal, le qâdy examinera la cause, et prononcera ; sa sentence, au lieu d'être exécutée immédiatement, sera adressée au gouvernement français, qui donnera des ordres particuliers.

XXI. Toutes contestations ou procès entre deux individus non Français, et qui ne seront point de la même nation ou religion, seront portés devant le qâdy, à moins que les parties ne s'accordent sur le choix d'un autre tribunal ; et dans ce dernier cas on ne pourra appeler au qâdy de la décision de ce tribunal.

La sentence portée par le qâdy, soit en cas de premiere instance, soit en cas d'appel, sera adressée au général en chef.

Généralement toute sentence portée par un juge musulman, soit en matiere civile, soit en matiere criminelle, et qui se rapportera à deux individus ou à un seul non soumis à la religion musulmane, ne pourra être exécutée immédiatement ; elle sera adressée au gouvernement français, qui donnera l'ordre nécessaire, soit pour l'exécution, soit pour un nouvel examen, afin que dans tous ces cas il ne se passe rien de contraire à l'équité. S'il y a lieu à un nouvel examen, il sera fait par une commission composée du commissaire près le dyvân, et de deux assesseurs que le général en chef désignera.

XXII. Le dyvân étant rassemblé au lieu de ses séances aura une garde militaire, prise moitié parmi les Français, et moitié parmi les troupes auxiliaires ; une pareille garde l'accompagnera dans les cérémonies publiques.

Lorsque les membres composant le dyvân du Kaire entreront dans le lieu de leurs séances ou en sortiront, le tambour de la garde rappellera comme pour un général de division.

Le général commandant au Kaire est chargé de désigner l'emplacement dans lequel le dyvân tiendra ses séances. Il sera fourni un ameublement convenable. Il sera attaché au dyvân ;

Un premier interprete,

Un second interprete,

Un homme de loi,

Un archiviste chargé de rédiger et recueillir les annales du pays,

Deux écrivains arabes,

Un tchaouych,

Un premier moqaddem,

Un second moqaddem,

Huit molazemins,

Dix qaouass (ou bâtonniers).

Les frais d'établissement, les dépenses courantes pour appointements, et la somme qui sera fixée par le général en chef pour les frais de secrétariat, seront acquittés chaque mois sur des états visés par le commissaire français près le dyvân.

XXIII. Le général en chef nomme pour remplir les fonctions de membres résidants du dyvân du Kaire ;

Le cheykh A'bd-Allah êl-Cherkaoui,
Le cheykh Soleyman êl-Faïoumy,
Le cheykh Mohhammed êl-Emir,
Le cheykh Mustapha êl-Sahouy,
Le cheykh Mohhammed êl-Mehdy,
Le cheykh A'bd êl-Rahhamman êl-Gabarty,
Le chéryf Saïd A'ly, de Rosette,
Le cheykh Khalil êl-Bekry,
Le cheykh Moussa Syrsy.

Le général en chef nomme, pour remplir les fonctions de commissaire chargé de l'administration de la justice en Egypte, le citoyen Fourier, secrétaire perpétuel de l'institut.

Un arrêté particulier désignera les membres honoraires, et les principaux des habitants cophtes, syriens, grecs, et autres qui doivent être admis dans le dyvân.

XXIV. Le général en chef déterminera par un nouvel arrêté la formation et les attributions du tribunal de commerce séant au Kaire, de plusieurs dyvâns et tribunaux de commerce dans les provinces.

Le présent ordre sera exécuté à la diligence du commissaire chargé de l'administration de la justice en Egypte.

Cette exécution datera du mois de vendémiaire de cette année, et aura lieu dans toutes les provinces de l'Egypte, y compris celles qui sont administrées, au nom de la république française, par Mourâd-bey, prince gouverneur du Saïd.

Il sera traduit en arabe, imprimé, affiché, et publié dans les deux langues, adressé à tous les généraux commandant les arrondissements, ainsi qu'au prince gouverneur de la haute Egypte, et à tous les officiers de justice.

La traduction, l'impression, la publication, l'affiche, et l'envoi dans les provinces à tous les officiers de justice, seront faits à la diligence du commissaire chargé de l'administration de la justice en Egypte.

Le général en chef.

Signé Abd. J. Menou.

Ordre du jour du 14 vendémiaire, an 9.

Le général en chef, ayant examiné avec beaucoup de soin un modele de lits portatifs propres à transporter des blessés ou malades lorsque l'armée est en marche, approuve cette invention, résultat des recherches du citoyen Larrey, chirurgien en chef de l'armée.

Le général en chef ordonne la construction de cent lits de cette espece, qui seront portés par cinquante chameaux, choisis dans le parc de réserve, pour être spécialement attachés à l'ambulance de l'armée.

Les cent lits faits seront sous la garde des trois officiers de santé en chef de l'armée; savoir, les citoyens Desgenettes, Larrey, et Boudet.

La dépense de la confection de ces lits sera ordonnancée par l'ordonnateur-général de l'armée, d'après le rapport qu'il aura présenté au général en chef.

Le citoyen Larrey est chargé de présider à leur confection.

Signé Abd. J. Menou.

Ordre sur une nouvelle fixation des traitements des officiers de santé.

Ordre du jour du 16 vendémiaire, an 9.

Le général en chef ordonne que le droit d'octroi sera établi dans la ville d'Abouzir, province de Gharbyéh.

Signé Abd. J. Menou.

Ordre pour une nouvelle organisation des serafs, peseurs, et mesureurs.

Ordre du jour du 17 vendémiaire, an 9.

Le général en chef, d'après les différents rapports qui lui sont parvenus de plusieurs parties de l'Egypte, et d'après ce dont il a été témoin lui-même en une infinité d'occasions, ordonne ce qui suit :

ARTICLE PREMIER.

L'usage de la liqueur forte, faite par quelques musulmans avec une certaine herbe nommée hachich, ainsi que celui de fumer la graine de chanvre, est prohibé dans toute l'Egypte. Ceux qui sont accoutumés à boire cette liqueur et à fumer cette graine perdent la raison et tombent dans un violent délire, qui souvent les porte à commettre des excès de tous genres.

II. La distillation de la liqueur d'hachich est prohibée dans toute l'Egypte : les portes des cafés, des maisons publiques ou particulieres dans lesquelles on en distribueroit, seront murées, les propriétaires arrêtés et détenus pendant trois mois dans une maison de force.

III. Toutes les balles d'hachich qui arriveroient aux douanes seront confisquées et brûlées publiquement en présence d'un officier-major de la place où elles auroient été confisquées, ou, à défaut d'officier major, en présence de tout autre officier requis à cet effet par le directeur de la douane.

IV. Tout individu convaincu d'avoir fait passer en fraude et distribué l'herbe hachich, sera arrêté, paiera une amende de quinze talarys au profit du dénonciateur, et sera détenu pendant deux mois dans une maison de force.

V. Les officiers-généraux ou tous autres commandant les provinces et les places, le directeur-général et comptable des revenus publics, le directeur des droits affermés, et tous les directeurs des douanes sont chargés, chacun dans ce qui le concerne, de l'exécution du présent ordre, qui sera traduit en arabe, imprimé, publié et affiché dans les deux langues, à la diligence du chef de l'état-major général, et du directeur-général des revenus publics.

Signé Abd. J. Menou.

Le général en chef saisit encore cette occasion de rappeler à tous les individus qui composent l'armée ou qui lui sont attachés combien est pernicieux l'usage immodéré que font quelques uns d'entre eux de l'eau-de-vie et autres liqueurs fortes. Outre les excès de tous genres auxquels se portent les hommes qui sont ivres, excès qui quelquefois leur coûtent la liberté, la vie, ou, ce qui plus est encore, l'honneur, l'usage immodéré des liqueurs fortes rend ceux qui s'y livrent plus disposés à contracter l'affreuse maladie de la peste: toutes les observations faites par les hommes les plus attentifs et par tous les officiers de santé de l'armée prouvent que la contagion se développe plus souvent dans les maisons de débauche, dans celles des cantiniers et dans les cabarets que dans tout autre lieu ; que de vingt individus attaqués de la peste, quinze au moins sont des hommes reconnus pour être ivrognes, ou se livrant journellement à des excès d'eau-de-vie.

En conséquence le général en chef ordonne à tous les officiers-généraux, chefs de corps, et tous autres militaires gradés, de punir sévèrement tous les hommes qui s'enivrent : le bon ordre et la santé des individus de l'armée exigent ces mesures sévères.

Signé Abd. J. Menou.

Le général en chef, voulant imiter les grands exemples d'indulgence et de générosité qui sont donnés à tous les hommes qui gouvernent par le premier consul de la république française ;

Ayant sur-tout égard au peu de connoissance que les habitants de l'Egypte ont de nos mœurs, de nos lois, et de la modération qui préside à toutes les actions du gouvernement français, ordonne ce qui suit :

ARTICLE PREMIER.

Tous les individus égyptiens qui sont sortis du Kaire, soit par crainte de nos armes, soit pour éviter de payer une partie de la contribution imposée sur cette ville, sont autorisés à rentrer dans leurs foyers; ils y seront protégés par toutes les administrations civiles et militaires, et jouiront en toute sûreté de leurs biens et propriétés.

II. Cette faveur qui leur est accordée n'aura lieu que jusqu'au 1er brumaire prochain; ce terme est de rigueur : passé cette époque, les biens et propriétés de ceux qui ne seroient pas rentrés seront acquis et confisqués au profit de la république.

III. Les biens et propriétés qui auroient pu être séquestrés jusqu'à ce jour seront rendus aux propriétaires qui se trouveroient dans le cas prévu par l'article Ier pourvu qu'ils acquittent la portion de contribution extraordinaire à laquelle ils avoient été imposés.

IV. La grace accordée par le présent ordre sera commune à tous les individus de l'Egypte qui se trouveroient dans les cas prévus ci-dessus.

Il est à observer que le général en chef n'entend parler dans le présent ordre que des individus qui auroient émigré depuis la derniere entrée des Français au Kaire. Les propriétés de ceux qui auroient émigré avant cette époque sont et demeureront irrévocablement acquises au profit de la république.

V. Les généraux commandant les provinces, le directeur-général et comptable, sont chargés, chacun en ce qui le concerne, de l'exécution du présent ordre, qui sera traduit en arabe, imprimé, publié et affiché dans les deux langues, dans toutes les parties de l'Egypte.

Signé Abd. J. Menou.

Ordre du jour du 18 vendémiaire, an 9.

Réglement sur toutes les parties de l'administration des vivres.

Le citoyen Larrey, chirurgien en chef de l'armée, ouvrira, le 1ᵉʳ brumaire, un cours d'anatomie et de chirurgie dans le même ordre que les années précédentes, à l'hôpital de la Ferme d'Ibrâhym-bey, à quatre heures et demie précises du soir.

Les conférences de chirurgie chymique se continueront tous les primidi à huit heures du matin.

Tous les chirurgiens présents au Kaire sont invités à assister à ces différents cours.

Dans les hôpitaux d'Alexandrie, Damiette, et Rosette, il sera fait, autant que les circonstances le permettront, des cours analogues.

Ordre du jour du 19 vendémiaire, an 9.

MENOU, général en chef, ordonne :

ARTICLE PREMIER.

L'article IX de l'ordre du jour du 20 fructidor, an 8, concernant l'impôt appelé beit-èl-mel, sur les successions, est applicable aux Français qui décedent en Egypte.

II. Quant aux militaires faisant partie des différents corps de l'armée, les conseils d'administration continueront à être chargés de la liquidation des successions, et en verseront le montant net dans la caisse des préposés du receveur principal de l'Egypte, après l'acquit des dettes légalement contractées.

III. Quant aux employés des différentes administrations, la commission, composée des citoyens Régnier, commissaire des guerres, Casabianca, chirurgien de premiere classe, et Laselve, employé des subsistances, continuera de liquider les successions, et en versera également le montant dans la caisse du receveur principal, après l'acquit des dettes légalement contractées.

IV. Les différents chefs d'état-major continueront, chacun dans leur corps, à liquider les successions, en se conformant aux mesures prescrites par les articles ci-dessus.

Menou, général en chef, au général Bonaparte, premier consul de la république française.

Au quartier-général du Kaire, le 20 vendémiaire, an 9 de la république française.

CITOYEN CONSUL,

Je ne puis vous rendre trop de bons témoignages du citoyen Esteve que vous avez nommé payeur-général de l'armée d'Orient; plein de zele, d'activité, d'intelligence, il développe en outre dans toutes les occasions un attachement véritable à la chose publique, et un grand dévouement pour votre personne.

Lorsque j'ai pris le commandement provisoire de l'armée, je n'ai pas cru pouvoir faire un meilleur choix pour administrer en chef les finances de l'Egypte. Je me suis alors déterminé à changer son titre de payeur-général en celui de directeur-général des revenus publics d'Egypte.

Sous lui sont, un payeur principal, un directeur des revenus en nature, un directeur des domaines nationaux, deux directeurs des chelki et beled, un directeur des droits affermés, un directeur de l'enregistrement, un directeur des droits sur la corporation, un directeur et un contrôleur de la monnoie; plus, dix-huit contrôleurs ou receveurs dans les provinces; plus, six directeurs des douanes; plus, cinq contrôleurs des ouvrages d'orfévrerie.

Citoyen consul, je vous recommande particulièrement le citoyen Esteve; il mérite toutes vos bontés et votre intérêt; c'est un homme précieux sous tous les rapports, et infatigable à l'ouvrage: sa tâche est d'autant plus pénible que le citoyen Poussielgue n'a laissé lors de son départ aucun renseignement. Malgré cette pénurie de moyens, nous nous tirerons d'affaire : nous éprouverons un peu de difficulté et de travail; mais quand on sert son pays on ne pense pas à tout cela; on est trop heureux de lui consacrer ses veilles et toutes ses facultés.

Salut et respect.

Signé Abd. J. Menou.

Ordre du jour du 20 vendémiaire, an 9.

Réglement sur la contribution que doivent payer dans les villes les corporations de marchands, d'ouvriers et d'artisans de toute espece, établie pour la décharge des habitants des campagnes et des propriétaires.

Menou, général en chef, voulant, d'après les principes de justice distributive qui doivent faire la base de tout bon gouvernement, que l'imposition soit supportée en partie par toutes les nations qui, établies en Egypte, ont droit à la protection des lois, ordonne ce qui suit:

ARTICLE PREMIER.

Les nations cophte, syrienne, et damasquine, grecque, juive, et tous les individus qui, quoique de différentes nations européanes, forment en Egypte un corps connu sous le nom de *Francs*, seront annuellement soumis, à dater du 1er vendémiaire an 9, à une imposition personnelle, dans la proportion suivante; savoir:

La nation cophte, comprenant tous les individus de cette tribu qui existent en Egypte, paiera annuellement la somme d'un million de France, ci. . . . . 1,000,000 fr.

La nation syrienne et damasquine ou d'autres cantons de l'Asie, mais réunie sous la religion catholique, paiera annuellement la somme de cent cinquante mille francs, ci. 150,000

La nation grecque, qui réunit tout ce qui est en Egypte sous l'obédience du patriarche grec résidant au Kaire, paiera annuellement la somme de cinquante mille francs, ci . . . . 50,000 fr.

La nation juive, comprenant tous les individus de cette tribu existants en Egypte, paiera annuellement la somme de trente mille francs, ci. 30,000

La nation franque, comprenant tous les individus européans existants en Egypte, paiera annuellement la somme de quarante mille francs, ci. 40,000

Total général. 1,270,000

Les articles suivants contiennent les dispositions réglementaires pour l'assiette, la répartition, et la perception.

Ordre du jour du 22 vendémiaire, an 9.

LE général en chef fait connoître à l'armée le rapport du ministre de la police générale sur les intrigues du comité anglais à Paris.

Ordre du jour du 23 vendémiaire, an 9.

Extrait de la lettre écrite par le citoyen Higonet, chef de bataillon à la quatre-vingt-cinquieme demi-brigade de ligne, au général en chef Menou.

Au quartier-général du Kaire, le 23 vendémiaire, an 9 de la république française, une et indivisible.

MON GÉNÉRAL,

A la bataille d'Héliopolis, au siege du Kaire, plusieurs grenadiers du corps où je sers furent blessés et transférés à l'hôpital : le nombre des blessés rendoit les ressources de cet établissement insuffisantes. L'ame des grenadiers, qui chacun à leur tour alloient soigner leurs camarades blessés, en fut vivement émue; et quoique la solde fût alors arriérée, tous d'un mouvement spontanée, d'un accord unanime, pourvurent aux moyens de faire à ces malheureux une solde de dix sous par jour.

Ceux que les hasards des combats n'avoient pas respectés ne ressentirent pas seuls les effets de la généreuse amitié de leurs compagnons d'armes; deux d'entre eux, privés de la vue par suite d'une ophtalmie opiniâtre, ont été aussi l'objet de leurs sollicitudes fraternelles; les grenadiers, instruits que ces deux hommes devoient retourner en France, leur ont fait passer à chacun 50 liv., afin qu'ils pussent se procurer quelques douceurs durant la traversée.

Mon général, je me serois dispensé de vous instruire de ces particularités, si je ne savois avec quel plaisir vous apprenez les traits qui font l'éloge des soldats que vous commandez, traits qui sous tous les rapports sont plus intéressants pour l'espece humaine que tous ces brillants riens dont retentissent sans cesse tous les journaux d'Europe.

Mon général, recevez l'hommage des sentiments d'estime et de dévouement avec lesquels j'ai l'honneur d'être

votre subordonné.

Signé Higonet.

Avec de tels hommes on feroit la conquête du monde, et on lui donneroit l'exemple des vertus les plus sublimes.

Le général en chef.
Signé Abd. J. Menou.

Extrait du n° 84 du courrier de l'Egypte, 24 vendémiaire, an 9.

Célébration de la fête du 1ᵉʳ vendémiaire, an 9, à Damiette, par la division Rampon.

Dès le troisieme jour complémentaire, on vit arriver à Damiette de toutes les parties de la province les cheykhs et les principaux habitants des villages, amenant à leur suite des troupes de musiciens, de danseurs, et d'almés.

Le cinquieme jour complémentaire, au coucher du soleil, des salves répétées de l'artillerie de campagne, de celles des forts, de la flottille, et de la côte, annoncerent l'ouverture de la fête.

Le 1ᵉʳ vendémiaire, à la pointe du jour, les mêmes salves d'artillerie se firent entendre : la générale battit dans tous les quartiers; les troupes s'assemblerent, et dans la plus brillante tenue se rendirent sur la place d'armes : le peuple accourut en foule de toutes parts.

A l'extrémité de la place et sur le bord du Nil on avoit dressé un autel de la patrie, au centre duquel s'élevait l'arbre de la liberté, entouré d'un faisceau et décoré de trophées d'armes ; sur les quatre angles, des candélabres d'une forme élégante supportoient des vases d'airain où brûloient des parfums.

La division se forma en carré autour de l'autel, et la flottille, mouillée à la même hauteur, étoit ornée de tous ses pavillons.

L'état-major, les administrations françaises et les autorités du pays se réunirent chez le général Rampon; de là le cortege, précédé par la musique et entouré d'un peloton de grenadiers, se rendit à l'autel de la patrie.

Tout étoit préparé pour un combat simulé. A un signal donné, chaque corps de troupes se rend à son poste; la flottille fait les mouvements concertés, et bientôt l'attaque commence de toutes parts. Après une demi-heure de manœuvres exécutées avec une précision et un ensemble qui operent l'illusion, la place est emportée. Enfin un rappel annonce la réunion; les troupes reviennent par masse se ranger autour de l'autel de la patrie, au son d'une musique guerriere qui exécutoit l'hymne des combats. Alors le général prononça un discours analogue aux circonstances et rempli du patriotisme le plus ardent et le plus pur.

Le serment de fidélité à la constitution fut prêté au milieu des cris mille fois répétés de *vive la république*.

Les troupes, après avoir défilé devant l'autel de la patrie, rentrèrent dans leurs quartiers.

A trois heures commencèrent les jeux marins, et ceux de la course, à la suite desquels le général décerna avec beaucoup d'appareil différents prix aux vainqueurs.

Un banquet civique succéda aux jeux; il fut animé par la somptuosité et par la gaieté qu'inspiroient aux nombreux convives les heureuses nouvelles de France. On porta avec enthousiasme les toasts suivants : *A la république française; à Bonaparte, premier consul; aux armées de la république; aux mânes de Kleber; aux mânes de Desaix; au général en chef Menou; au général de division Rampon.* On chanta aussi divers hymnes patriotiques, composés pour la fête par un officier de la garnison.

Des illuminations brillantes et multipliées succéderent au jour et en perpétuerent en quelque sorte la durée. L'autel de la patrie, éclairé de mille feux, portoit sur ses faces des transparents chargés d'inscriptions ingénieuses. Enfin la comédie, un bal français, et des danses égyptiennes, terminerent cette belle et agréable fête, sur les détails de laquelle nous regrettons de n'avoir pu nous étendre plus au long, et qui a été due aux soins actifs et au bon goût d'une commission, composée de l'adjudant-général Sornet, président; du chef de brigade du génie d'Hautpoul; du chef de bataillon Lagardere, commandant de la place; du chef de bataillon d'artillerie Rutti, et du commissaire de marine Langlois.

Ordre du jour du 26 vendémiaire, an 9.

Prix moyen des denrées et marchandises formant la cargaison des trois bateaux entrés dans le port d'Alexandrie en fructidor dernier, relevé sur les diverses déclarations de ventes faites au bureau de la douane, inclusivement au 16 vendémiaire an 9; savoir:

Vin vendu à divers prix,
   revient à. . . . . 85 médins l'okke.
Tabac *idem*. . . . . 100 medins l'okke.
Huile d'olive a été vendue . 65 médins l'okke.
Fromage, *idem*. . . . . . . 60 médins l'okke.
Drap ordinaire, *idem*. . . . 300 médins le pic.
Amadou, *idem*. . . . . . . 120 médins l'okke.
Olives, *idem*. . . . . 13 médins l'okke.
Savon. . . . . 72 pataques de 40
   médins le quintal turk. .
Tabac en poudre, *idem*. . . 138 médins l'okke.

   Le général de division. *Signé* Lanusse.
         Signé Abd. J. Menou.

Ordre du jour du 28 vendémiaire, an 9.

Menou, général en chef, ordonne :

ARTICLE PREMIER.

Le citoyen Regnaut, membre de la commission des arts, est nommé essayeur-général en Egypte des matieres d'or et d'argent : il remplira en même temps les fonctions de contrôleur à la marque sur lesdites matieres dans l'arrondissement du Kaire : il est en outre chargé de désigner au directeur-général et comptable des revenus publics les individus propres par leurs talents et leur probité à toute épreuve à remplir les places de contrôleur à Sioùt, Damiette, Rosette, Alexandrie. Le directeur-général et comptable les présentera au général en chef, qui prononcera définitivement sur leur nomination.

II. Le directeur-général et comptable est chargé de présenter au général en chef un rapport sur les fonctions détaillées de l'essayeur général et des contrôleurs, ainsi que sur le traitement qui doit leur être accordé.

Signé Abd. J. Menou.

Ordre du jour du 3o vendémiaire, an 9.

Menou, général en chef, nomme à la place d'inspecteur aux revues des troupes françaises actuellement en Egypte le citoyen Daure, qui a rempli jusqu'à ce jour les fonctions d'ordonnateur en chef de l'armée.

Le citoyen Sartellon, commissaire - ordonnateur, est nommé commissaire - ordonnateur en chef de l'armée d'Orient; il commencera ses fonctions à dater de demain, premier brumaire.

Signé Abd. J. Menou.

Le général en chef voulant, conformément aux grandes vues qui dirigent aujourd'hui le gouvernement français, apporter dans l'administration de l'armée d'Orient une économie qui, sans nuire au bien du service, en réduise les dépenses au strict nécessaire;

Considérant aussi qu'en supprimant un certain nombre des administrateurs, la justice exige de pourvoir à l'entretien honorable de ceux qui seront supprimés;

Considérant encore qu'il est de l'intérêt de la république de les employer utilement à son service, ordonne ce qui suit :

Article premier.

Le nombre des commissaires des guerres et des adjoints qui seront, à dater de demain, premier brumaire, employés à l'armée d'Orient, est réduit à vingt-deux, en y comprenant le commissaire-ordonnateur en chef, et deux commissaires-ordonnateurs:

A VOIR;

Les citoyens,

Sartellon, commissaire-ordonnateur en chef.
Duprat, commissaire de premiere classe,
Régnier, *idem.*
Pinet, *idem.*
Colbert (Alphonse), *id.*
Tranchant, *idem.*
Legois, *idem.*
Duval, *idem.*
Robineau, *idem.*
Le Pere, *idem.*
Deriard, *idem.*
Laigle, commissaire-ordonnateur,
Raymondon, *idem.*
Capus, commissaire de premiere classe,
Dagiout, *idem.*
Colbert (Edouard), *id.*
Tardieu, *idem.*
Sapia, *idem.*
Agard, adjoint,
Ludieres, *idem.*
Mony, *idem.*
Maupetit, *idem.*

II. Le commissaire-ordonnateur en chef de l'armée distribuera les commissaires ci-dessus dénommés dans les différentes places de l'Egypte, ainsi qu'il le jugera nécessaire pour le bien du service.

III. Les citoyens dénommés ci-dessous; savoir ;

Raybaud,	Pariant,
Rolland,	Jacquin,
Dubuisson,	Villards,
Picquet,	Morel,
Berenger,	Montelegier,
Pinatel,	

qui sont supprimés d'après les articles ci-dessus, seront attachés aux corps qui composent l'armée, avec le grade auquel, dans les différentes classes des commissaires des guerres, ils étoient assimilés d'après les ordonnances, en observant qu'ils ne pourront prétendre qu'au traitement de la derniere classe du grade dont ils seront revêtus à la suite des corps. Ils y feront le service qui leur sera ordonné par les généraux commandant les divisions, les provinces, ou les places, ainsi que par les chefs de brigade commandant les corps.

Ils seront susceptibles d'être choisis pour être adjoints ou aides-de-camp, et pourront concourir pour être mis en activité réelle, en cas de vacance d'emploi dans les corps.

IV. Le général en chef se réserve d'employer, quand il le jugera nécessaire, dans des missions particulieres, quelques uns des commissaires des guerres supprimés.

V. Le général en chef de l'état-major général de l'armée présentera, dans le plus court délai, au général en chef, un état du placement à la suite des différents corps de l'armée, des commissaires des guerres supprimés.

Le général en chef ordonne l'insertion à l'ordre du jour de la note suivante :

La division aux ordres du général Rampon, y compris la marine, le génie, l'artillerie, les officiers de santé, les commissaires des guerres, les chefs et employés des différentes administrations, a souscrit pour la somme de 5,161 livres, qui doit être employée à la construction du monument qui va être élevé en France à la mémoire du brave général Desaix, tué à la bataille de Maringo.

Menou, général en chef de l'armée d'Orient, au général Bonaparte, premier consul de la république française.

Au quartier-général du Kaire, le 1er. brumaire, an 9 de la république française, une et indivisible.

JE dois vous rendre compte, citoyen consul, que M. Courtenay Boyle, capitaine anglais, qui est venu il y a quelques mois s'échouer sur les côtes d'Egypte, et pour lequel j'ai eu toutes les attentions et toutes les politesses possibles, s'est conduit, depuis qu'il a été échangé à Damiette, comme un homme sans foi et sans honneur : il a été jusqu'à prétendre que j'avois été sur le point de le faire massacrer à la citadelle du Kaire.

Citoyen consul, la vérité est que le jour de l'assassinat du général Kleber je crus nécessaire de prendre toutes les précautions de sûreté ; je fis conduire les Anglais à la citadelle, et cela autant pour eux que pour nous : je n'eusse pas répondu de la conduite des soldats envers ces messieurs. J'ai eu pour eux pendant qu'ils y ont été toutes les attentions possibles : quand ils sont partis, je les ai comblés de présents, subsistances, et vivres de toutes especes. J'avoue que je suis outré contre leur mauvaise foi. Telle est, citoyen consul, l'exacte vérité : mais ils ne valent pas la peine qu'on s'occupe d'eux plus long-temps.

Mourâd-bey, depuis le traité qu'il a fait avec le général Kleber, se conduit très bien ; il l'exécute ponctuellement. Il n'est, par ce traité, que prince-gouverneur du Saïd pour la république française : il possede à ce titre les provinces de Girgé et d'Assuan.

Aujourd'hui 12, la croisiere anglo-turke n'existe plus devant Alexandrie et Damiette ; elle a disparu depuis le premier de ce mois : je n'ai pu découvrir où elle s'étoit portée.

Salut et respect.

Signé Abd. J. Menou.

Menou, général en chef, au général Bonaparte, premier consul de la république française.

Au quartier-général du Kaire, le 1er brumaire, an 9.

Citoyen consul,

J'ai chargé le général de brigade Vial et le chef de brigade du génie Lazousky de vous porter mes dépêches. Vous savez mieux que moi, citoyen consul, que le premier a servi avec beaucoup de zele, d'activité, et de succès, sous vos ordres en Italie. Lors de notre arrivée en Égypte, après ma blessure à la prise d'Alexandrie, il prit le commandement de la division que vous m'aviez confiée. Aux différentes affaires contre les Mamlouks, il a combattu sous vos yeux.

Le second, Lazousky, a été nommé par vous chef de brigade sur le champ de bataille. C'est un excellent et brave officier, prêt à perdre la vue en Egypte; j'ai cru qu'un moyen de la lui conserver étoit de l'envoyer en France chargé de mes dépêches. J'ai l'honneur de vous recommander particulièrement ces deux officiers.

Salut et respect.

Signé Abd. J. Menou.

Ordre du jour du 1er *brumaire, an* 9.

MENOU, général en chef, voulant procurer aux officiers de santé de l'armée, aux naturalistes, et à ceux qui s'occupent de la dissection des corps, les moyens d'étudier l'anatomie comparée, ordonne ce qui suit :

ARTICLE PREMIER.

Il sera établi dans le bâtiment qu'on dispose à l'isle de Raoudah pour le dépôt des remontes une salle de dissection de toutes les especes d'animaux.

II. Le citoyen Loir, artiste vétérinaire distingué et attaché à ce dépôt, donnera dans cette salle des leçons de *zootomie*, qui serviront à l'instruction des chirurgiens, et particulièrement à celle des artistes vétérinaires de l'armée. Les citoyens attachés à la commission des arts, et qui s'occupent particulièrement de l'étude des animaux peu connus sous le rapport de l'anatomie, pourront aussi y faire toutes les dissections qu'ils jugeront nécessaires pour les progrès d'une science si utile, mais qui exige un travail continuel.

III. Les officiers de santé en chef de l'armée se concerteront avec le général Sanson, commandant l'arme du génie, pour l'exécution du présent ordre.

Signé Abd. J. Menou.

Menou, général en chef, ordonne ce qui suit :

Les citoyens Brunet, Hassenfratz, Dussaut, et Saint-Chamans, sont nommés contrôleurs à la marque sur les matieres d'or et d'argent dans les arrondissements de Sioût, Alexandrie, Rosette, et Damiette : ils seront aussi essayeurs des mêmes matieres, et percepteurs des droits établis par l'ordre du jour du 14 fructidor, et par celui du 20 du même mois qui prescrit plusieurs mesures relatives à leurs fonctions.

Ordre du jour du 3 brumaire, an 9.

Le général en chef, par explication des ordres du jour qui créent les différents droits à percevoir en Egypte jusqu'à ce jour, ordonne ce qui suit :

Tous les individus, de quelque nation qu'ils soient, même Français, sont soumis au paiement des droits établis.

Signé Abd. J. Menou.

Ordre du jour du 4 brumaire, an 9.

Menou, général en chef, prévient l'armée que la mort vient d'enlever à la république un de ses plus braves et plus zélés défenseurs... Le général de division Leclerc, commandant la cavalerie, a succombé à Rosette après une longue maladie. Ce général étoit distingué par ses talents, sa moralité, et son attachement inviolable à la république : il avoit rétabli et organisé la cavalerie sur le pied le plus respectable ; il ne s'occupoit que de ses devoirs, et de tout ce qui pouvoit procurer aux troupes qu'il commandoit aisance et bienêtre : ami de la discipline et de la subordination, il étoit chéri et respecté des officiers et soldats, qui toujours savent rendre justice à l'impartiale sévérité de ceux qui les commandent.

Le général Leclerc doit être regretté de tous ceux qui le connoissoient ; sa mémoire doit être honorée par tous les amis de la patrie. Le fils qu'il laisse, élevé par un tel pere, sera cher à l'armée, qui déja a été témoin de son intrépidité dans les combats.

Signé Abd. J. Menou.

Le général en chef nomme le général de brigade Roize commandant général de la cavalerie française et étrangere attachée à l'armée d'Orient.
Signé Abd. J. Menou.

Le général en chef ordonne que la compagnie des mamloùks de Barthelemy et les deux compagnies de cavaliers syriens seront réunies pour ne faire qu'un seul et même corps, organisé conformément à la formation d'un régiment de cavalerie française.

Ce corps, quoique formé à la française, conservera les armes en usage parmi les mamloùks; il sera toujours employé comme troupes légeres à la guerre.

Le général en chef charge le général commandant la cavalerie de lui présenter incessamment un rapport sur l'organisation, le vêtement, l'armement, l'équipement des chevaux, la solde et le casernement du nouveau régiment de cavalerie, qui portera le nom de *régiment des mamloùks de la république*.

Signé Abd. J. Menou.

Ordre du jour du 5 brumaire, an 9.

MENOU, GÉNÉRAL EN CHEF,

Soldats, que les ministres anglais qui ont l'audace, ou, pour mieux dire, la folie d'insulter l'armée d'Orient dans leurs diatribes parlementaires, viennent en Egypte, ils y recevront des leçons de vertu et de moralité.

Stamphly, sergent, vaguemestre de la division Régnier, a pour camarade et ami intime Lhuillier, sergent de grenadiers au premier bataillon de la neuvieme demi-brigade; il apprend que son ami vient de perdre la vue à la suite d'une longue ophtalmie, sur-le-champ il écrit au citoyen Boursier, quartier-maître trésorier à la neuvieme demi-brigade, qu'il donne pour toujours sa paie de sergent à son ami Lhuillier, et ce à dater du premier vendémiaire an 9, afin qu'il puisse se procurer les soulagements dont il pourroit avoir besoin.

Stamphly, la république reconnoissante vous donne par mon organe le titre de vertueux citoyen.

Lhuillier, vous êtes l'ami de Stamphly, vous ne pouvez être qu'un brave et excellent soldat: à dater du premier vendémiaire dernier, vous aurez un supplément de paie de douze francs par mois, à titre de pension viagere.

Le directeur-général et comptable est chargé de l'exécution du présent ordre. Ce supplément de douze francs par mois sera payé sur un certificat de vie, délivré tous les mois par le conseil d'administration de la neuvieme demi-brigade, et visé par un commissaire des guerres, ainsi que par les officiers-généraux de la division.

Le général en chef ordonne au général chef de l'état-major général de faire faire pour Stamphly un sabre garni en vermeil, sur lequel sera gravé :

La république reconnoissante
Au vertueux Stamphly.

Un exemplaire de l'ordre du jour sera adressé directement aux sergents Stamphly et Lhuillier.

A la prise de Jaffa, Vaucher, grenadier à la treizieme demi-brigade, enleve deux drapeaux turks au bastion de la porte Saint-Georges ; il fait en même temps un butin considérable d'effets précieux. Les citoyens Blaise-Marseille Martin, vice-consul à Jaffa ; Baptiste-Noël Fournillier, François Ingelfret fils, et Vincent Rey, tous quatre négociants français ; et Jean-Baptiste Santi Lhomaca, drogman au service de la république française, étoient enfermés dans une maison par ordre du gouvernement turk; ils couroient de grands risques : ils apperçoivent le grenadier Vaucher, ils l'appellent à leur secours; ce brave et vertueux soldat abandonne son butin, garde seulement ses drapeaux, vole à leur secours, et ne leur demande pour toute récompense, en leur confiant les drapeaux, qu'un certificat de sa conduite : il apperçoit ensuite un de ses camarades, et l'appelle pour l'aider à garder les ci-dessus dénommés, sans songer en aucune maniere au butin qu'il avoit abandonné, et à celui qu'il auroit pu faire.

Vaucher, je vous accorde, au nom de la république, un sabre monté en vermeil. Le général chef de l'état-major général est chargé de l'exécution du présent ordre.

Sur le sabre sera gravé :

La république reconnoissante,
Au brave et vertueux grenadier Vaucher.

Vaucher a été blessé à la prise d'Alexandrie, et dernièrement à la bataille d'Héliopolis, en sautant dans les retranchements ennemis.

Un exemplaire de l'ordre du jour sera adressé directement au grenadier Vaucher.

Signé Abd. J. Menou.

PROCLAMATION

AU NOM DE DIEU CLÉMENT ET MISÉRICORDIEUX.

Il n'y a de Dieu que Dieu, et Mahomet est son prophete.

Menou, général en chef de l'armée française, aux habitants de l'Egypte.

Au quartier-général du Kaire, le 6 brumaire, an 9 de la république française, une et indivisible.

Habitants de l'Egypte, écoutez ce que j'ai à vous dire au nom de la république française.

Vous étiez malheureux ; l'armée française est venue en Egypte pour vous porter le bonheur.

Vous gémissiez sous le poids des vexations de toute espece ; je suis chargé par la république et par son premier consul Bonaparte de vous en délivrer.

Une multitude d'impôts vous enlevoit tout le fruit de vos travaux ; j'en ai détruit la plus grande partie.

Aucune regle ne fixoit d'une maniere précise tout ce que vous deviez payer ; j'en ai établi une invariable. Chacun dorénavant connoîtra à quel taux s'élevent les contributions; dans chaque ville, dans chaque village, dans chaque maison, si cela est possible, seront affichés et publiés les états de ce que chacun doit payer.

Les gens puissants et les grands exigeoient de vous des avanies; je vous engage ma parole que je n'en exigerai jamais. Parmi vous, ceux qui avoient acquis par un long travail des richesses et de l'argent étoient obligés de les enfouir, même dans la terre, pour empêcher qu'elles ne tombassent entre les mains des grands, qui sans cesse épioient l'occasion de vous les ravir : habitants de l'Egypte, je vous promets, au nom de la république, devant Dieu et son prophete, que ni moi ni aucun Français, tant qu'il me restera un cheveu sur la tête, n'attenteront à vos propriétés ; en payant exactement l'impôt fixé par la loi, vous serez libres de jouir de tout ce qui vous appartient, sans que personne puisse vous en empêcher, ou vous demander compte de vos richesses.

Les grands et les gens puissants vous traitoient beaucoup moins bien qu'ils ne traitoient leurs chevaux et leurs chameaux; vous le serez dorénavant par les Français et par moi, comme si vous étiez nos freres.

Quand les percepteurs du myry et autres contributions voyageoient dans les provinces, ils étoient accompagnés d'une foule de serviteurs, de domestiques, d'écrivains, de qaouass, qui tous dévoroient vos propriétés, et vous enlevoient souvent jusqu'à votre dernier médin : il n'en sera plus ainsi, habitants de l'Egypte ; si quelqu'un de ceux qui sont destinés par moi à percevoir les impositions vous prend un seul médin au-delà de ce qui est fixé par la loi, il sera arrêté, emprisonné, et condamné aux châtiments les plus sévères. La république française et son premier consul Bonaparte m'ont ordonné de vous rendre heureux ; je ne cesserai de travailler pour exécuter leurs ordres.

Jusqu'à présent les moultézimes des villages vous demandoient beaucoup plus qu'il ne leur appartenoit ; cela n'arrivera plus. Ce que doivent recevoir les moultézimes est fixé par la loi ; je vous défends de leur payer un médin au-delà ; et si l'un d'eux est accusé et convaincu d'avoir exigé de vous plus qu'il ne lui revient selon la loi, il perdra sa propriété.

Souvent les cheykhs êl-beled vous vexent, vous font payer des avanies qu'ils partagent avec les moultézimes, les percepteurs des impositions, et autres grands du pays qui n'ont en vue que leur avarice et votre ruine ; ce que doivent recevoir pour leurs salaires les cheykhs êl-beled est fixé par la loi, et si l'un d'eux exige quelque chose au-delà, il perdra sa place et ses propriétés.

Dorénavant vous ne nourrirez plus les troupes qui marcheront dans les provinces que dans le cas où elles iront pour vous faire payer des contributions que vous n'auriez pas acquittées dans le temps prescrit par la loi ; dans tout autre cas, elles paieront tout ce qui leur sera fourni pour leur nourriture : j'ai donné à cet égard des ordres à tous les généraux commandants. Vous voyez donc bien qu'il ne tient encore qu'à vous de vous épargner de grandes dépenses. Je vous avertis de tout ; ce sera donc vous-mêmes et non pas moi que vous devrez accuser du mal qui vous arriveroit.

Je vous avertis encore que vous ne devez de présents à personne. Mon devoir et celui de tous les commandants et administrateurs est de vous écouter, de vous donner aide et protection quand vous vous conduisez bien. Je défends aussi à vos juges d'exiger de vous aucun présent. Dieu et Mahomet son prophete leur ordonnent de vous rendre la justice ; je le leur ordonne de même, en leur prescrivant de n'avoir dans leurs jugements égard ni au riche ni au pauvre, mais seulement à leur conscience et à la vérité : ceux qui contreviendroient à cet ordre seront punis sévèrement.

Je viens, ô habitants d'Egypte, de créer un tribunal suprême au Kaire ; il est composé des cheykhs les plus recommandables par leur sagesse, leurs vertus, et leur désintéressement ; ils sont destinés à maintenir la religion dans sa pureté, et à vous juger : je suis convaincu qu'ils s'acquitteront de leurs fonctions ainsi que doivent le faire des hommes qui craignent Dieu et son prophete ; mais je vous déclare, ainsi qu'à eux, que si, ce que je ne puis croire, ils manquoient à leurs devoirs, ils seroient punis avec la derniere sévérité.

Livrez-vous aux soins de vos affaires, de votre commerce, cultivez vos terres ; par-tout vous n'avez dans les Français que des amis généreux, des protecteurs, et des défenseurs : je vous le jure au nom du Dieu vivant, au nom du Dieu qui voit tout, qui dirige tout, et qui connoît jusqu'aux plus secretes pensées de nos cœurs.

Le général en chef de l'armée française.
Signé Abd. J. Menou.

Ordre du jour du 6 brumaire, an 9.

Menou, général en chef, considérant qu'il est utile de rapprocher, autant que les circonstances le permettent, l'organisation de la marine française actuellement en Orient, de celle qui vient d'être donnée à la marine de la république en France, ordonne ce qui suit :

ARTICLE PREMIER.

Le citoyen Le Roy, ordonnateur de la marine, est nommé préfet maritime de l'Egypte.

Sous ses ordres seront pour toute l'Egypte;

Le citoyen Guien, capitaine de vaisseau, nommé chef militaire, et chef des mouvements;

Le citoyen Maillot, commissaire principal, nommé chef d'administration;

Le citoyen Ferraud, nommé chef du génie de la marine.

II. Le citoyen Le Roy, préfet maritime, présentera très incessamment au général en chef un plan d'organisation pour la marine actuellement en Egypte.

III. Il correspondra directement avec le général en chef, et lui rendra compte directement tous les dix jours, de tout ce qui a rapport tant au matériel qu'au personnel de la marine, ainsi qu'à l'administration.

Signé Abd. J. Menou.

Ordre du jour du 8 brumaire, an 9.

Le général en chef, voulant prononcer uniformément sur toutes les réclamations qui lui sont faites par les femmes qui ont perdu leurs maris depuis que l'armée est en Egypte, convaincu de la nécessité de venir à leur secours, la justice lui en faisant même un devoir impérieux, arrête ce qui suit :

ARTICLE PREMIER.

Toute femme veuve d'un militaire ou de tout autre individu attaché au service de l'armée, recevra la même solde dont jouissoit son mari à l'époque de sa mort, et ce depuis le volontaire jusqu'au grade de sous-lieutenant inclusivement.

II. Toute femme veuve d'un lieutenant, capitaine, et autres grades supérieurs, ou d'un employé dont le traitement correspondoit à un de ces grades, recevra cent livres par mois à titre de secours.

III. Les femmes qui auront perdu leurs maris, et qui continueront de rester à la suite des corps, comme blanchisseuses, vivandieres, etc., jouiront en outre d'une ration de vivres accordée aux militaires.

IV. Il n'y aura que les femmes légitimement mariées et reconnues pour telles qui pourront avoir droit aux bienfaits des articles ci-dessus. Si elles se sont remariées depuis la mort de leurs maris, elles ne seront plus fondées à faire aucune réclamation.

V. Le général en chef prononcera sur toutes les demandes, qui devront toujours être attestées par les conseils d'administration, visées par les officiers-généraux ; par le chef de l'état-major général, si le militaire ne tient à un corps ; par les chefs des administrations, s'il est employé au service de l'armée : dans ce dernier cas elles devront toujours être visées par l'ordonnateur en chef.

Signé Abd. J. Menou.

Ordre du jour du 9 brumaire, an 9.

La cérémonie funebre en l'honneur du général Desaix aura lieu après demain, 11 du courant.

A six heures et demie du matin, il sera fait une décharge par la grande batterie de la citadelle ; une demi-heure après, les troupes prendront les armes, et se rendront à la Coubé, où elles seront placées par des officiers de l'état-major sur le terrain qu'elles doivent occuper.

Un détachement de 50 hommes de chaque demi-brigade, ainsi que le bataillon de sapeurs, les aérostiers, un régiment de cavalerie, vingt-cinq hommes de dromadaires, et un détachement de l'artillerie à pied, se rendront à la même heure sur la place Ezbékyéh.

A huit heures, les officiers-généraux, les chefs d'administrations militaires et civils, les membres de l'institut et de la commission des arts, les guides à pied et à cheval, les cheykhs et grands du pays se rendront au quartier-général.

A neuf heures, le départ sera annoncé par un coup de canon d'une des pieces de la porte des Pyramides.

La marche aura lieu dans l'ordre suivant.

Les dromadaires,

Les sapeurs,

Les aérostiers,

L'artillerie à pied,

Une musique,

Les détachements des demi-brigades dans leur ordre de bataille,

Les cheykhs et grands du pays,

Un peloton des guides à cheval,

La musique des guides,

Le quartier-général,

Les guides à pied formant la haie,

Les chefs d'administrations,

Les membres de l'institut, et officiers civils,

Les guides à cheval,

Le piquet du général en chef.

La marche sera fermée par le régiment de cavalerie.

Le commandant du Kaire veillera à ce que chacun connoisse la place qu'il doit occuper.

La marche sera dirigée sur le pont du Mousky, la rue du Petithouars, celle des Victoires, et la porte Kleber.

Arrivés à la Coubé, les détachements qui

seront venus avec le quartier-général rentreront à leurs corps.

Les sapeurs et aérostiers seront placés par un officier de l'état-major à leur rang de bataille.

Lorsque le quartier-général sera arrivé au lieu du rassemblement, l'artillerie fera une décharge qui sera répétée par toutes les troupes.

Les officiers supérieurs se rendront auprès du général en chef pour entendre l'oraison funèbre : après qu'elle aura été prononcée, l'artillerie fera une seconde décharge, qui sera également répétée par les troupes, qui défileront ensuite dans l'ordre qui leur sera prescrit.

Le général de brigade, chef de l'état-major général,

Signé Lagrange.

Menou, général en chef, au général Bonaparte, premier consul de la république française.

Au quartier-général du Kaire, le 10 brumaire, an 9.

Citoyen consul,

Vous venez, par des victoires éclatantes, de rendre à la France la splendeur que des évènements dont il ne faut peut-être plus parler, étoient sur le point de lui faire perdre. Le burin de l'histoire gravera en lettres d'or la pacification de la Vendée, le rétablissement des finances, celui de la confiance des Français, le passage des monts Saint-Gothard et Saint-Bernard, la bataille de Maringo, la conquête d'une grande partie de l'Allemagne. Ce burin gravera le génie de Bonaparte présidant à tout, dirigeant tout, réparant tout : il n'oubliera pas, citoyen consul, l'expédition de l'Egypte, époque qui deviendra si célebre dans la postérité ; car indubitablement elle produira la civilisation de l'Afrique et de l'Asie. Citoyen consul, cette armée, avec laquelle vous aviez fait une premiere conquête de l'Italie, avec laquelle vous avez porté dans l'Orient le nom et la gloire de la république française, cette armée mérite toute votre sollicitude et votre intérêt. Victorieuse de toutes les forces réunies de l'Asie, commandées par le grand-vizir en personne, rien n'égale son amour pour sa patrie et pour vous, et son desir d'être toujours les dignes enfants de la gloire.

Le grand-vizir est à Jaffa, où jusqu'à présent il a employé en vain toutes les ressources de la force et du despotisme pour recruter une armée qui ne veut plus se mesurer avec les baïonnettes et l'artillerie des Français. Huit à neuf mille hommes, qui désertent et se remplacent successivement, composent toutes ses forces. Le grand-vizir fait réparer êl-A'rych avec activité, mais sans intelligence. Il est brouillé avec les Naplouzins et avec Dgezzard pâchâ. Tous les Arabes lui ont déclaré la guerre, et pillent ses convois. Environ deux cents Anglais sont réunis aux troupes du grand-vizir, et les exercent au canon. Un envoyé russe est toujours dans le camp ottoman; mais il y est vu avec beaucoup de défiance. Le grand-vizir m'a écrit plusieurs lettres, moitié viles, moitié insolentes, pour me demander la paix: je lui réponds toujours que c'est à Paris qu'elle doit se traiter.

Le capitan-pâchâ croise depuis Damiette jusqu'à Alexandrie avec 20 ou 25 vaisseaux, dont 10 à 12 de ligne; lui-même monte un vaisseau à trois ponts nommé le Sélim. Il est l'ennemi juré du grand-vizir; il déteste cordialement les Anglais: il se nomme Houssein, est mamloùk ou esclave blanc d'origine, a été élevé avec le grand-seigneur dont il a toute la confiance. Il est poli, humain, et assez instruit. Il m'envoie souvent des parlementaires; il desire ardemment la paix: il sent bien que la position de la Porte est très mauvaise. Il dit lui-même que, si la France ne la soutient pas, elle est perdue. Il se défie de tous ses officiers, qu'il croit vendus aux Anglais; mais il auroit sur-tout grand desir de conclure un traité quelconque qui pût augmenter son importance auprès de son maître. Nous nous faisons mutuellement beaucoup de politesses, et nous nous envoyons des présents.

J'écris au ministre de la guerre des lettres qui sont remplies de détails sur toutes les parties du service et de notre position.

Je travaille à l'organisation complete du pays en matiere de finances, d'administration, de justice, de commerce.

J'ai rétabli sous une autre forme un dyvân au Kaire ; j'en ai fait un tribunal d'appel ; trois autres semblables seront établis dans le reste de l'Egypte, à Sioùt, à Damiette, et à Rosette : Alexandrie sera considérée comme une ville de guerre et de commerce.

J'établis des liaisons avec tous les princes environnants. Les karavanes arrivent de toutes parts. Je tâche de faire de Suez un grand entrepôt de commerce.

La nouvelle organisation des finances est telle, que les droits nous rendront beaucoup davantage, et que le peuple paiera beaucoup moins. Je me débarrasse peu-à-peu des agents, qui nous ont trompés ; mais parmi eux j'ai trouvé un homme de talent, nommé Mallem-Yacoub, qui nous forme beaucoup de troupes auxiliaires. En outre de nos troupes auxiliaires, nos demi-brigades font des recrues. La vingt-unieme, qui est dans la haute Egypte, a enrôlé plus de 200 Egyptiens musulmans.

Beaucoup de manufactures s'élevent : nous faisons de la biere, des draps, de la bougie, du vin, des galons d'or et d'argent, des chapeaux ; une très bonne tannerie a été établie. Les citoyens Conté et Champy, hommes que je ne saurois trop louer, font ici les choses les plus extraordinaires. Citoyen consul, ils méritent toute votre bienveillance ; je sollicite pour eux une grande récompense nationale.

L'institut a repris ses séances : le citoyen Fourier, secrétaire perpétuel, se conduit à merveille, et nous est d'une très grande utilité. Je demanderois, citoyen consul, que vous fissiez quelque chose pour l'institut.

Le corps des ingénieurs des ponts et chaussées, et celui des ingénieurs-géographes, servent avec distinction. Le premier s'occupe du nivellement de l'Egypte, et d'un systême général d'irrigation ; en outre plusieurs travaux utiles sont achevés, et quelques autres commencés. Une magnifique route, plantée d'arbres des deux côtés, conduit de la place Ezbékyéh jusqu'aux bords du Nil, en traversant Boulac ; on travaille à une chaussée plantée d'arbres, qui fera le tour intérieur de la place Ezbékyéh.

Tout le long des murs de la ville, qu'on répare

sur tous les points, je fais pratiquer dans l'intérieur, en abattant les maisons, une route de soixante pieds de large, plantée d'arbres des deux côtés.

Le second corps, celui des ingénieurs-géographes, travaille à force à la confection d'une carte qui sera magnifique, et qui contiendra les plus grands détails. Je fais faire le relevé des sondes de toutes les côtes.

Les travaux du génie sont dans la plus grande activité ; par-tout je les fais faire avec beaucoup de solidité. Le général Sanson et ses subordonnés sont d'excellents officiers ; je vous les recommande particulièrement.

Le ministre de la guerre reçoit sur les fortifications des détails qui vous mettront à même de connoître la suite des travaux.

Notre artillerie, quant au matériel, est sur le meilleur pied : les généraux Songis et Faultrier sont des officiers de la plus grande distinction.

L'armée est au courant de sa solde, elle est parfaitement vêtue et nourrie ; je suis content de la discipline, et ne puis trop me louer d'une grande partie des officiers généraux et particuliers. J'ai poursuivi et je poursuis encore à outrance tous les dilapidateurs. On a beaucoup de peine à faire le bien, on se fait quelques ennemis ; mais peu m'importe, quand la chose réussit et que la république y gagne.

Les Arabes, que je fais poursuivre sans relâche par les dromadaires, demandent la paix de toutes parts : des cheykhs et princes, qui habitent à 50 journées de l'Egypte, font demander l'amitié des Français.

Je permets à quelques individus inutiles à la colonie, pour ne pas dire plus, de s'en retourner en France.

Quant à moi personnellement, je n'ai que le commandement provisoire de l'armée : si vous m'envoyez un successeur, je lui obéirai avec le même zele et la même exactitude qui m'ont toujours animé pour le bien de mon pays et l'intérêt de la république.

Salut et respect.

Signé Ab. J. Menou.

Le général de brigade Vial au ministre de la guerre.

Au quartier-général en rade à Saint-Tropès, à bord du Lody, le 14 frimaire, an 9 de la république française.

CITOYEN MINISTRE,

J'ai l'honneur de vous informer que, chargé par le général en chef de l'armée d'Egypte de dépêches pour le gouvernement, je suis parti du Kaire le 12 du mois passé, d'Alexandrie le 15, et que j'ai aujourd'hui jeté l'ancre dans cette rade.

Soumis à une quarantaine peut-être trop longue, je ne puis me permettre d'en attendre la fin pour me réserver la satisfaction de remettre moi-même ces dépêches au gouvernement; je prends donc le parti de les confier au commissaire de la marine employé dans ce port, qui à cet égard a des ordres du préfet maritime de Toulon, et je le prie de faire partir sur-le-champ un courrier extraordinaire.

Le chef de brigade du génie Lazousky doit partager avec moi l'honneur de présenter au gouvernement sept queues de cheval, marques de la dignité du grand-vizir à la tête des armées, prises sur ce généralissime par suite de sa défaite à Héliopolis.

L'Egypte étoit fort tranquille, quand je l'ai quittée; depuis plus de six mois l'on n'y avoit brûlé une amorce. Je crois inutile de vous faire un tableau de notre situation dans cette belle colonie; vous le trouverez dans les dépêches du général en chef, et, devant avoir bientôt l'honneur d'être rendu auprès du gouvernement, je pourrai le satisfaire sur tous les renseignements qu'il pourra desirer.

Les états de situation que je vous porte du personnel et du matériel de l'armée, de l'infanterie, de la cavalerie, et de l'artillerie, vous feront connoître que cette belle partie du territoire français est à l'abri de toute espece d'invasion.

Lors de mon départ d'Egypte, toute la côte étoit fort libre : depuis long-temps les croisieres s'étoient retirées de devant Alexandrie. Les Anglais, comme les Turks, sont un peu dégoûtés de ces parages, où ils laissent de temps en temps quelques uns de leurs vaisseaux.

Signé Vial.

F I N.

TABLE
DES MATIERES

Contenues dans ce volume.

Proclamation du général en chef Kleber à l'armée, sur le départ du général Bonaparte pour la France.
Page 1

Extrait du courrier de l'Egypte, n° du sixieme jour complémentaire, an 7. 2
Premiere audience du général Kleber aux officiers de l'armée et au dyvân.

Lettre du général Kleber au directoire exécutif. 5
Détails d'opérations militaires. — Attaque de Qosséyr.

Extrait du courrier de l'Egypte, n° du 10 vendémiaire, an 8. 9
Détails de la fête du premier vendémiaire, an 8, célébrée au Kaire pour l'anniversaire de la fondation de la république.

Extrait de l'ordre du jour du 6 vendémiaire, an 8. 15
Etablissement d'une commission de salubrité publique, en remplacement du bureau de santé; ses attributions. — Trois autres commissions subordonnées à la premiere.

Extrait de l'ordre du jour du 24 vendémiaire, an 8. 17
Ordre de brûler tous les effets qui ont servi à des malades attaqués de fievres contagieuses.

Lettre du général en chef Kleber au directoire exécutif. 18
Détails des évènements qui se sont passés en Egypte depuis le sixieme jour complémentaire, an 7.

Lettre du chef de brigade Grosbert aux consuls de la république française, datée de la rade de Ville-Franche.
Page 25

> Il est chargé de remettre au gouvernement des dépêches du général Kleber. — Avantage remporté à Damiette sur les Janissaires. — Position de l'armée au moment du départ du chef de brigade Grosbert. — Résultat d'une reconnoissance faite par le général Régnier à Sab-byar.

Rapport du citoyen Feray, capitaine des grenadiers de la treizieme demi-brigade, sur ce qui s'est passé à êl-A'rych. 31

Traduction du procès-verbal de la rupture de la digue du Khalydj, et de l'acte public qui constate que le myry est dû par le peuple de l'Egypte. 35

Convention sur l'évacuation de l'Egypte, passée entre les citoyens Desaix et Poussielgue, plénipotentiaires du général Kleber, et les plénipotentiaires du grand-vizir. 41

Lettre du général en chef Kleber au directoire exécutif. 50

> Traité relatif à l'évacuation de l'Egypte, conclu avec le grand-vizir. — Raisons qui ont forcé le général Kleber à traiter.

Lettre du général en chef Kleber au dyvân du Kaire et à ceux des différentes provinces de l'Egypte, sur l'évacuation de l'Egypte. 57

> Modération avec laquelle les Français se sont conduits dans ce pays. — Témoignages de satisfaction donnés aux dyvâns sur le zele avec lequel ils ont rempli les fonctions qui leur ont été confiées.

Lettre du général Desaix au général Bonaparte, sur l'évacuation de l'Egypte. 59

Lettre du général Menou au général en chef Bonaparte. 60

> Regrets du général Menou sur l'évacuation de l'Egypte.

Lettre du général de division Menou au premier consul de la république française, sur son élévation au consulat. 64

Lettre du général de division J. Menou, au citoyen Lebrun sur son élévation au consulat. 65

> Sentiments du général Menou sur la capitulation d'Egypte.

DES MATIERES.

Lettre du général de division J. Menou au citoyen Cambacérès sur sa nomination au consulat. Page 66
Extrait de l'ordre du jour du 17 ventose, an 8. 67
    Punition de quelques soldats de l'armée du grand-vizir, qui avoient assassiné deux grenadiers français.
Proclamation du général en chef Kleber à l'armée. 68
    Lecture d'une lettre du lord Keith, dans laquelle celui-ci lui annonce qu'il a reçu l'ordre de S. M. de ne pas consentir à la capitulation faite avec les Français.
Lettre du général de division J. Menou au premier consul Bonaparte. 69
    Refus fait par les Anglais d'observer la capitulation. — Détails sur la position des Français en Egypte, sur l'importance de cette conquête, sur les revenus de l'Egypte, sur les déprédations des administrateurs.
Proclamation du général en chef Kleber aux invalides absolus de l'armée. 73
    Arrêté pris par lui pour les former en bataillons.
Ordre du jour du 23 germinal, an 8. 75
    Témoignages de satisfaction donnés par le général en chef sur le zele et le courage que plusieurs détachements de l'armée ont montrés dans des expéditions qui leur ont été confiées.
Proclamation du général en chef Kleber à l'armée. 76
    Défense de piller et de commettre aucun excès qui puisse nuire à la capitulation conclue.
Ordre du jour du 8 floréal, an 8. 77
    Suppression de l'administration des finances en Egypte; dispositions relatives à la perception des impositions.
Ordre du jour du 9 floréal, an 8. 83
    Suppression de la commission des subsistances. — Etablissement d'un comité administratif; attributions de ce comité.
Ordre du jour du 10 floréal, an 8. 85
    Ordre aux garnisons de l'Egypte de célébrer la victoire d'Héliopolis et la prise du Kaire par des salves d'artillerie. — Ordre donné par le général Kleber aux osmanlis et mamlouks de sortir du Kaire.

Lettre du général Desaix, en quarantaine à Toulon, au premier consul Bonaparte. Page 87
Arrivée du général Desaix en France. — Ses félicitations au général Bonaparte sur son élévation au consulat.

Lettre de E. Poussielgue, en quarantaine à Toulon, aux consuls de la république. 90
Détails sur le refus fait par les Anglais de consentir à la capitulation d'êl-A'rych, et sur le retour du citoyen Poussielgue en France.

Cinq lettres sous les n° I, II, III, IV, dont il est question dans la lettre du citoyen Poussielgue. 97

Ordre du jour du 16 floréal, an 8. 104
Etablissement d'un droit de péage au pont de Gizeh.

Ordre du jour du 17 floréal, an 8. 105
Paix conclue avec Mourâd-bey. — Commandants nommés pour les différents arrondissements.

Proclamation du général Kleber, annonçant à l'armée l'établissement de la nouvelle constitution. 107

Extrait d'une lettre du général de brigade Donzelot au général en chef Kleber. 108
Détails d'évènements militaires.

Ordre du jour du 18 prairial, an 8, annonçant que l'armée d'Orient a accepté la constitution à l'unanimité. 110

Rapport fait au gouvernement français par le général Kleber, sur les évènements qui se sont passés en Egypte depuis la conclusion d'êl-A'rych jusqu'à la fin de prairial, an 8. ibid.

Observations sur la convention d'êl-A'rych, suivies de quarante-sept pièces à l'appui de ces observations. 171

Extrait du n° 70 du courrier d'Egypte. 259
Extrait du journal de M. Morier, secrétaire de S. E. le lord Edgin, ambassadeur extraordinaire, et ministre plénipotentiaire de S. M. B. près la sublime Porte.

Recueil des pièces relatives à la procédure et au jugement de Soleyman êl-Hhaleby, assassin du général en chef Kleber. 275

DES MATIERES.

Obseques du général Kleber.   Page 322
Ordre du jour du 30 prairial, an 8.   333
   Copie d'un arrêté du comité administratif du 23 floréal, établissant une *commission des neutres*, et réglant ses attributions.
Lettre de J. Menou, général en chef, à sir Sidney Smith.
                                                                   334
   Dénonciation de l'assassinat de Kleber. — Déclaration qu'aucun traité ne sera conclu désormais entre l'armée française, les Anglais et leurs alliés, qu'avec l'agrément des consuls.
Copie de la traduction du turk d'une lettre de sir Sidney Smith au général Menou, écrite originairement en français, de Jaffa, en date du 22 juin 1800 (3 Messidor an 8).   337
   Réponse à la précédente.
Proclamation du général en chef Menou à l'armée française d'Orient.   342
   Motifs de l'invasion d'Egypte, et les évènements qui l'ont suivie.
Ordre du jour du 7 messidor, an 8.   346
   Mesures pour améliorer l'administration des hôpitaux.
Ordre du jour du 9 messidor, an 8.   348
   Mécontentement du général en chef sur le peu de soin avec lequel les hôpitaux de la citadelle du Kaire et de la ferme d'Ibrâhim-bey sont administrés. — Plaintes de la négligence que les officiers de jour apportent à faire les visites des hôpitaux. — Mesures pour que les hôpitaux soient surveillés avec plus de soin à l'avenir.
Ordre du jour du 11 messidor, an 8.   349
   Réglement pour l'exécution de l'ordre du jour du 8 prairial, qui prescrit que les transports par eau seront faits par la marine. — Mesures pour prévenir les abus des administrations sanitaires et punir les coupables.
Ordre du jour du 12 messidor, an 8.   354
   Mesures prises par le général en chef pour connoître positivement les dépenses ordinaires de l'armée.
Ordre du jour du 14 messidor, an 8.   356
   Satisfaction du général en chef sur l'état où il a trouvé les atteliers

TABLE

et le parc d'artillerie à Gizeh. — Il n'est pas moins satisfait des travaux du génie.

Lettre de Menou, général en chef provisoire, au citoyen Bonaparte, premier consul. 357
Détails sur l'assassinat de Kleber, l'assassin et ses complices, leur jugement et leur exécution. — Journal des évènements arrivés à l'armée d'Egypte depuis le traité d'êl-A'rych. — Position de l'armée française. — Position des ennemis.

Ordre du jour du 20 messidor, an 8. 366
Nomination du général de division Belliard au commandement du Kaire. — Capote de laine brune accordée aux soldats.

Extrait de l'ordre du jour du 25 messidor, an 8. 367
Arrêté du comité administratif concernant la coupe des arbres de bois dur en Egypte, et leur plantation.

Ordre du jour du 27 messidor, an 8. 369
Ordre du général en chef concernant l'établissement d'une bibliotheque publique au Kaire. — Autre ordre qui fixe le temps où l'institut reprendra ses séances. — Autre ordre concernant l'admission aux services publics, et facilitant aux aspirants les moyens de perfectionner leurs connoissances.

Ordre du jour du 30 messidor, an 8. 372
Punition du nommé Nardi, fusillé pour avoir volé.

Ordre du jour du 2 thermidor, an 8. ibid.
Ordre du général établissant une commission chargée de constater la quantité de pain que doit fournir un poids donné de farine préparée de la maniere que ce même ordre indique.

Extrait du n° 75 du courrier de l'Egypte, 9 thermidor, an 8. 375
Frégate turke échouée près du Boghaz de Rosette. — Abou-Marak, pâchâ de l'armée ottomane, battu par les Naplouzins. — Mort de Mustapha pâchâ. — Mort de Hassan Toubar, grand cheykh de tout le pays de Menzaléh.

Ordre du jour, du 12 thermidor, an 8. 377
Copie d'une lettre du citoyen Benoît Arnaud à son épouse; détails de ce qu'il a souffert en remplissant une mission dont il

DES MATIERES. 513

avoit été chargé pour le service de la république. Pension de 150 liv. par mois, accordée à la citoyenne Arnaud.

Extrait du n° 76 du courrier de l'Egypte, 18 thermidor. Page 380

Célébration de la fête de la naissance de Mahomet, à laquelle les généraux français prennent part. — Retour du capitan-pâchâ et de M. Smith devant Alexandrie. — Bonne conduite de Mourâd-bey en faveur des Français. — Envoi d'ingénieurs pour examiner les différents canaux et la maniere dont ils répandent dans les campagnes les eaux du Nil. — Ordre de réparer le meqyas ou nilometre.

Ordre du jour du 27 thermidor, an 8. 383

Défense du général en chef d'exiger de tous vaisseaux sortant des différents ports d'autre rétribution que les droits légalement dus d'après le tarif des douanes. — Promotions d'officiers.

Ordre du jour du 3 fructidor, an 8. 385

Arrêté du général en chef ordonnant la formation d'une commission d'agriculture. — Vaisseau de ligne échoué sur les écueils d'Aboûqyr, et obligé de se rendre aux Français. — Récompenses promises pour le sauvetage des canons et des boulets.

Ordre du jour du 4 fructidor, an 8. 390

Institution d'une commission chargée de rédiger un plan général d'administration judiciaire. — Mesures ordonnées par le général en chef pour perfectionner le système général des irrigations.

Ordre du jour du 5 fructidor, an 8. 392

Détails sur les mauvais traitements qu'a éprouvés l'aide-de-camp Baudot, arrêté par ordre du vizir. — Ordre du général en chef concernant le perfectionnement de la digue de Menou.

Proclamation du général en chef Menou à l'armée. 396

Nouvelles de l'Europe et des armées turkes en Asie et sur les côtes de l'Egypte. — Détails sur le combat du vaisseau le Guillaume-Tell contre trois vaisseaux ennemis. — Etat de l'armée du grand-vizir à Jaffa.

TABLE

Extrait du n° 78 du courrier de l'Egypte, le 6 fructidor, an 8. Page 399
  Ouverture du khalydj.

Ordre du jour du 12 fructidor, an 8. 402
  Réglement sur la reddition des comptes des divers comptables.— Réglement tendant à favoriser le commerce des denrées apportées par les navires étrangers.

Ordres du jour des 13, 14, 16, 18, 20 et 27 fructidor. 402 et suiv.
  Contenant l'annonce de plusieurs réglements sur divers objets d'administration.

Ordre du jour du 17 fructidor, an 8. 403
  Nomination par le général en chef Menou de plusieurs conseillers au conseil-privé d'Egypte.

Ordre du jour du 21 fructidor, an 8. 406
  Annonce que le citoyen Damas a cessé ses fonctions de chef d'état-major général, et que l'adjudant-général René le remplace provisoirement.

Ordre du jour du premier complémentaire, an 8. ibid.
  Le général de brigade Lagrange nommé chef, et l'adjudant-général René sous-chef de l'état-major général.

Lettre du général de brigade Lagrange, chef de l'état-major général de l'armée. 407
  Etat satisfaisant de l'armée en Egypte. — Attachement des habitants pour les Français.

Lettre du général en chef Menou au général Bonaparte, premier consul. 409
  Départ de savants pour un second voyage dans la haute Egypte. — Travaux et fouilles à Sakkarah — Proposition de faire exécuter aux frais de la république le grand ouvrage de littérature qui doit résulter des travaux des savants et artistes en Egypte.

Lettre du général en chef Menou au général Bonaparte, premier consul. 412
  Jardin national des plantes établi en Egypte. — Demande d'envoi de grains, de greffes, de charrues, etc.

DES MATIERES.

Lettre du général en chef Menou au ministre de la guerre.
Page 413

Bon état de l'artillerie de l'armée d'Orient, parc de réserve de 500 chameaux et dépôt de remontes, établis pour les besoins de l'armée. — Bon état de la cavalerie.

Lettre de Menou, général en chef, au ministre de la guerre.
417

Dévouement de l'armée et de son chef pour le premier consul et pour la république. — Le général de brigade Lagrange nommé chef de l'état-major, en remplacement du général de division Damas.

Lettre de Menou, général en chef, au ministre de la guerre.
419

Il l'instruit que l'armée d'Orient est au courant de sa solde.

Lettre de Menou, général en chef, au ministre de la guerre.
420

Réformes dans les administrations. — Projet de réduire à 20 le nombre des commissaires des guerres. — Détails sur l'habillement et la nourriture des soldats.

Lettre de Menou, général en chef, au ministre de la guerre.
423

Conditions auxquelles les provinces de Girgé et d'Assuan ont été concédées à Mourâd-bey. — Mourâd intéressé à observer ce traité. — Kyachef entretenu par Mourâd avec le titre d'envoyé près le gouvernement français.

Lettre de Menou, général en chef, au ministre de la guerre.
424

Liaisons commerciales entretenues avec le grand chéryf de la Mekke, les rois de Darfurth et de Dongola, et différents princes arabes. — Recherche d'une soufrière existant près de la mer Rouge.

Lettre de Menou, général en chef, au ministre de la guerre.
427

Alexandrie fortifiée de maniere à résister à une armée européane aguerrie. — Bonne disposition des habitants envers les Français.

Lettre de Menou, général en chef, au ministre de la guerre.
Page 428

Changements et améliorations dans le service des hôpitaux.—Dévouement des officiers de santé. — Police des hôpitaux confiée en partie à leurs soins. — Maladies ordinaires, beaucoup moins nombreuses qu'en Europe.

Lettre de Menou, général en chef, au ministre de la guerre.
430

Négociations pour l'échange des prisonniers.

Ordre du jour du 3 vendémiaire, an 9, 432

Proclamation de Menou, général en chef, à l'armée d'Orient, sur l'anniversaire de la fondation de la république. — Témoignages de satisfaction donnés par le général en chef aux troupes de toutes armes sur leur belle tenue.

Ordre du jour du 5 vendémiaire, an 9. 436

Souscription faite au Kaire pour élever un monument à la mémoire du général Desaix.

Ordre du jour du 6 vendémiaire, an 9. 437

Ordre du général en chef concernant la succession d'un Juif de Salonique mort à Rosette.

Lettre de Lagrange, chef de l'état-major, au ministre de la guerre. 442

Détails de la célébration de la fête du premier vendémiaire.

Ordre du jour du 9 vendémiaire, an 9. ibid.

Ordre du général en chef tendant à faciliter l'instruction des aspirants à la marine.

Ordre du jour du 10 vendémiaire, an 9. 444

Ordre du général en chef concernant l'administration générale de la justice en Egypte.

Ordre du jour du 14 vendémiaire, an 9. 458

Ordre du général en chef pour la construction de cent lits portatifs propres à transporter les blessés.

Ordre du jour du 16 vendémiaire, an 9. 459

Ordre du général en chef établissant le droit d'octroi dans la ville d'Abouzir.

DES MATIERES. 517

Ordre du jour du 17 vendémiaire, an 9.   Page 459
 Ordre du général en chef qui prohibe dans toute l'Egypte la liqueur faite avec l'herbe nommée hachich. — Ordre du général en chef donné aux officiers supérieurs de punir sévèrement ceux qui s'enivrent. — Ordre du général en chef accordant jusqu'au premier brumaire à plusieurs individus égyptiens, qui ont émigré depuis la rentrée des Français au Kaire, la permission de rentrer dans leurs foyers.

Ordre du jour du 18 vendémiaire, an 9.   463
 Invitation aux chirurgiens présents au Kaire d'assister à différents cours d'anatomie et de chirurgie ouverts à cet effet.

Ordre du jour du 19 vendémiaire, an 9.   464
 Ordre du général en chef qui rend applicable aux Français décédés en Egypte l'impôt appelé beït-êl-mel, sur les successions.

Lettre de Menou, général en chef, au premier consul.   465
 Titre de payeur-général qu'avoit le citoyen Esteve, changé en celui de directeur général des revenus publics d'Egypte.

Ordre du jour du 20 vendémiaire, an 9.   467
 Ordre du général en chef qui soumet à une imposition personnelle tous les individus des nations établies en Egypte.

Ordre du jour du 22 vendémiaire, an 9.   469
 Annonce de la lecture faite à l'armée du rapport du ministre de la police sur les intrigues du comité anglais à Paris.

Ordre du jour du 23 vendémiaire, an 9.   ibid.
 Extrait d'une lettre du citoyen Higonet au général en chef Menou. — Conduite généreuse des grenadiers envers leurs camarades blessés ou malades.

Extrait du n° 84 du courrier de l'Egypte, 24 vendémiaire, an 9.   471
 Célébration de la fête du premier vendémiaire, an 9, à Damiette, par la division Rampon.

Ordre du jour du 26 vendémiaire, an 9.   474
 Prix moyen de diverses marchandises formant la cargaison de trois bateaux entrés dans le port d'Alexandrie.

TABLE

Ordre du jour du 28 vendémiaire, an 9.   Page 475
Le citoyen Regnaut nommé essayeur-général en Egypte des matières d'or et d'argent, etc.

Ordre du jour du 30 vendémiaire, an 9.   476
Nomination du citoyen Daure à la place d'inspecteur aux revues, et du citoyen Sartellon à celle de commissaire-ordonnateur en chef de l'armée d'Orient. — Suppression d'un certain nombre de commissaires des guerres. — Somme souscrite par la division aux ordres du général Rampon, pour le monument qui sera élevé en France à la mémoire du général Desaix.

Lettre de Menou, général en chef, au général Bonaparte, premier consul.   479
Mauvaise foi du capitaine anglais Courtenay Boyle. — Bonne conduite de Mourâd-bey.

Lettre de Menou, général en chef, au général Bonaparte, premier consul.   481
Le général de brigade Vial, et le chef de brigade du génie Lazousky chargés de porter les dépêches au général Bonaparte.

Ordre du jour du premier brumaire, an 9.   482
Etablissement d'une salle de dissection de toutes les especes d'animaux. — Nomination de quatre contrôleurs à la marque sur les matieres d'or et d'argent.

Ordre du jour du 3 brumaire, an 9.   483
Les individus, de quelque nation qu'ils soient, même Français, soumis au paiement des droits établis.

Ordre du jour du 4 brumaire, an 9.   484
Mort du général de division Leclerc, commandant la cavalerie. — Le général de brigade Roize, nommé commandant général de la cavalerie. — La compagnie des mamloûks de Barthélemy, et les deux compagnies de cavaliers syriens réunies en un seul et même corps.

Ordre du jour du 5 brumaire, an 9.   486
Traits de générosité d'un sergent et d'un grenadier français; leur récompense.

DES MATIERES. 519

Proclamation du général en chef Menou aux habitants de
l'Egypte. Page 489
  Comparaison de leur sort avant l'arrivée des Français en Egypte
avec celui qui les attend sous le gouvernement de la république.

Ordre du jour du 6 brumaire, an 9. 493
  Nouvelle organisation de la marine en Orient.

Ordre du jour du 8 brumaire, an 9. 494
  Secours accordés aux femmes des Français morts en Egypte.

Ordre du jour du 9 brumaire, an 9. 496
  Détails de la cérémonie funebre qui aura lieu en l'honneur du général Desaix.

Lettre du général en chef Menou, au général Bonaparte,
premier consul de la république française. 498
  Position du grand-vizir à Jaffa. — Position des Français. — Détails
sur toutes les parties du service. — La paix demandée par les
Arabes.

Lettre du général de brigade Vial, au ministre de la guerre,
datée de la rade de Saint-Tropès. 504
  Il est chargé, avec le chef de brigade Lazousky, de remettre au gouvernement des dépêches du général en chef, et sept queues de
cheval prises sur le grand-vizir. — Position des Français en Egypte
au départ du général de brigade Vial.

Fin de la table.

www.ingramcontent.com/pod-product-compliance
Lightning Source LLC
Chambersburg PA
CBHW071617230426
43669CB00012B/1967